le Portugal

SOMMAIRE

Les textes sont de **Suzanne Chantal** : Passé, Grandes Étapes, Vie quotidienne et Vacances - **Diogo Caminha** : Présent - **Christian de Caters** : Traditions - **Antonio Manuel Dias Farinha** : Art - **Armand Guibert** : Littérature - **André Gauthier** : Musique.

COLLECTION DIRIGÉE PAR DANIEL MOREAU

Photographies de la couverture (de haut en bas) : Nazaré ; tête de saint Vincent (polyptyque de Nuno Gonçalves, panneau de l'Archevêque) ; le Douro à Porto ; corrida dans le Ribatejo. Pages de garde : 1. Fontaine près d'Obidos ; 2. Lavandières sur une route d'Estrémadure. Page de titre (à droite) : Henri le Navigateur.

MONDE ET VOYAGES

le Portugal

LIBRAIRIE LAROUSSE • PARIS-VIᵉ

LE RELIEF

D'une superficie de 88 551 km² (91 653 km² avec Madère et les Açores), le Portugal présente un contraste physique profond entre les régions qui se trouvent de part et d'autre du Tage. Au sud du fleuve, les plaines uniformes de l'Alentejo ne dépassent guère 400 m d'altitude. Elles prolongent vers l'ouest les pénéplaines de l'Estrémadure espagnole et plongent lentement en direction des côtes basses du rivage atlantique, sous un remblaiement de terrains tertiaires. Vers le sud, le bourrelet montagneux de l'Algarve est formé par les serras de Malhao et de Monchique.

Au nord du Tage, le socle ancien a été beaucoup plus violemment soulevé. Les reliefs plus vigoureux correspondent aux horst formant l'extrémité de la cordillère centrale ibérique (serra de Estrela, 1 981 m, et serra de Gardunha, 1 224 m). Au-delà du fossé du Mondego, les altitudes ne dépassent pas 1 500 m, mais le relief est tout aussi morcelé. Au nord du Douro, les horsts constituent les serras de Marao, de Padrela et de Bornes. Un grand accident tronque vers l'Atlantique cet ensemble montagneux. Il correspond à la ligne du rivage au nord de l'estuaire du Douro, puis domine, au sud-ouest, les plaines littorales.

Les grandes dislocations du sous-sol du Portugal semblent encore actives aujourd'hui.

LA VÉGÉTATION

Les formations végétales primitives ont presque entièrement disparu. La zone humide du Nord-Ouest associe les chênes à feuilles caduques aux chênes méditerranéens à feuilles persistantes (chêne-liège et chêne de Lusitanie), qui ne dépassent pas 700 m d'altitude. Sur les sommets règne la lande. Tout le reste du pays est le domaine de la forêt méditerranéenne typique, ordinairement dégradée en garrigue ou en maquis. Le chêne-liège est plus fréquent sur la côte, le chêne vert dans l'intérieur. Sur les sables littoraux, les boisements récents de pins maritimes couvrent d'immenses espaces. Le Portugal a une flore particulièrement riche : plus de 2 700 espèces s'y rencontrent, dont 53 p. 100 du pays voisin en dépit de sa surface cinq fois et demie plus petite. 90 espèces sont exclusivement indigènes.

LES FLEUVES

Le Portugal possède les cours inférieurs de plusieurs grands fleuves ibériques. Le Minho, au nord, et le Guadiana, au sud, ont contribué à fixer la frontière. Le Douro, long de 322 km en territoire portugais, traverse en gorges étroites les hauts reliefs du nord du pays. Après avoir reçu le Tamega (à droite), son cours s'élargit et s'apaise dans une région moins accidentée. La marée le remonte jusqu'à 27 km. Son réseau d'affluents, ainsi que le réseau du Mondego (220 km), qui descend de la serra de Estrela, offrent de grandes possibilités d'équipement hydro-électrique.

Le Tage coule au Portugal sur 275 km ; il roule majestueusement ses flots jaunes dans une large vallée aux rives plates et fertiles. Sa profondeur reste faible, mais sa largeur, d'environ 500 m, augmente soudainement pour former un large estuaire (6 km au point maximal) : la mer de Paille.

Au sud, formant la frontière entre l'Algarve et l'Andalousie, le Guadiana est entièrement portugais sur 260 km.

LE CLIMAT

Le climat du Portugal est de type méditerranéen : l'été correspond à une saison sèche. Mais le voisinage de l'océan abrège cette saison et accroît le total des précipitations, généralement concentrées sur la période hivernale. La quantité des pluies décroît du nord au sud et de l'ouest à l'est.

Au nord, les reliefs du Minho et de la Beira Alta reçoivent jusqu'à 2 500 mm de pluies. L'intérieur, plus abrité, est moins arrosé (600 mm dans l'Alto Douro).

Les plaines méridionales sont encore plus arides. L'influence océanique régularise les températures dans la zone littorale (moyennes annuelles : Porto, 15,3 °C ; Coimbra, 14,7 °C ; Lisbonne, 15,6 °C ; Beja, 16,8 °C ; Lagos, 17,9 °C). Le Trás-os-Montes a des hivers rudes et prolongés ; l'Alentejo intérieur, des étés torrides (la température peut y monter jusqu'à 50 °C).

Librairie Larousse (Canada) limitée, propriétaire pour le Canada des droits d'auteur et des marques de commerce Larousse. — Distributeur exclusif au Canada : les Éditions Françaises Inc., licencié quant aux droits d'auteur et usager inscrit des marques pour le Canada.
ISBN 2-03-513113-8

LA POPULATION

Le Portugal a une densité de 105 habitants au kilomètre carré. Ce chiffre, considérable pour un pays aussi faiblement industrialisé, est la conséquence d'une poussée démographique récente. Le premier recensement, opéré en 1527, donnait un chiffre semblable à celui qui est évalué pour l'époque romaine. Au XVIᵉ s., l'attrait de l'aventure maritime provoqua d'importants départs et un véritable dépeuplement. L'essor qui caractérise la démographie portugaise depuis un siècle s'est accompagné d'une émigration intense. Après avoir été orientée vers le Brésil et le Venezuela, elle afflue, depuis 1965, vers les pays très industrialisés : Belgique, Allemagne et surtout France, qui employait, en 1972, près de 600 000 ouvriers portugais, principalement dans le bâtiment. Le Portugal compte 9 730 000 habitants. Malgré leur développement, les villes ne regroupent guère plus du quart de la population. La population rurale, extrêmement dense entre le Minho et le Mondego, est encore très abondante dans toute l'Estrémadure ; elle se fait plus rare vers l'Est et dans l'Algarve. Mais les vides les plus marqués s'observent dans l'Alentejo et dans le Ribatejo (25 hab. au km²). Cette grande inégalité de la répartition du peuplement est en rapport avec les étapes de l'occupation du sol, les systèmes de culture et le régime de la propriété.

LES GRANDES VILLES

Lisbonne	822 000 hab.
Porto	312 000 —
Coimbra	56 000 —
Setubal	51 000 —
Vila Nova de Gaia	51 000 —
Braga	48 000 —

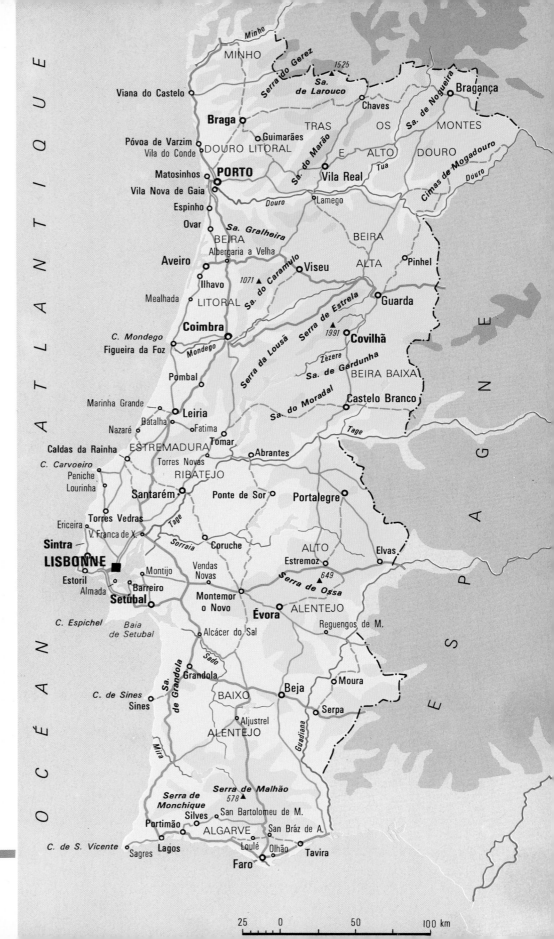

Les paysages

Pêcheurs à Nazaré.

*« Nous sommes les Portugais
de l'Occident...
De la mer nous avons parcouru et sillonné
toute la partie antarctique...
nous avons contourné
la côte de l'Afrique,
passé sous bien des cieux
et vu bien des contrées. »*

Luís de Camões.

Labours d'automne
(Tras-os-Montes).

« ... Et les mottes fraîches
en sortaient
que c'était
un vrai plaisir
de les regarder. »

Urbano Tavares Rodrigues.

Barque d'Aveiro.

« Nous devons
souffrir beaucoup
ou mourir jeunes. »

Proverbe portugais.

Vendanges dans l'Alto Douro.

« Tout vin souhaite d'être du porto. »

Proverbe portugais.

Moulins en Beira Litoral.

*« Sur la butte la plus proche
se dressent de grands moulins
déjà sans ailes... »*

Almeida Faria.

Monsanto de Beira.

*« Le village qui rampe,
aplati presque
par la terre qui l'engendre,
est un lieu
où le temps a laissé ses empreintes. »*

Alvaro Guerra.

Élevage des bœufs en Alentejo.

« Des troupeaux...
s'enfonçaient
sous le bois de chênes-lièges
et les arbres faisaient silence
peu à peu,
agitant leurs grands bras... »

Urbano Tavares Rodrigues.

Portail manuélin à Vila-Viçosa.

« ... Les câbles
entourant les monuments
et se nouant
en des nœuds gigantesques... »

Reynaldo dos Santos.

Séchage des filets à Povoa de Varzim.

*« Le petit pays est tout du long une véritable plage... du nord au sud,
il y a plus de cinq cents milles de côtes et de sable fin comme je n'en ai jamais vu
d'autre... »*

José Cardoso Pires.

Evora Monte (Alentejo).

« ... Le ciel y est cru, la terre fauve. »
Claude Cluny.

Ci-dessous : Estremoz (Alentejo).

« Un homme avec un pinceau attend à sa naissance
chaque pierre qui sort de terre... Voilà le Portugal... »   Jean Giraudoux.

Rizière en Alentejo.

« *Les filles, jupes entravées, ... gracieuses et musclées,
échangent des propos crus avec les chefs d'équipe.* »

Urbano Tavares Rodrigues.

Village en Algarve.

« Je ne sais pas moi-même quand est né dans mon esprit cet amour pour les bourgades minuscules... »

Ferreira de Castro.

Faro (Algarve).

« Je porte dans mon cœur comme dans un coffre impossible à fermer tant il est plein, tous les lieux que j'ai hantés... »

Fernando Pessoa.

São Bras de Alportel (Algarve).

« Tout ce qui doit être blanc est blanc pur... »

Jean Giraudoux.

Obidos.

*« Le village possédait
une sensualité arabe... »*

Almeida Faria.

Vue du château de Marvão (Alentejo).

*« Ma terre sans limites, gardée mètre par mètre par des ombres qui ne te pénètrent
pas...
ma terre rouge aux paysans tristes qui ne te possèdent même pas,
qui partent mais promettent toujours de revenir... »*

Urbano Tavares Rodrigues.

Le passé

Ainsi que deux frères qui sont nés du même ventre et partagent, dans la petite enfance, les turbulences et les maladies de croissance, sans soupçonner qu'un jour pourra disparaître cette intimité qui les lie, ainsi le Portugal, jadis, s'éveille au flanc de l'Espagne, en un temps où ni l'un ni l'autre n'avaient de conscience ni même de nom.

Leur littoral s'inscrit en un carré presque parfait; les mêmes montagnes les rayent comme un velours à grosses côtes, et les fleuves les unissent, roulant leurs eaux (le Douro, le Tage) à travers ce qui sera plus tard une frontière ou, au contraire (le Guadiana), en dessinant le tracé futur.

LE FOND DE LA RACE

Les mêmes hommes les habitent : ces mystérieux Ibères venus on ne sait d'où, et les Ligures qui, peut-être, sont montés des terres chaudes du Sud, alors que l'Afrique et l'Europe étaient encore soudées et que la légendaire Atlantide ne s'était pas effondrée dans la mer, laissant affleurer des îles à la dérive.

C'est par mer, en tout cas, que sont arrivés les Phéniciens, en quête de métaux : l'argent, le cuivre, l'étain, le plomb. Puis les Grecs. Est-ce vraiment, comme le dit Hérodote, une tempête qui a poussé une de leurs nefs jusqu'aux bouches du fleuve Bétis (le Guadal-

quivir)? Ou plutôt la convoitise des mines de métal précieux qui leur fit longer le littoral presque jusqu'à l'estuaire du Tage?

Mais cette rive est pauvre. Des plus anciens habitants ne demeurent que de très humbles amas coquilliers, où des ossements, mêlés à des détritus, permettent d'imaginer des populations pacifiques et misérables, qui vivaient de la pêche côtière et, plus encore, du produit des lacs et des rivières.

A l'intérieur des terres se sont infiltrés — frères des farouches Bretons d'Angleterre, des Calédoniens d'Ecosse, des Gaëls Francs — des Celtes, qui sont surtout pasteurs et chasseurs, et qui, dans les rudes montagnes du Centre, traquent le gros gibier : l'ours et le porc sauvage, pour lequel ils ont une vénération superstitieuse.

Tels sont les ancêtres du Portugais d'aujourd'hui. Ils fusionneront en une race composite et cependant caractérisée, celle des Celtibères, ou Lusitaniens. On les trouve enrôlés dans les

armées d'Hannibal, car Rome veut étendre son pouvoir sur la Péninsule, et, s'ils acceptent les comptoirs, carthaginois après phéniciens, qui pourtant les dépouillent des ressources d'un sol déjà chiche, les Lusitaniens rejettent une emprise qui les priverait d'un bien plus précieux : leur liberté. Dans la lutte acharnée qui l'oppose aux légions romaines, Carthage sait pouvoir compter sur ces petits hommes intrépides, sobres et frugaux, d'une surprenante agilité, qui se faufilent dans les ravins les plus abrupts et vont au combat casqués de cuir, armés de lances de cuivre et de poignards. Ils emmènent avec eux leurs femmes, portent comme elles les cheveux longs, liés d'un ruban de cuir, et des bracelets aux bras et aux chevilles.

MÊMES MAÎTRES ET MÊMES HÉROS

Après que la bataille de Zama eut clos les guerres puniques, Rome se trompe en croyant régner sur la Péninsule. Car va se dresser un ennemi plus redoutable que Carthage et que ni la ruse ni la cruauté ne pourront maîtriser. Lorsque le fourbe Servius Galba attire dans un piège 30 000 guerriers qu'il massacre, il en laisse échapper un, qu'on a dédaigné parce qu'il n'est qu'un berger en tunique de bure. Mais il a nom Viriathe. Héros qui, durant quatorze ans, tient tête aux légions. Il faudra, pour en venir à bout, le faire assassiner, durant son sommeil, par l'un des siens. Viriathe, que le Portugal et l'Espagne se disputent comme premier héros de leur histoire, et qui appartient aux deux puisqu'il est né dans les monts Herminios (la Serra da Estrela) et est mort en Carpitanie.

Appuyé sur une flotte qui patrouille au large, Decio Junio Bruto pacifie prudemment le littoral atlantique et fonde, aux bouches des grands fleuves, Cale et Olisipo. Acte de naissance contesté, aujourd'hui, tant par Lisbonne, qui se veut fille d'Ulysse, que par Porto, qui affirme que sa fondation remonte à la création du monde.

Incinéré, avec un grand déploiement de chants funèbres et de combats d'athlètes, Viriathe continue à inspirer la résistance des Lusitaniens. Ils vont offrir leur précieuse alliance à Sertorius vaincu, et c'est avec leur aide qu'il triomphe un moment, conseillé — dit-on — par la biche blanche qui partout l'accompagne. Il n'est pas ingrat, réunit un sénat à Evora, fonde des écoles pour enseigner le grec et le latin. Lorsqu'il périt, lui aussi par trahison, Jules César multiplie, en vain, les honneurs pour associer les nouvelles cités de Lusitanie à son triomphe : Olisipo devenant *Felicitas Julia* ; Evora, *Liberalitas Julia* ; Beja, *Pax Julia*.

La sandale romaine pèse lourd sur l'épaule des vaincus. D'autant plus que le versant plus clément, plus rustique aussi de la Péninsule ne peut s'enorgueillir d'un Lucain, d'un Sénèque. Rome n'y puise que du vin et de l'huile, du blé et du bétail. En échange, on construit des routes, des ponts, des temples. Car les Lusitaniens, finalement intégrés dans l'unité de l'Empire, ont, peu à peu, abandonné leurs dialectes et leurs cultes. Ils honorent les dieux de l'Olympe et les empereurs sacrés à Rome, adoptent avec la même docilité des religions venues d'Orient ou d'Afrique, sont enfin évangélisés par saint Jacques et peut-être par saint Paul. Les persécutions de Dioclétien, les hideux supplices de la jeune Eulalie à Mérida, en Espagne, et ceux qu'impose avec acharnement le consul Dioclétien à saint Vincent ne viendront pas à bout de la foi qui, désormais, va régner sur la Péninsule.

Guerrier lusitanien.
Musée ethnologique de Belém.

LE WISIGOTH VAINCU PAR SA CONQUÊTE

D'ailleurs, Rome s'épuise et, surtout, a perdu sa vigueur en même temps que sa haute discipline. Si les Barbares l'abattent si vite, c'est qu'elle est corrompue, sclérosée et que, partout, se sont infiltrés, sous tous les visages (de l'esclave, du fonctionnaire et même du soldat), ceux qui ne feignent de la servir que pour mieux la perdre. Lorsque les Vandales et les Wisigoths fondent sur la Péninsule, là aussi il y a, partout, des traîtres pour leur ouvrir les portes. Mais ces conquérants redoutables vont, bientôt, à leur tour s'engourdir. Ils sont pris au piège d'une vie large et facile, troquent la tunique de guerre contre la toge, aiment le jeu, le vin, les bijoux. Leur roi, Recaredo, se convertit au christianisme. Mais on a conservé les coutumes sanglantes, les rois sont égorgés dès qu'ils faiblissent ou déplaisent, on arrache les yeux des vaincus : cruautés qui transmettent des rancunes funestes. Le père d'une patricienne séduite, les partisans d'un rival abattu se vengent du jeune Roderico en appelant à la rescousse les hordes arabes du Maghreb. En 711, Tárique franchit le détroit qui, bien faiblement, protégeait la Péninsule. Le roi goth se porte à leur rencontre avec la fleur de sa cavalerie, les affronte sur les rives du Guadalete. Il est allé au combat avec un manteau de pourpre, un diadème de perles au front, dans un char orné d'ivoire et tiré par quatre mules blanches. Cette splendeur le désigne aux coups de l'ennemi. Tárique le perce de sa lance et envoie sa tête, tranchée et bourrée de camphre, à son maître Mouça. Neuf jours de combat s'achèvent par un carnage. Le flot des infidèles déferle, franchit les Pyrénées, ne sera contenu qu'à Poitiers, vingt ans plus tard.

SOUS LE SIGNE DU CROISSANT

Contrairement à ce qu'on pourrait croire, la domination arabe semble moins pénible que celles qui l'ont précédée. Surtout sur le littoral atlantique. C'est à Cordoue, à Grenade, que se nouent les complots reptiliens et sanglants du califat. A Evora, à Lisbonne, qu'ils appellent d'un nom tendrement féminin : Ashbouna, à Xelb (Silves) surtout, le Maure se plaît, sous un ciel aussi beau que celui qu'il a quitté, sur une terre féconde où prospèrent les cultures qu'il a amenées avec lui : l'oranger et le riz, le melon, la canne à sucre. Parmi le peuple, il reconnaît, sur-

Tête de taureau de l'époque romaine.
Musée de Beja.

tout au Sud, ses propres traits. Dans les villes, aux ruelles fraîches entre les murs blancs, sous la pluie des pétales d'amandier, au « chuchotis » des fontaines et des moulins à eau, les potiers apprennent avec lui l'art de l'argile, les tisserands découvrent la soie, les architectes dessinent des arcs en fer à cheval, des arabesques, cisèlent des colonnes minces comme des jeunes filles. Le commerce est actif. Les religions voisinent, se chevauchent ; le musulman respecte les couvents et les églises ; les mozarabes adoptent les usages les plus sages de l'Islam, et le bas latin, qui est d'usage courant, s'enrichit de centaines de vocables maures. Sans parler des légendes, de la poésie voluptueuse mêlée au quotidien comme l'odeur du jasmin, des secrets découverts pour mûrir les figues, irriguer les jardins, ciseler le cuir et l'acier, revêtir les murs de brillants carreaux de faïence, mesurer le temps avec des appareils à balancier. Ainsi que la Belle du conte au fond de sa fraîche citerne, la Péninsule s'endort pour bien plus de mille et une nuits.

Mais, au Nord, dans les régions âpres

Château de Ourem (Beira Litoral), construit au XVᵉ s.

des Asturies et de Cantabrique, des irréductibles se sont réfugiés et préparent opiniâtrement la Reconquête. L'imagination populaire, qui se nourrit plus volontiers de poésie et de légendes que de faits vérifiés, a profondément retouché les traits de ces preux retranchés dans leurs montagnes inaccessibles et qui ont fait roi leur chef Pélage, qu'on dit parent de l'infortuné Roderico. Ainsi ne se serait jamais rompue la lignée des rois chrétiens d'Espagne. Ils luttent corps à corps contre les ours, défient les Sarrasins, écrasent sous les rocs, avant de les achever à coups de javeline, le célèbre Roland et ses compagnons, lorsque Charlemagne est venu intervenir dans les querelles des chefs arabes, bon prétexte pour s'emparer de Pampelune. Car, là comme partout et toujours, ce sont les dissensions intestines, plus que la force de l'adversaire, qui, finalement, décident de la partie en cours.

LE COMTÉ PORTUGALOIS

Parce que le Croissant est fourbe et divisé, les chasseurs d'ours asturiens ou vascons réussissent, peu à peu, à élargir leur repaire. Mais les vainqueurs de Covadonga, à mesure que les petits royaumes se multiplient : Asturies, Galice, León, Navarre, s'affaiblissent en se jalousant. Lutte perpétuelle et indécise, au cours de laquelle la Croix et le Croissant alternent sur Coimbra et Tolède, au gré de combats qui sont parfois de sanglantes mêlées, parfois presque des tournois.

Le plus glorieux héros de cette longue épopée est le Cid. Mais il a des compagnons, qui l'égalent souvent en valeur, sinon en prestige. Cette Reconquête, où l'on combat pour Dieu et pour soi, qui assure ou, du moins, laisse espérer le Ciel dans l'autre monde et, dans celui-ci, des butins et des grades, attire vers l'Espagne, autant qu'en Terre sainte, des cadets de bonne maison, recrutés à Vézelay par la grande voix de Bernard l'Hermite, mais que le très avisé abbé de Cluny préfère souvent consacrer à d'autres missions.

C'est ainsi que deux cousins bourguignons, dont l'un, Henri, est l'arrière-petit-fils de Robert le Pieux, s'étant distingués aux combats menés sous l'étendard du roi de León, se voient offrir par celui-ci la main de ses deux filles, l'une et l'autre fort bien dotées. A Henri échoit Teresa et un domaine situé entre Douro et Minho et appelé « comté Portugalois ».

Déjà chenu et sage, le comte sait gérer ce domaine, prendre certaines distances avec son cousin, dont il est le vassal.

Lui mort, son épouse manœuvre pour élargir ses terres et affirmer ses titres. Infante de León, elle peut signer *Teresa regina*. C'est purement honorifique. Elle prétend en faire une réalité. Elle est, nous dit la chronique, « astucieuse, insinuante et belle ». Peut-être trop belle. Car elle a des amants. Elle sous-estime son plus dangereux rival : son propre fils, Afonso Henriques, né quelques années à peine avant la mort du comte.

Elevé comme un de ses paysans, robuste, combatif, ombrageux, le jeune hobereau, à la suite d'une des intrigues de sa mère, a l'humiliation de se voir prisonnier de son cousin. Son précepteur, Egas Moniz, le fait libérer, jurant, au nom de son pupille, que ce dernier n'a aucune ambition personnelle. Ce qui prouve qu'il le connaît bien mal.

A seize ans, Afonso Henriques s'arme lui-même chevalier, à Zamora. Puis, irrité par les écarts de sa mère qui mêle, en Galice, les hasards de la guerre et

de l'amour, il groupe autour de lui les mécontents, triomphe, sur le terrain, de Teresa, qui prétendait le châtier comme un garnement. Puis, ayant enfermé celle-ci, à vie, dans un couvent, enfin libre, il se taille, gaillardement, un royaume à la pointe de l'épée.

LA GRANDE LIGNÉE DES BOURGUIGNONS

Il sait « s'affirmer et vaincre ». Il enrôle, dans sa lutte, des croisés que la tempête a jetés dans l'estuaire du Douro et que l'évêque de Porto recrute pour son compte ; il enlève d'assaut sept citadelles sarrasines — entre autres, après dix-sept semaines de siège, Lisbonne, qui va marquer la limite de ses conquêtes au sud.

Car, selon la loi constante de ces temps troublés, dès qu'il s'éloigne trop en pourchassant le Maure, des conflits éclatent avec ses proches. Guerrier valeureux, grand capitaine, il est aussi

fin politique et comprend vite qu'il est insensé de se quereller entre chrétiens. Aussi conclut-il avec ses voisins un accord précisant sa frontière avec la Galice, frontière qui, jamais plus, ne sera remise en question, et qui rend perplexe quiconque observe la carte de la Péninsule. Car, en vérité, par son climat, sa population, sa langue même, la Galice est bien plus portugaise qu'elle ne sera, jamais, espagnole.

Ayant commencé, si jeune et si hardiment, son règne — Afonso Henriques a été proclamé roi en 1139, par ses capitaines, sur le champ de bataille d'Ourique, où il va affronter et vaincre cinq rois maures coalisés — il a la bonne fortune de durer et d'être bien servi. Ses compagnons blanchissent, avec lui, sous le harnais : c'est Geraldo sans Peur, qui lui donne Evora, Fuas Roupinho, qui garde ses côtes contre les pirates, et Gonçalo Maia, qui ne meurt qu'à quatre-vingt-quinze ans, au combat.

Il a aussi le privilège de former à son école son fils Sancho, un preux qui est aussi un chef d'Etat. On oublie souvent sa vaillance pour ne retenir que son œuvre pacifique : il repeuple le royaume dévasté par les guerres, fait recruter en France, en Flandres, des colons habiles à faire valoir les terres, et laisse, à sa mort, une fortune stupéfiante : plus d'un million de maravédis d'or.

« TOUT CE QU'IL VOULUT, IL LE FIT »

Si l'on excepte certaines chicanes de partage et les remous causés par la déposition de Sancho II — à qui la tonsure sied mieux que la couronne —, la lignée des Bourguignons est sans fêlure. Chacun d'eux recule les limites d'un royaume que le pape a béni. En 1249, Afonso III, ayant définitivement rejeté les Arabes en Afrique, peut se dire « roi du Portugal et d'Algarve ».

Dès lors le Portugal — le premier en Europe et au monde — a ses frontières définitives.

Après les lauriers, la rose. Sur l'édifice achevé, les bâtisseurs ont coutume de planter un bouquet. C'est Dinis qui a

régi, bâti, cultivé, défriché, vaincu,
honoré les muses, écrit, et lu.
(António Ferreira.)

Rien de ce qui peut fortifier, enrichir, ennoblir le Portugal ne lui demeure étranger. Pour effacer les cicatrices de trop longues guerres, il apaise les vieilles rancunes, fait régner la tolérance en protégeant les Maures et les juifs, stimule les commerçants en insti-

Chevalier en armure (XVᵉ s.). Musée Machado de Castro, Coimbra.

tuant des foires et en établissant des comptoirs en Flandres, signe le premier traité de commerce avec l'Angleterre. Il encourage les serfs en leur distribuant des terres, qu'il sait soutirer aux Eglises et couvents « fort riches et bien pourvus ». Contre les pirates qui désolent les côtes, il dresse une chaîne de donjons-sentinelles, qu'il dispose également aux frontières terrestres. Il a épousé Isabel, la sainte fille du roi d'Aragon, mais on n'est jamais trop prudent.

Dans ces terres si bien réparties et défendues, il introduit des cultures nouvelles, assèche des marais et assure à la noblesse d'épée qu'elle ne déchoira pas et ne perdra aucun de ses titres et privilèges si elle s'adonne à l'agriculture plutôt qu'à la guerre.

Les moines-soldats des grands ordres militaires : Santiago, l'Hôpital, Calatrava, qui ont si bien servi dans la Reconquête, ont droit à sa gratitude un peu méfiante. Mais lorsque Philippe le Bel, puis le pape le pressent de condamner, lui aussi, les Templiers, il louvoie, élude et, finalement, transfère les biens de l'ordre condamné à celui, fondé de frais, de Notre-Seigneur-Jésus-Christ, qui jouera un si grand rôle dans l'histoire du monde.

Il multiplie les ports, instaure la pêche de la baleine et du thon, et dote le Portugal d'une marine marchande où l'on trouve des unités de plus de 100 tonnes.

Surtout, il donne au Portugal une âme. Son enfance a été éblouie par son aïeul Alphonse le Sage, sa jeunesse formée par des maîtres comme Aimeric d'Ebrard. Il fonde une université inspirée par celle de Paris, et, comme il est poète, il donne à la langue portugaise ses premiers titres de noblesse en rimant ses *Cantares d'amigos*, qui chantent l'amour et l'amitié.

« C'est le roi Dinis »,
Dit le peuple, toujours ingrat,
« Tout ce qu'il voulut, il le fit.
Avec de l'argent
Vous pouvez en faire autant. »

C'est à voir.

LES AMOURS DANGEREUSES

Jusqu'alors, c'est une dynastie forte, virile qui, alternant les tâches, de la fondation à la consolidation et à la mise en valeur en tous domaines, a fermement mené les destinées du jeune royaume. Mais voici venir le temps des faiblesses périlleuses, des tragiques passions. Des visages féminins se profilent et dominent un XIVe siècle fiévreux. Isabel était une sainte, Inés fut une victime et Leonor une « mauvaise femme ». Ainsi, du moins, les voyait leur peuple.

Grand roi et homme remarquable, Dinis n'était pas un ange, il s'en faut, et il fallut à sa femme toutes les vertus chrétiennes pour tolérer ses aventures et élever ses bâtards comme ses propres enfants. De là, précisément, vint le mal. Car le fils légitime, Afonso, en conçut, lui, une jalousie féroce qui obscurcit sa jeunesse et ensanglanta ses derniers jours.

Inquiet de la préférence que marquait le roi à l'un de ses fils illégitimes, craignant d'être dépossédé, il se dressa contre son père, les armes à la main. La reine Isabel parvint à désarmer les combattants.

Mauvais fils, Afonso IV ne fut pas meilleur père et tint toujours en suspicion son fils Pedro.

Inés de Castro.

Celui-ci s'était pris d'amour coupable pour Inés de Castro, une des dames d'honneur de son épouse, Constance de Navarre, qui en mourut de chagrin. Inés et Pedro vécurent alors dans l'aveugle égoïsme de leur amour. Mais, autour d'eux, se nouaient des complots. Car la belle était espagnole, et son père, ses frères surtout rêvaient de régner, à travers elle, sur le Portugal. Afonso IV avait sans doute de bonnes raisons de s'en alarmer. En 1355, cédant à la pression de ses conseillers, il fit égorger la douce Inés sous les yeux de ses enfants. Ce meurtre fit couler beaucoup d'encre et aussi beaucoup de sang, aussi innocent que celui de la « belle au col de cygne ».

D'abord parce que Pedro, dans son désespoir, pilla et massacra aveuglément, pour se venger de son père avant de se venger, plus tard et avec une cruauté plus sauvage encore, des assassins d'Inés. Ensuite parce que les enfants nés de ces amours fameuses et maudites allaient être un péril constant pour la souveraineté portugaise.

LA FIN DES BOURGOGNE

Afonso IV avait voulu préserver les droits de l'héritier légitime, Fernando, fils de l'infortunée Constança.

Celui-ci, après le règne assez bref de son père — qui eût été bon roi s'il n'avait été un prince plus occupé de ses propres affaires que de celles du pays —, se vit léguer un royaume en paix et des finances bien pourvues. Il gaspilla celles-ci en guerres inutiles et plongea le Portugal dans une querelle qui aurait pu lui être fatale.

Pourtant, c'était un homme de bonne volonté, qui voulait le bien et en fit, du reste, intensifia les cultures et le commerce (on vit au Tage, sous son règne, jusqu'à 450 bâtiments à l'ancre), organisant la police et protégeant Lisbonne d'une ceinture de murailles qui allaient se révéler fort utiles. Brillant cavalier autant que beau parti, il se fiança, pour raisons politiques, à deux infantes qui, tant celle de Castille que celle d'Aragon, se prénommaient Leonor. Pour son malheur, il en épousa une troisième, Leonor Teles, qui n'était pas princesse de sang et, de surcroît, était déjà mariée. Un époux peut être écarté, un mariage annulé ; il est plus difficile d'apaiser une opinion publique vertueusement courroucée. C'est en cachette que Fernando épousa à Leça de Bailio, près de Porto, sa « fleur de hautesse ». Coquette, vindicative, ambitieuse, elle ne lui donne qu'une fille, Beatriz, et le trompe sans vergogne.

Avec Fernando va tomber, d'épuisement, la branche bourguignonne. Miné par la phtisie, déchiré par son amour funeste, Fernando meurt, en 1383, après une longue agonie, où il demande pardon à Dieu d'avoir été mauvais roi. Il aggrave ses fautes en croyant les réparer. Il a uni Beatriz (qui n'a que onze ans) au roi Juan de Castille et confié la régence à Leonor. C'est offrir le royaume à son puissant voisin. Mais le peuple veille.

C'est un tailleur qui, lors du mariage de Fernando, a osé flétrir à haute voix le scandale. C'est un tanneur qui, le roi mort, dénonce le péril et fait acclamer sur la grand-place de Lisbonne le « Défenseur du royaume ».

Celui-ci a nom João. Il est grand maître de l'ordre militaire et religieux d'Avis, et bâtard du feu roi. Il a vengé l'honneur de son père en tuant, de sa main, l'amant de Leonor. Il groupe autour de

Le connétable Nuno Álvares Pereira.

lui, par un mouvement spontané de légitime défense, tous ceux qui ne veulent, à aucun prix, d'une reine enfantine aux mains d'un Castillan.

NAISSANCE D'UNE NATION

Pourtant, une grande partie de la noblesse a prêté serment à Beatriz et considère la parole d'honneur plus sacrée que la souveraineté portugaise. D'autres, par calcul, servent les desseins des fils d'Inés, qui se croient, eux aussi, des droits à la couronne.

Il en est, toutefois, qui comprennent que le Maître d'Avis incarne les seules chances du Portugal. João devient roi. Parmi ses partisans, le plus audacieux, le plus intransigeant est Nuno Álvares Pereira, bâtard comme João et presque du même âge : guère plus de vingt ans. « L'âme d'un lis et le cœur d'un lion », c'est le chevalier sans peur ni reproche. Il galvanise l'armée hâtivement organisée, car le Castillan a mis le siège devant Lisbonne, qui céderait peut-être (« on mange du pain fait de noyaux d'olive, de la mélasse et des racines, toutes choses inhabituelles peu favorables à la nature ») si la peste n'éclatait dans le camp castillan. L'étau se desserre, mais l'ennemi se prépare à attaquer en force.

Les bourgeois ont permis à leur roi d'altérer la monnaie, les juifs offrent spontanément leur or, l'Eglise renonce à ses orfèvreries précieuses, et l'on peut ainsi armer 1 300 lances, auxquelles se joignent celles de jeunes chevaliers qui viennent combattre en portant les couleurs de leur dame (c'est l' « Aile des amoureux ») et 200 étrangers séduits par l'aventure. Et puis, il y a les arbalétriers et la piétaille, qui, parfois, n'a qu'un gourdin ou une faux.

Nuno Álvares a disposé ces faibles forces dans une lande sans ombre, au lieu dit Aljubarrota. Il veut couper la route à Juan de Castille, qui s'avance vers Lisbonne à la tête d'une armée de 3 000 hommes. Pendant toute la journée du 14 août 1385, les 6 000 Portugais attendent, sous un soleil de feu. Enfin, l'hoste ennemie se silhouette à l'horizon. Rien ne lui serait plus simple que de faire un détour et de prendre les Portugais à revers. Le Castillan y songe, mais ses capitaines le pressent d'anéantir cette poignée de gueux. João Ier et ses fidèles semblent, en effet, dit la chronique, « la lueur d'une pâle étoile devant la clarté de la lune ».

La cavalerie castillane charge, se brise sur les lances portugaises, et c'est le corps à corps. Nuno Álvares a donné l'ordre de ne pas lâcher pied, quoi qu'il arrive. Les plus hardis assaillants pénètrent dans le carré des Portugais, qui se referme sur eux comme un étau. Juan de Castille voit pourfendre ses meilleurs cavaliers. Les renforts sont tout empêtrés dans le charroi inutile qu'il traîne avec lui : mobilier et serviteurs, et même des femmes, des enfants. Pris de panique, il s'enfuit, entraînant derrière lui les vaincus, abandonnant sur le terrain un inestimable trésor. Le soir, il hurle, en s'arrachant la barbe de rage et de honte.

La bataille a duré, en tout, une demi-heure. C'est le baptême du sang de la nouvelle dynastie. C'est le cachet qui scelle, pour deux cents ans, l'indépendance souveraine d'une nation.

Aljubarrota est, pour João Ier d'Avis, ce que Campo d'Ourique a été pour Afonso Henriques. Un sacre! Mais la lutte n'est pas, pour cela, achevée. Il faut toutes les roueries du juriste João das Regras pour établir que nul plus que le Maître d'Avis n'avait des droits à la couronne portugaise. Il faut surtout le courage, l'audace et l'endurance du roi et de son fidèle Nuno Álvares Pereira pour persuader le Castillan de renoncer à cette couronne.

La paix enfin venue — en 1411 — se révèle vite aussi périlleuse que la guerre.

UNE ALLIANCE DURABLE

L'ancienne noblesse s'est discréditée en servant la mauvaise cause. On confisque les biens et les titres de ceux qui optent pour l'amer exil; les compagnons du roi se les partagent. On en invente d'autres, et tel est le zèle de cette glorieuse roture à s'ennoblir qu'il faut inventorier les blasons et limiter leur nombre. Les bourgeois des villes se sont enrichis en même temps, ont pris de l'autorité. Les « grémios », ou bannières, représentent les corporations, donnent des avis écoutés. Parmi le désordre des camps et la prospérité des villes, le populaire risquerait fort de perdre ses solides vertus, si le roi et la Cour n'en avaient l'exemple. Porté au trône grâce à l'indignation soulevée par l'inconduite de la reine et la dissipation de ses favoris, João Ier est pieux et rempli de scrupules. Face à un ennemi commun, il a bien accueilli l'aide que lui a apportée Jean de Gand, aventurier avide qui cherche son profit dans l'aventure. Alliance de fortune que le mariage du jeune roi avec Filipa de Lancastre, fille de Jean de Gand et sœur du roi d'Angleterre, va, en 1387, consacrer et perpétuer. C'est, en vérité, la plus vieille

Henri le Navigateur. Détail du polyptyque de saint Vincent par Nuno Gonçalvés.

Mariage du roi Manuel Ier et de Leonor d'Autriche. Musée d'Art sacré, Lisbonne.

alliance du monde, qui ne fut jamais démentie au cours des siècles.

Filipa, elle aussi, est austère et pénétrée de ses devoirs. Elle donne à son époux de nombreux enfants, tous garçons, sauf une fille, Isabel, qui deviendra duchesse de Bourgogne. Elle les élève sévèrement et fait d'eux les « illustres infants », parmi lesquels on compte un lettré, un preux, un saint et un génie. Mais, jeunes et ardents, ces hommes, à l'aube du XVe siècle, reflètent la généreuse impatience de leur génération, élevée dans l'écho des combats et que la paix frustre de tout espoir de gloire. Un plus large champ s'ouvre à leur vaillance.

LE PRINCE DE LA MER

L'Europe manque d'or. Le commerce d'Orient a tari les richesses jadis consacrées aux tournois et aux guerres et qui fondent, dévorées par la soif de luxe ramenée des croisades. On a beau interdire l'usage du velours et des do-

rures pour les hommes et leurs mules, s'ils ne sont grands seigneurs, docteurs ou prélats, multiplier les jeûnes et prêcher la sainte humilité, on se dispute la soie, les épices et les esclaves ramenés d'Orient par la longue route des caravanes. Les rapines et les rançons prélevées par les Barbaresques, qui verrouillent les détroits et ravagent la Méditerranée, en décuplent le prix.

Il s'agit donc de trouver le moyen de gagner, par mer, les Indes, terre de tous les trésors. Ce problème se pose à tous ceux qui vivent du négoce : Venise et Majorque, les Flandres, Gênes, Lisbonne.

Le plus urgent est de purger la mer de ses pirates. Leur repaire est Ceuta, sur la côte marocaine. Toute la jeunesse portugaise, par la voix des infants, réclame l'honneur de les en déloger.

Le roi João hésite longtemps. Il est prudent autant que scrupuleux. Mais l'enthousiasme l'emporte sur la cautèle. Même Nuno Álvares, lui aussi chenu, brûle d'aller « mettre sa lance en Afrique » avant de se retirer du monde.

L'expédition est secrètement et minutieusement préparée. En 1315, Ceuta est enlevée par surprise, la fougue des assaillants risquant, toutefois, de compromettre l'entreprise. Il y a *Te Deum*, réjouissances et butin.

Mais l'un des infants, celui qui, à Porto, a veillé à ce que l'expédition ne manque ni de vivres ni de munitions, pressent qu'il y a mieux à faire en terre d'Afrique. Mille signes lui indiquent, à Ceuta, l'aboutissement de pistes mystérieuses qui mènent au pays de l'or. De retour au Portugal, il abandonne la Cour et s'installe, à l'extrême pointe de l'Europe, à Sagres, sur un promontoire désolé où l'on capte tous les messages de l'Océan.

Quarante ans, il vit là, attirant autour de lui tous ceux — astrologues, mathématiciens, cartographes — que passionne la « quête du loin »; recueillant les rescapés des naufrages, les captifs rachetés et arrachés aux bancs de galère, les pilotes de passage; compilant les récits; rectifiant les portulans; consignant les observations les plus diverses et concevant, testant, édifiant enfin un voilier qui peut naviguer par tous les vents et qu'il appelle *caravelle*, parce qu'il est issu d'un bateau d'Algarve, le *carabo*.

Alors, l'infant Henrique, puisant à pleines mains dans le trésor des rois, qui sont, successivement, son père, son frère et son neveu, et dans les ressources immenses de l'ordre du Christ, dont il est grand maître, envoie, sur « les mers non encore naviguées », ses écuyers. Ils découvrent des archipels : Madère, les Açores, Cap-Vert. Ils doublent des caps jusqu'alors redoutés. Ils abordent à des terres inconnues, peuplées de sauvages crépus, les uns pacifiques, et d'autres cannibales, et ramènent à leur maître des œufs d'autruche, l'eau d'un fleuve qu'ils prennent pour le Nil ou parfois, même, simplement, une rose. Surtout, ils le confirment dans sa résolution de pousser plus loin, toujours plus loin, au mépris des affirmations des Anciens et des superstitions qui peuplent de monstres la mer Ténébreuse.

Que d'erreurs, de déceptions, de sacrifices qui semblent lourds, pour des espérances qui semblent vaines ! Le roi Afonso V rêve de succès plus brillants, cherche querelle à l'Espagne, s'en va conquérir au Maroc Arzila et Tanger, qu'il faudra défendre ensuite à grands frais de forteresses et de garnisons. Pourtant, les conquêtes de celui qu'on a surnommé pour cela « l'Africain » ne seront pas totalement inutiles.

A sa mort, son fils, qui a longtemps rongé son frein en attendant son héritage, trouve que celui-ci est maigre. Mais, sous le feu du ciel marocain, dans les places fortes qui sont de dures écoles de guerre, se forge une génération de stratèges et de capitaines.

LA BONNE ESPÉRANCE

Lorsque João II devient roi, il y a plus de vingt ans que l'infant Henrique est mort à Sagres, solitaire, méconnu, ruiné. Ses travaux ont été abandonnés, ses disciples se sont dispersés. Mais son grand « plan » va être repris et, cette fois, réalisé, au-delà même de ce qu'il avait pu imaginer.

Celui qu'on a appelé « le Prince parfait », João II, est un homme implacable et résolu. Il a maté une noblesse turbulente, qui conspirait avec des voisins fort dangereux depuis que le mariage d'Isabelle de Castille et de Ferdinand d'Aragon a rendu l'Espagne unie et forte.

João II juge absurde de se mesurer aux Rois Catholiques sur le plan militaire. Il entend les devancer en un autre domaine. Il administre personnellement le commerce de Guinée. Il veut pousser ses bateaux pour contourner l'Afrique et, ensuite, gagner l'Inde. Il se méfie d'un certain Génois appelé Colomb, qui a épousé la fille du gouverneur de l'île de Porto Santo, dans l'archipel madérien, et qui veut le convaincre d'envoyer une flotte vers l'ouest. Si la Terre est ronde, comme on commence à le croire, on trouvera ainsi la route tant cherchée. Pendant son séjour à Madère, Colomb a étudié des cartes et des portulans qui ne lui laissent aucun doute. Il y a des terres au ponant. Les pourparlers, toutefois, n'aboutissent pas, et c'est Isabelle qui, dix ans plus tard, finance le voyage qui va mener Colomb non point aux Indes, mais aux Antilles. Il mourut sans savoir qu'il s'était trompé. C'est un successeur fortuné : Americo Vespucci, qui donne son nom au Nouveau Monde, mais les premiers habitants de celui-ci garderont le nom que leur a donné le Génois : les Indiens.

Comme l'infant de Sagres, João II s'attache à « des certitudes manifestes ». Il envoie des hommes sûrs explorer le golfe de Guinée ou rechercher le Prêtre Jean, ce roi noir et chrétien qui est, en vérité, le négus d'Éthiopie. Ses espions le tiennent au fait de tout ce qui se trame à Venise, à Lübeck, à Aden. Ses capitaines connaissent maintenant à fond les règles de la navigation, selon les vents et marées de toutes les latitudes, telles que les ont fixées les émules de l'infant de Sagres. C'est ainsi qu'en 1487 Bartolomeu Dias double un grand cap auquel il donne le nom de cap des Tourmentes. L'ayant franchi, il a vu la côte remonter vers le nord-est et la mer s'apaiser. Mais ses équipages, épuisés, ont refusé de pousser plus avant.

Malgré cela, à leur retour, João II les accueille avec transport et, dans sa joie, change le nom du cap, qui devient : de Bonne-Espérance.

RÉALITÉ D'UN VIEUX RÊVE

Pas plus que l'infant Henrique, cependant, João II ne verra réaliser son grand rêve. Il meurt prématurément, et c'est son beau-frère, Manuel, qui recueille le fruit de leurs efforts à tous deux. Aussi l'appellera-t-on « le Fortuné ».

Sous son règne, qui dure un peu plus de vingt-cinq ans, le Portugal va connaître la plus extraordinaire aventure et tout ce que peut apporter la gloire, dont les autres payeront la rançon.

C'est Vasco de Gama, jeune capitaine ambitieux et énergique, qui s'engage en 1497 dans le sillage tracé par Bartolomeu Dias et qui, après une traversée longue et hasardeuse, atteint enfin, en mai de l'année suivante, la côte du Malabar. Il a résolu la grande énigme de son temps, mais, en touchant enfin les Indes tant convoitées, il y trouve, solidement installé, l'ennemi de toujours : l'Arabe, qui exploite et manœuvre les innombrables roitelets indigènes.

A Calicut, où aborde Gama, règne un brahmane puissant, qu'on appelle *zamorin*, ou roi de la Mer. Ses richesses sont telles que les présents apportés au nom du roi de Portugal lui semblent dérisoires. Isolé avec sa faible escorte, pressé par le temps — car il doit repartir avant la fin de la mousson —, déconcerté par les imprévisibles sautes d'humeur d'un partenaire dont il n'entend pas le langage et qui tantôt le flatte et tantôt le menace, Vasco de Gama doit louvoyer avec souplesse et, surtout, ne pas perdre la face.

Il lui faut infiniment plus de sang-froid, de patience et d'audace pour tenir tête au zamorin et finalement en obtenir ce qu'il voulait, que pour affronter les tempêtes et s'élancer vers l'inconnu.

Quand il regagne, enfin, Lisbonne, en 1498, de ses 170 compagnons il en a perdu 115, dont son frère, Paulo. Mais l'or, le poivre et la soie, les perles et la cannelle qu'il ramène couvrent soixante fois les frais de l'expédition.

Désormais, les trésors fabuleux de l'Orient sont à portée de la main.

DES RACES NOUVELLES

Les voyages demeurent meurtriers, à cause du scorbut, des fièvres, des pièges qui se tendent aux escales, des mutineries, des périls de la mer. Plus redoutables encore sont les fourberies des Indiens, qui signent des contrats et des alliances sur des feuilles d'or ou des sabres d'airain, mais qui, prompts à changer de cap, ont le poignard et le poison faciles. Après les expéditions de reconnaissance, puis d'intimidation, il faut en venir aux représailles, car seul le canon (c'est la supériorité des bâtiments portugais) est respecté. De plus, les Portugais sont disciplinés ; ils ont appris à se battre dans les incessants assauts marocains, qui leur ont enseigné, aussi, comment bâtir des forteresses et supporter les plus terribles sièges.

Avec les soldats partent des commerçants. Ils s'installent dans les comptoirs fortifiés qui, bientôt, ponctuent la côte de l'Inde, puis essaiment dans tout

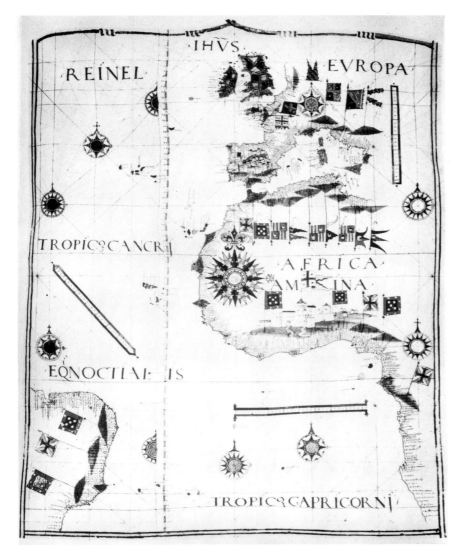

Reproduction d'une carte portugaise du XVIᵉ s. de Jorge Reinel.
Bibliothèque du palais ducal de Vila-Viçosa.

tion, de la conquête et du commerce d'Ethiopie, Arabie, Perse et Indes ». Entre-temps, il a fallu, inlassablement, affirmer et réaffirmer sa puissance. Chaque ville a été plusieurs fois conquise, perdue, reconquise, au prix de prodiges d'endurance et d'audace. Le Portugal ne domine pas seulement l'Inde, somptueuse, multiple, secrète, trompeuse ; il a rayonné à travers les sept mers. Pour éviter un conflit ouvert avec l'Espagne, sa seule rivale, le Portugal a négocié avec elle, à Tordesillas, en 1494, un partage du monde que le pape a consacré.

Les conquistadores espagnols s'enfoncent au Mexique, au Pérou, cependant que les nefs d'Alvares Cabral abordent au Brésil, que celles de Corte Real longent la terre des Morues, que les écuyers du roi Manuel font un traité d'amitié avec le puissant Manicongo ou apportent la première arme à feu aux daïmos du Nippon.

Il semble incroyable qu'un très petit pays, qui ne compte, lorsque l'infant de Sagres lance à la mer sa première caravelle, qu'un peu plus de deux millions d'âmes, puisse être présent en tous ces lieux du monde. Mais il faut se rappeler que cette présence est fort diverse, selon les circonstances. Jamais

Afonso de Albuquerque.

le Portugal n'a fait une politique de conquête, comme l'Espagne. Il n'a colonisé, avec des éléments venus d'Europe, que les îles qu'il a trouvées désertes : Madère, les Açores. En Afrique, il n'a cherché, sur les côtes, que des points d'appui. Il a butiné tout le long de l'océan Indien. Bien des pages, et parmi les plus belles, de

l'Orient. Aussi des missionnaires, qui vont faire se dilater la foi chrétienne jusqu'au Japon et à travers les îles les plus sauvages de l'Indonésie.

Les populations, souvent misérables ou crédules ou passives, sont aisément séduites par le zèle des religieux, et François Xavier se plaint, un jour, d'avoir « les bras rompus à force de bénir ! ». Conversions souvent bien fragiles ; les rites familiers reprennent le dessus. On assiste à d'étranges confusions de croyances et de cultes. Et pourtant, le grain semé finit par germer. D'autant plus que le Portugais, partout où il passe — dans les îles, les ports d'Afrique noire, les forts de la mer Rouge, les paresseuses cités indiennes —, noue des liens de sang

avec les indigènes, fait naître des races nouvelles, des métis de toutes nuances, généralement baptisés.

LE PARTAGE DU MONDE

En 1498, Gama aborde à Panderane, au milieu d'une foule curieuse et inquiète, car une prédiction a annoncé que l'Inde tomberait aux mains d'un étranger qui viendrait par la mer.

En 1515, Afonso de Albuquerque s'éteint, las et amer, après avoir donné à l'empire portugais des Indes ses structures et ses lois. Cet empire a une capitale : Goa. Ayant verrouillé solidement, à Ormuz et à Malacca, l'océan Indien, il en est le seul maître. Manuel, son roi, peut se dire « seigneur de la naviga-

Voyages de Vasco de Gama. Evora, palais de l'évêque de Maranhão.

cette stupéfiante odyssée ont été écrites à titre individuel, par des aventuriers, des saints ou des héros isolés.

Ceux-ci ont laissé des traces profondes. Des siècles après que cet empire se soit effondré, l'empreinte portugaise subsiste partout : tant de mots mêlés aux langues de tant de peuples ou de tribus, pour qui le même terme désigne le « Portugais » et le « Blanc »; tant de scènes relatant la présence portugaise sur les porcelaines chinoises, les paravents japonais, les ivoires guinéens et dans l'art luso-indien.

Albuquerque a été le parrain de cette race goanaise, à la fois portugaise et asiatique, mais chrétienne : il a encouragé les mariages de ses officiers avec les jeunes indigènes et fait éduquer leurs enfants à Lisbonne.

Car il prétend servir l'Inde plus que se servir d'elle, et les fastes de Goa, la prospérité du Malabar, l'immense popularité d'Albuquerque sont tels que Lisbonne en prend ombrage. Rien n'empêche, en effet, le trop puissant vice-roi de se proclamer indépendant. Ulcéré de tant d'ingratitude, usé par l'intrigue plus que par les combats, Albuquerque meurt en 1515, après avoir adressé au roi Manuel ce dernier, hautain et amer message : « Je ne vous dis rien des Indes; elles témoigneront pour elles et pour moi. » Mais, déjà, s'amorce leur déclin.

BILAN DES GRANDES DÉCOUVERTES

Lorsqu'une nef portugaise voit monter

Du fond de l'océan des étoiles nouvelles,

ou se profiler une terre inconnue, le visage du monde s'en trouve modifié. Dans ses limites qui semblent dilatées à l'infini, la race blanche s'affirme, la chrétienté triomphe et surtout le commerce prolifère.

L'afflux des ressources nouvelles a créé de nouveaux besoins. Le sucre de Madère a fait baisser spectaculairement les prix, mais plus personne ne peut s'en passer, comme des épices, qu'on pèse sur des balances d'orfèvre. Depuis que l'*anil* (l'indigo) et la garance viennent d'Afrique ou d'Asie, qui donc voudrait de simples habits sans teinture ? On a l'impression que l'or abonde : il ne fait que changer de main. L'axe du commerce s'est modifié. La Méditerranée n'en est plus le centre. Venise est ruinée en même temps que les marchands de la Ligue hanséatique, alors que Lisbonne crève d'opulence, que les Flandres, l'Angleterre voient s'enrichir leurs ports.

Les prospérités menacées se défendent par tous les moyens, le doge arme secrètement le Soudan d'Egypte, les forteresses portugaises sont assaillies par les terribles Roumes. C'est l'occasion de victoires éclatantes. Mais ceux qui se couvrent de gloire au bout du monde, ceux qui y meurent obscurs ou triomphants font cruellement défaut au Portugal d'Europe. Qui donc voudrait tenir encore la charrue, quand il suffit d'embarquer pour avoir la chance de revenir avec des esclaves, ou d'avoir boutique sur rue pour emplir ses coffres. La terre retourne à la friche; la noblesse, décimée, n'a plus de serfs ni de récoltes. On compte, dans un village de 135 habitants, 42 femmes dont les maris ont péri au loin.

L'or des Indes semble ensorcelé : il brûle les mains de qui le possède. Les sages déplorent, par la voix du « Vieillard du Restelo », de Camões, cette folie qui s'est emparée du pays. Dieu lui-même n'y trouve pas son compte, car plus de chrétiens se damnent que de païens ne se convertissent. Que sont devenues les solides vertus de la race : la frugalité des goûts, les mœurs sévères, l'étroite communauté familiale ? Dans la rue Neuve des Marchands, entre les échoppes où l'on vend les drogues et les essences, les soies et les aigrettes, les pierreries et les perles, processions et cortèges affichent un luxe démentiel. Le roi Manuel se promène escorté de bêtes sauvages à l'entrave, d'esclaves de couleur et de joueurs de trompe. Il envoie au pape une ambassade ruisselante de pierres précieuses, jetant l'or à pleines mains, entourant un éléphant qui fait trois génuflexions devant le Saint-Père, avant de distribuer de l'eau bénite avec sa trompe.

Rien n'échappe à l'obsession de la mer, de l'Orient. Les monuments, qui éclosent avec la soudaineté de fleurs exotiques, sont constellés de coquillages et mêlent, en leurs ornements en délire, les symboles de tous les cultes.

Ce n'est que du bout des dents qu'on mord aux autres terres découvertes, moins prodigues de leurs trésors : le Brésil ne semble donner que du bois et du coton; on dédaigne même certains rivages qui ne proposent que des crevettes, comme le Cameroun, ou la Patagonie, où Vespucci ne décèle « aucun métal précieux ».

Devant le palais que le roi Manuel s'est fait bâtir au bord du Tage, pour voir, sous ses fenêtres, se construire ses ga-

lions et en épier, dans l'estuaire, le retour, les portefaix coltinent sans répit des sacs d'or. Mais il faut faire venir de l'étranger le blé et même le seigle; on s'endette envers des banquiers bataves ou allemands, qui exigent jusqu'à 50 % d'intérêt.

On répugne au raisonnable; on applaudit aux plus folles ou coupables prouesses. Les maladies étranges qui pourrissent le sang ne sont pas honteuses : elles consacrent des amours exotiques. Les plus grands s'adonnent au spectaculaire, à l'absurde : Albuquerque ne coupe pas sa barbe tant qu'il n'a pas repris Ormuz; João de Castro entre à Goa avec la toge d'un triomphateur romain, les vaincus enchaînés à son char, et offre, en garantie d'un emprunt, les ossements de son fils. Tout cela échauffe les imaginations, féconde les lettres, les arts, donne à la vie un sens nouveau où l'homme existe et s'affirme. Mais l'ordre social est bouleversé, les familles éparpillées, et le pays s'épuise, dévoré par tout ce qu'il embrasse et ne peut plus étreindre. Et voici que point la noire étoile d'infortune, la lente détérioration de la monarchie portugaise.

LE CAPITAINE DE DIEU

Le roi João est né dans l'allégresse; les Muses, à travers Gil Vicente, ont salué son berceau. Pourtant, il ne sera heureux ni comme homme ni comme roi.

Il connaît les excès de son trop brillant père et s'efforce de les réprimer. Il est pieux, redoute le péché, plus encore l'hérésie, qui commence à envahir le nord de l'Europe. Il fait appel, pour la combattre, à la sainte Inquisition. Il sera mieux servi par les jésuites, dont il accueille les Bons Pères avant même que la Compagnie ait reçu la consécration de la bulle papale. François Xavier évangélise l'Orient, l'admirable père de Nóbrega se consacre aux immensités plus déshéritées de Santa Cruz. Il veut y fixer des familles, y créer des industries, y fonder des villes. Il meurt à la tâche, mais le Brésil est né.

Un Portugais, Magellan, fait le tour du monde, mais c'est pour le compte du roi Carlos d'Espagne, qu'on appelle aussi Charles de Gand ou Charles Quint. Un ensemble compliqué et fortuit d'héritages, d'alliances et de ma-

Alvares Cabral découvre le Brésil. Azulejo de Portimao.

Pedro Alvares Cabral descobre o Brazil

31

nœuvres lui a donné un empire sur lequel le soleil ne se couche jamais. Magellan a péri sous la sagaie des Papous, et son circuit est une performance vaine, puisque la route tracée par Gama reste la plus courte, la plus sûre, la seule valable. Mais il a abordé les Moluques par l'ouest et a cru, de bonne foi, que l'archipel des Epices appartenait à l'Espagne. Charles Quint s'empare en mer d'une cargaison de girofle. Mais João III répugne à la guerre. Il compte, pour l'éviter, sur ce qui, finalement, perdra le Portugal : les alliances matrimoniales.

Sa sœur règne à Valladolid, et il a épousé la sœur de Charles Quint. Hélas! sept de ses neuf enfants sont emportés au berceau. Sa fille, qui a épousé Philippe, fils de Carlos d'Espagne, meurt en couches. Le dernier de la lignée, à quinze ans, épouse lui aussi sa cousine. De ces mariages dangereusement consanguins va naître, dans une ambiance de deuil et de fâcheux présages, un être inquiet, orgueilleux et mystique : Sebastião.

Il règne trop jeune, ses ambitions sont trop hautes. On l'a dit fou, mais de la vraie folie portugaise qui n'admet que la splendeur ou le désastre. Il est, surtout, un homme égaré dans son temps, car il a l'âme ardente des chevaliers, méprise le profit, n'aspire qu'à la gloire, celle de Dieu plus encore que la sienne. Il a été brûlé de honte lorsque son aïeul João III, raisonnable, a renoncé, le cœur lourd, aux places marocaines qui coûtaient trop cher au royaume. Mais dès qu'il a régné il a, d'un trait de plume, renoncé au monopole du commerce en océan Indien — pour lequel on a si âprement et longtemps combattu. C'est livrer les comptoirs et les flottes à la cupidité des corsaires des Pays-Bas et de France.

Sebastião se croit mandaté par Dieu pour reprendre la sainte croisade, abandonnée pour de mesquins appétits de richesse. Il veut attaquer de front l'Infidèle, avec lequel on a trop souvent rusé ou pactisé. Et tous l'encouragent dans cette chimère. Camões, qui a été courtisan, soldat, proscrit, qui a été éborgné à Ceuta et a crevé de faim aux Indes, lui dédie un poème qui exalte la gloire des Portugais de tous les temps, familiers des dieux et séducteurs de sirènes, mais qui réserve à Sebastião le rôle le plus éclatant : celui de capitaine de Dieu.

Sebastião va se recueillir sur la tombe de ses plus grands ancêtres, s'arme chevalier à Sagres, soulève l'énorme épée d'Afonso Henriques, baise la main de João II. Vainement, son oncle

Magellan sur sa caravelle. Gravure ancienne.

Philippe II d'Espagne lui rappelle-t-il que les Portugais ne se battent plus en rase campagne depuis un siècle et qu'il va défier sur leur terrain les Marocains, qui sont des cavaliers entraînés et redoutables.

En juin 1578, Sebastião s'embarque pour Tanger, entraînant à sa suite toute la jeunesse du royaume. Armes damasquinées, tentes de soie frangées d'or, bêtes de sang, et, dans un bagage qui suffirait à une armée de 60 000 hommes, le sermon et les accessoires pour les cérémonies du sacre et la couronne du futur roi de Fez.

Sournoisement, l'Arabe laisse la brillante troupe s'enfoncer dans les sables ardents du désert, puis fonce, comme l'épervier sur sa proie.

Le combat, d'abord indécis, tourne bientôt à la mêlée. Les Portugais se battent, chacun pour soi, écrasés par le nombre. Le plus acharné est le jeune roi. Il refuse l'issue qu'essaient de lui ménager ses proches. Il se débat avec désespoir au plus mortel du tourbillon des turbans et des lames. Nul ne le

voit tomber. On ne retrouve pas son cadavre parmi les 15 000 corps qui se vident de leur sang sur le sable altéré. Ceux qui ne sont pas morts en combat sont achevés par les pillards ou emmenés captifs contre rançon.

La nouvelle du désastre fait monter de Lisbonne une clameur d'agonie. Camões, malade et démuni, s'éteint en disant : « Je meurs en même temps que la patrie. » Le Portugal est exsangue, désemparé, à la dérive.

Comment la main débile d'un vieillard, le cardinal Henrique, grand-oncle du défunt, ou la vaillance obstinée d'un bâtard royal : António, prieur de l'ordre du Crato, pourraient-elles mettre obstacle à la puissance de Philippe II, qui, en 1580, n'a qu'à étendre la main pour s'emparer du Portugal.

Après des années, pendant lesquelles il a éparpillé ses forces, celui-ci ne trouve plus en lui le sursaut viril qui, tant de fois, l'a sauvé. Il se réfugie dans une douleur qui l'ankylose et dans un espoir désespéré : celui de voir reparaître, par un matin de brume, le prince qui l'a conduit à sa ruine et dont il attend, absurdement, le salut : Sebastião, le dernier des glorieux Avis, le « Nuno Álvares de la perdition ».

Dans les jardins baroques de l'archevêché de Castelo Branco, des statues font la haie des deux côtés d'un escalier de pierre. Ce sont les rois de Portugal. Parmi eux, il en est trois qui semblent nains : ce sont les trois Philippe, qui ont ceint la double couronne de Portugal et d'Espagne, mais qu'aucun sceau, aucun sacre, aucun titre n'a jamais pu imposer au pays vaincu.

LA RESTAURATION

Il n'a jamais été question d'annexion, certes, et Philippe II, peut-être en toute bonne foi, a juré de respecter la souveraineté de son nouveau royaume. Mais, si quelques intrigants se bousculent, à Madrid, pour obtenir des postes ou des grades, le Portugal reste muré dans son malheur. Celui-ci ne peut qu'empirer, car voilà le pays entraîné par l'Espagne dans les désastreuses luttes contre l'Angleterre. Ce qui restait de la toute-puissante flotte portugaise s'abîme, au sein de l'Armada, et les pirates ravagent à loisir toutes les possessions d'outre-mer.

Le Portugal s'abandonne longtemps à de stériles rancunes et à des espoirs fallacieux. Les imposteurs tentent de faire croire au retour du roi messie. Les voyants prophétisent. Mais des gens plus sérieux préparent l'avenir.

Le trône de Charles Quint chancelle et, sentant sa faiblesse, les provinces littorales, qui ont été, contre leur gré, absorbées par la force centripète de la Castille, pensent à secouer le joug. La Navarre, la Catalogne se mutinent. Elles sont encouragées à la rébellion par Richelieu, ennemi juré de la Maison d'Espagne. Ses émissaires ont pris d'utiles contacts, également, à Lisbonne. Le Portugal est mûr pour restaurer son indépendance. Il a même un chef tout désigné : le très noble et très riche João de Bragance. C'est l'héritier direct, encore que par double bâtardise, de Nuno Álvares Pereira et de João Iᵉʳ, la fille naturelle de l'un ayant épousé le fils illégitime de l'autre. Un titre a été forgé pour honorer ce rameau neuf où s'incarne une fraternelle amitié.

DES LENDEMAINS PLUS SOMBRES

Depuis lors, les Bragances ont connu diverses fortunes. La tête de l'un d'eux est tombée sous le fer du bourreau pour avoir ourdi un complot contre João II. Une Bragance aurait pu briguer la succession de Sebastião. Mais les ducs sont plus heureux que les rois, ayant tous les avantages de la fortune et de la puissance, sans aucune de leurs servitudes. João de Bragance aime la musique et la chasse. Toutefois, il ne se dérobe pas à son devoir. Le 1ᵉʳ décembre 1640, une révolution de palais renverse, sans effusion de sang, la vice-reine qui représente Philippe IV à Lisbonne, et la foule

Le roi Sebastião (1554-1578).

acclame le premier roi d'une nouvelle dynastie.

Si l'avènement a été joyeux et si rapide que les documents officiels du 1ᵉʳ décembre, rédigés au nom de Philippe IV, sont signés du nom de João IV, si l'Europe entière, y compris

Bragance : le château et l'enceinte de l'ancienne forteresse.

Lisbonne : le palais royal sur la rive du Tage avant le tremblement de terre de 1755.

la papauté, s'empresse à reconnaître la souveraineté portugaise restaurée, l'Espagne ne s'incline pas devant le fait accompli. Il ne faut pas moins de vingt-huit années de lutte souvent larvée, rarement exaltante, pour en finir avec les prétentions de Madrid.

João IV n'en voit pas le bout. Il regrette le temps où il était grand seigneur sans problème, occupé de mécénat et de beau gibier. Il laisse sa femme, ambitieuse et opiniâtre, assumer les soucis du gouvernement. Celle-ci, Luísa de Gusmão, marie sa fille Catherine au roi Charles II d'Angleterre; il faut mettre dans la corbeille de noces Tanger et Bombay. Son fils aîné, son espoir et sa fierté, meurt de phtisie, et le trône devient l'héritage d'un demeuré, lunatique et brutal, qu'on dit impuissant. Qu'importe, la politique n'a pas de répugnance. Turenne choisit, pour ce pauvre Afonso VI, la ravissante Marie-Françoise de Savoie, petite-fille d'Henri IV et de Gabrielle d'Estrées. Cette beauté, faite pour l'amour plus que pour tout autre chose, trouve vite un protecteur en la personne du frère du roi, l'infant Pedro. Les deux amants dépouillent Afonso VI de la couronne, le mariage est annulé, le malheureux infirme traîne une longue solitude des Açores à Sintra, où il meurt prisonnier. L'histoire, charitable, associe à son nom les victoires tardives enfin remportées en Alentejo sur les Espagnols.

JOÃO V, LE MAGNIFIQUE

C'est la France qui domine l'Europe et le monde, en ce début du XVIIIe siècle, et c'est vers la France que le Portugal tourne ses regards admiratifs, plus encore que ses espoirs. Les Français ont appuyé les justes prétentions des Bragances, ont combattu à leurs côtés dans les guerres de la Restauration, mais ont sottement froissé la susceptibilité portugaise en éditant, à Paris, une gravure représentant Philippe V, petit-fils de Louis XIV, comme « roi de Portugal et d'Espagne ». Il leur en coûte une alliance dans la guerre de Succession d'Espagne.

Mais bientôt, à Lisbonne, règne un roi qui ne veut pas s'embarrasser de ces vieilles histoires. Il est ébloui par Versailles et veut l'éblouir à son tour.

« Nul n'a su être roi comme lui », dit-il de Louis XIV.

L'ambassade que João V s'empresse d'envoyer à Paris après le traité d'Utrecht sème par la portière des carrosses des médailles d'argent commémorant la paix. C'est qu'un nouveau pactole ruisselle sur Lisbonne. Il prend sa source au Brésil, dans la Montagne-Resplendissante qu'ont découverte, au plus creux de la jungle, des aventuriers faméliques partis dans le sens où le vent faisait flotter leur drapeau (leur « bandeira », ce qui leur vaut le nom de *bandeirantes*). Farouches, tenaces, implacables, ils ont vaincu la forêt

vierge, comme leurs aînés ont vaincu l'océan. Et comme eux, ayant atteint, finalement, la fortune, ils l'ont gaspillée à mains pleines. Le Brésil, qui semble inépuisable, envoie de l'or, des pierreries, du cacao, des bois précieux.

Ainsi que deux siècles plus tôt, le Portugal se couvre de chapelles, de couvents, de palais. Mais aucun lyrisme inspiré ne donne à ces monuments un accent qui rappelle la jungle, comme les monuments manuélins évoquaient la mer. Le roi João V ne prise que ce qui est français, ou alors italien, ou allemand. Ludwig édifie, à Mafra, un édifice qui prétend éclipser l'Escurial. Les prélats du Patriarcat irritent Rome par la somptuosité de leurs parements et de leurs orfèvreries, et parce qu'ils lui disputent, à prix d'or, les castrats. La bibliothèque de l'université de Coimbra restera la plus belle du monde. Les habits, les perruques, les carrosses, les tentures, les horloges viennent de Paris. C'est trop beau pour durer. Une fois encore, tant de splendeur ne peut s'achever que dans une tragédie soudaine et terrible : la terre tremble à Lisbonne le 1er novembre 1755.

LE DÉSASTRE DE LISBONNE

Les églises de Lisbonne étaient pleines, car c'était une des plus grandes fêtes religieuses de l'année, celle de Tous les Saints, et l'heure de la grand-messe. Même ceux-là qui, à l'accoutumée, faisaient leurs oraisons à domicile, avec la bénédiction d'un chapelain privé, s'étaient rendus à l'office en famille, suivis de leurs gens endimanchés. Il y aurait grandes orgues et sermon dans les paroisses les plus cossues : au Carmo, à São Domingos, à la Misericórdia.

Le roi et la cour étaient à Belém.

Ceux qui n'avaient pu trouver place sous les voûtes des temples se tenaient sur les parvis, mêlés aux mille gagne-petit de la rue, qui se faufilaient parmi les groupes pour offrir de l'eau fraîche, des friandises, des indulgences. Et puis, soudain...

Il n'était pas tout à fait 10 heures du matin. Le ciel était bleu, le vent immobile. La terre eut un spasme. On l'entendit ravager ses entrailles, avec un fracas sourd. Puis vinrent les convulsions. Le sol se fendit, les voûtes éclatèrent, les façades se lézardèrent. Des marins qui se trouvaient sur le Tage affirment avoir vu les édifices danser, avant de s'effondrer dans un tourbillon de poussière suffocante.

Ceux qui n'avaient pas été broyés ou ensevelis sous les décombres cherchaient en tâtonnant à se retrouver

Le château de Queluz, ancienne résidence royale, aux environs de Lisbonne.

L'escalier des Rois à Castelo Branco (Beira Baixa).

dans l'horrible tumulte.

Alors, dans les ténèbres qui voilaient le ciel s'élancèrent de grandes langues de feu. Les cierges s'étaient renversés sur les autels, ainsi que les fourneaux dans les cuisines, et comme un vent violent se levait, attisant les foyers d'incendie, toute la ville basse, du Tage au Rossio, fut bientôt un immense brasier. La ruée des rescapés, aveugles de terreur, chercha refuge près du fleuve. Des bâtiments, déjà, fuyaient vers l'estuaire. Mais une aspiration infernale ramassa le Tage sur lui-même. Une muraille d'eau s'éleva, tandis que se dénudaient des fonds de fange où les bateaux ancrés s'enlisèrent en fracassant leurs gréements. Puis le flot se précipita à la vitesse d'un cheval au galop, défonça la rive et noya tous les bas quartiers, les plus populeux, les plus riches.

En moins d'une demi-heure, Lisbonne, carrefour de l'Europe, était un charnier; les ruines fumantes grésillaient sur les corps mutilés, et une immense clameur en montait, criant miséricorde. Le monde entier en frissonna.

Les secousses durèrent des mois. Les trois premières, les plus fortes, mortelles, s'étaient répercutées jusqu'aux rives scandinaves, jusqu'au Nouveau Monde. Le Portugal entier chancelait, l'Espagne avait été ébranlée.

Mais c'était Lisbonne, surtout, qu'avait frappé le désastre. On ne put jamais connaître exactement le nombre des morts. Il y avait trop de disparus et de fuyards, trop de familles anéanties dont les états civils avaient été dévorés par l'incendie des sacristies, trop d'étrangers de passage que nul ne prit la peine de rechercher.

La ville avait perdu ses plus beaux édifices : le palais royal, et le Patriarcat, et la somptueuse Casa da Ópera qu'on venait d'achever, les églises, les palais, les entrepôts, tout cela bourré de trésors ; lambris et parquets, livres et partitions, orfèvreries et porcelaines précieuses, meubles, tableaux, collections et aussi marchandises, des vins, des bois, des tonnes de sucre et de coton, des équipages et des bateaux. Frappée au cœur, la ville dut s'amputer pour ne pas mourir de gangrène. Les murs branlants tombèrent sous le canon des équipes de démolition, tandis que l'on jetait à la mer, par centaines, les cadavres sans nom ni *De profundis*.

Car il fallait penser aux vivants plus qu'aux morts.

LE GRAND MARQUIS

Le roi et la Cour, donc les familles les plus importantes du pays, avaient été épargnés, par un miracle inexplicable. Car, de tant de splendeurs anéanties, l'une au moins — la plus admirable, la plus significative aussi du génie portugais — survivait : les Jerónimos de Belém, dont pas une pierre n'avait bronché, dont les colonnes, transparentes à force de sveltesse, étaient demeurées debout, soutenant la voûte aérienne où s'affolaient les colombes.

Assourdis, terrorisés, le roi et son entourage s'étaient retrouvés sur le quai défoncé, tandis qu'au loin rougeoyait l'incendie.

C'est en de tels moments que les hommes — comme le Tage — révèlent les tréfonds de leur être. Le roi José Ier, qui depuis cinq ans succédait à son trop brillant père, était terne et médiocre, fort ennuyé par les affaires publiques. Il en laissait le soin à un ministre besogneux, sans fortune, et dont les courtisans faisaient fi.

Cet homme (que nous appellerons Pombal, nom sous lequel la postérité le connaît et qu'il prit en 1759 avec le titre de marquis) était, lui aussi, sorti indemne de la catastrophe. Non qu'il fût occupé à écouter de la musique d'église. Une messe basse et rondement menée lui avait suffi. Il était dans son cabinet, dans la ville haute, étudiant des dossiers. Sa vieille demeure avait résisté assez longtemps pour qu'il puisse

s'en échapper, comprendre ce qui se passait, mesurer l'ampleur du désastre et accourir à Belém. Le roi, qui voulait gagner un lieu sûr et faire pénitence, lui abandonna d'un coup ce qui lui restait de pouvoir.

Ainsi, dans le désordre et le deuil commençait un règne, car, s'il agit toujours « au nom du roi », Pombal fut un des maîtres les plus absolus que le Portugal ait connus. Un des plus âprement contestés. Car il mécontenta pratiquement tout le monde, et surtout les Bons Pères, il rogna les ongles de l'Angleterre trop avide, il décapita la noblesse, au propre comme au figuré, et chassa les jésuites.

Mais, auparavant, il avait sauvé Lisbonne et le royaume. C'est grâce à son sang-froid, à sa clairvoyance et à sa fermeté que d'autres malheurs ne s'abattirent pas sur la ville foudroyée, et que furent évités l'exode, le pillage, la famine et la peste. Ayant maintenu, de gré ou de force, l'ordre parmi les ruines, il entreprit de relever celles-ci. Les grandes villes naissent spontanément ; fleurs d'un sol, d'un site, d'un climat, on ne peut les transplanter.

Plus encore, Pombal voulait démontrer, par son attitude qui parut un défi, que Lisbonne n'avait pas été détruite par la colère divine, mais que les quatre éléments qui s'étaient soudain conjurés pour sa perte avaient obéi à des lois encore mystérieuses, mais assurément naturelles.

Dans le monde, pourtant, si l'on avait compati aux malheurs de la ville, on avait eu tôt fait de décider que c'était la punition de ses péchés : Lisbonne était arrogante, vaine, fainéante, plus bigote que pieuse, endormie sur d'inertes richesses mal acquises. L'Angleterre, qui tant prospérait aux dépens de l'indolence gaspilleuse des Portugais, en leur fournissant à prix d'or ce qu'ils dédaignaient de produire : du blé aux draps et des clous aux charrues, l'Angleterre protestante reprochait au Portugal d'adorer des images et d'allumer des autodafés. Rome blâmait trop de pompes d'église, la France se trouvait vengée de dérisoires querelles de cour.

« Lisbonne est abîmée et l'on danse à Paris ! » s'écriait Voltaire, indigné.

En général, et au Portugal même, on pensait que le courroux divin est redoutable, et chacun se préoccupait fort de sauver son âme. Des fanatiques prêchaient le mépris des biens temporels et réclamaient des prières et des mortifications.

Tous les esprits étaient profondément troublés. On doutait de la bonté de Dieu et de la sainte Providence. Pombal

Le marquis de Pombal.

croyait davantage aux ressources que l'homme sait tirer de lui-même. Il décida de profiter du malheur même. Il mit le pays à l'ouvrage. Les nobles sous verrous ou ruinés, les jésuites expulsés, il encouragea les aspirations d'une bourgeoisie qui reprenait goût au travail, et celui-ci ne manquait pas. Les plans de la nouvelle Lisbonne, mise en chantier quelques semaines à peine après le tremblement de terre, étaient ambitieux et résolument modernes. Les rues étaient droites, bien tracées, larges au point que les plus timorés protestèrent. « Un jour viendra où elles sembleront étroites », prédit Pombal.

On ranima le commerce, on créa des industries en vivifiant les métiers traditionnels comme la céramique, en attirant, de l'étranger, des maîtres pour enseigner la fonderie ou l'élevage du ver à soie. Une Compagnie royale prit en main les vignobles du haut Douro. Tout cela exigeait une énergie et des ressources énormes. Pombal avait des projets pour cent ans, la plupart en avance sur son temps. Mais son pouvoir ne dura qu'autant que dura le roi.

LES INVASIONS FRANÇAISES

José Iᵉʳ mort, c'est la curée. Pombal est déchu, déshonoré, banni. Son œuvre entière est ruinée. Les nobles qui ont survécu à la geôle, les jésuites revenus d'exil entourent une reine qui a perdu l'esprit, un régent velléitaire et des favoris intrigants. C'est sur ce Portugal émasculé que vont fondre les malheurs en cascade et, d'abord, l'invasion étrangère.

Si tenaces qu'aient été les efforts de Pombal pour libérer le pays de la sujétion économique dans laquelle la maintenait sa trop puissante alliée anglaise, cette alliance n'avait jamais été remise en cause. Tout naturellement, refusant de la rompre pour plaire à Napoléon qui voulait un blocus européen sans faille, le Portugal s'exposait à une expédition punitive.

Lorsque Junot déferle sur le pays avec ses troupes, le partage du Portugal a déjà été résolu. Mais lorsqu'il arrive à Lisbonne, Junot voit avec dépit la flotte portugaise s'éloigner à l'horizon, emportant vers le Brésil le roi et le gouvernement. La souveraineté portugaise est, avec eux, hors d'atteinte. Le pays, abandonné mais résolu, se rebiffe contre l'occupation et subit trois invasions successives, épuisantes mais jamais décisives. Irrité, sollicité par d'autres périls, l'Empereur doit renoncer à une conquête qui lui avait paru aisée. Les guerres péninsulaires inscrivent dans l'histoire les premières défaites de l'Aigle. Mais, si elles sont un titre de gloire pour l'Espagne et le Portugal, et surtout pour leur peuple, elles ont laissé la Péninsule exsangue et déchirée.

UN SIÈCLE DE DÉSORDRE

Le roi João VI prolonge lâchement son séjour à Rio. Son fils aîné, Pedro, l'héritier de la double couronne du Portugal et du Brésil, accorde à ce dernier l'indépendance, sans pour cela renoncer au premier. Lisbonne regimbe. Un parti se forme autour du second fils du roi, le fougueux et très portugais infant Miguel.

Le vieux roi tergiverse, n'ose trancher le débat. A sa mort, cela tourne à la guerre civile. Les deux frères — dont l'Europe, elle aussi instable après l'effondrement de l'Empire français, envenime la querelle — divisent l'opinion, ravagent le pays qu'ils se disputent, y suscitent des rancunes qui ne sont pas encore éteintes. Le Portugal risque de n'y pas survivre.

C'est finalement Pedro, le libéral, qui l'emporte. Il exile son frère, est pro-

clamé roi sous le nom de Pedro IV, mais sifflé, le soir même, à San Carlos, où l'on vient pourtant de jouer l' « Hymne à la Constitution », qu'il a lui-même composé. Il transmet la couronne à sa fille, Maria II, dont l'enfance a été douloureusement ballotée, au gré des fortunes contraires, du Brésil en France et d'Angleterre en Autriche, tantôt follement acclamée, tantôt humiliée et presque sans ressources. Elle veut rendre au trône sa dignité. Mais autour d'elle se presse la cohue parlementaire, elle ne peut gouverner que sous la contrainte des partis, qui maintiennent un état de crise permanent.

Alors que l'Europe, lasse des conflits qui l'ont ensanglantée et appauvrie, se réfugie dans une quiétude bourgeoise et laborieuse où elle puisera la prospérité, et ne se consacrera qu'à la révolution industrielle, le Portugal s'obstine à des chicanes anachroniques. Les ministères se succèdent, l'un d'eux ne dure que deux jours. Les partis eux-mêmes s'embrouillent dans leurs propos. Les francs-maçons en profitent pour s'en prendre à l'Eglise, saccageant les couvents, dispersant les religieux, et le peuple, horrifié, craint un nouveau châtiment du ciel. On comprend son désarroi : les pluies diluviennes, les tremblements de terre, les épidémies de choléra et de fièvre jaune désolent le pays, qui stagne dans le désordre et la misère croissante.

Le Portugal devient un abcès au flanc de l'Europe. Plusieurs fois, des escadres étrangères patrouillent au large de ses côtes, prêtes à intervenir pour restaurer l'ordre.

LE PARTAGE DE L'AFRIQUE

Si le royaume est paralysé par ces turbulences, que dire de ce qui reste de l'Empire démembré? Cette époque, sans doute la plus agitée et la plus stérile de toute l'histoire portugaise, a plongé dans la nuit noire les territoires que le Portugal conserve, en Afrique surtout.

Il y a cependant des sursauts de virilité. Des explorateurs : Córdon, Andrade, Serpa Pinto, avec une audace qui rappelle celle des découvertes du XVᵉ siècle, entreprennent de pénétrer dans les immenses territoires qui, depuis cinq cents ans, se trouvent unis au Portugal par de très étranges liens de coutumes, de langue et de sang, mais qui sont demeurés régis par leurs propres lois tribales. L'objectif est de relier l'Angola au Mozambique.

C'est aussi le temps où les appétits des grandes puissances d'Europe se sont éveillés, où le besoin urgent de matières premières d'abord, puis de débouchés pour l'industrie qu'elles alimentent a donné à l'Angleterre, à l'Allemagne, à la France et, même, à la jeune Belgique indépendante des dents fort longues, pour se partager le gâteau africain.

Il y a des heurts, dans la région du lac Nyassa, entre les expéditions portugaises et les Anglais, ou plutôt les Noirs armés par l'Angleterre. Les Portugais résistent, des héroïsmes individuels s'illustrent. Mais, en Europe, c'est la diplomatie qui règle le débat. Puisque l'Angleterre a pour elle la force, elle aura donc le droit. Un ulti-

Caricature de Daumier montrant Pedro IV (soutenu par John Bull) aux prises avec Dom Miguel (soutenu par un zouave).

Vue de Porto au XIXᵉ s. par C. Y. Vivian.

matum est adressé à Lisbonne. Le Portugal est contraint de renoncer, devant la menace d'un conflit armé, à son rêve d'unir ses deux territoires d'Afrique.

La nation entière gémit sous l'outrage et, par cet inexplicable et péremptoire transfert des responsabilités qui, en France, a fait que l'affaire du Collier sonne le glas de la royauté, l'affront de l'ultimatum porte le dernier coup au prestige branlant des Bragances.

Dès lors, la république ose dire son nom.

C'est en vain que la fine fleur de l'aristocratie portugaise consacre sa vigueur à rétablir, au Mozambique, l'ordre toujours troublé par les sournoises menées britanniques. Lorsque Mouzinho de Albuquerque vient arracher à son trône le chef de la rébellion

cafre, Gungunhana, il trouve dans son camp des caisses d'armes anglaises et une coupe d'argent envoyée par la reine Victoria « avec ses amitiés ».

Des batailles menées avec un courage aveugle à force de témérité (Magul, Maracuene et, finalement, Chaimite) matent la guérilla. Des arbitrages du président américain Grant et du maréchal Mac-Mahon mettent une borne aux prétentions de Londres. La carte d'Afrique est découpée au Congrès de Berlin. Les nouvelles puissances reçoivent leur part, les Portugais gardent des parcelles éparses qui, toutefois, font le tour du continent dont ils ont été les premiers à doubler tous les caps.

Les victoires de la pacification provoquent à Lisbonne des flambées d'enthousiasme sans lendemain. Le mé-

contentement gronde, la polémique se déchaîne, et des passions qui s'affrontent surgit le drame : le roi Carlos et le prince héritier sont assassinés, le 1ᵉʳ février 1908, sur la plus belle place de Lisbonne.

Un second fils, Manuel, succède à son père dans le désespoir et l'impuissance. Il n'a que vingt ans. Il n'a ni conseillers, ni amis, ni pouvoir. Il ne régnera que deux ans.

À LA DÉRIVE

La république éclate en octobre 1910. Cela aurait pu n'être qu'une émeute de plus, avortée, oubliée. Les temps ne sont pas mûrs, les décisions ont été forcées par un attentat commis par un fou sur la personne d'un chef du mouvement républicain. Ses partisans sont hésitants et, contre eux, va jouer une longue série de hasards malheureux et de malentendus tragiques. Le principal artisan de la république se suicide à l'aube du 5 octobre, croyant avoir raté son coup. Pourtant, elle est proclamée, ce même jour, du balcon de l'hôtel de ville de Lisbonne. Et, puisqu'elle a réussi, on l'acclame. Il y a des drapeaux aux

Bataille de rue à Lisbonne, en 1915.

A l'étranger, on s'amuse de ce paroxysme, de ces trépignements, des bombes fabriquées dans les cuisines et déposées au hasard des ressentiments personnels. Mais cela tourne au scandale. La mêlée sanglante devient furieuse. Dans la nuit du 19 décembre 1918, la terreur rejoint l'infamie, tandis qu'on assassine, parmi bien d'autres, le fondateur même de la république.

taurer les valeurs morales traditionnelles et faire donner au pays un nouvel effort.

Président du Conseil en 1932, il promulgue, en avril suivant, la Constitution politique de l'Etat nouveau. D'abord sceptique, puis étonnée, finalement divisée, l'opinion mondiale suit les progrès de cette convalescence. Les uns y voient le bénéfice d'une politique ferme et constructive, les autres crient à la dictature et mettent dans le même sac les nazis et l'Espagne franquiste, De Valera et Salazar.

La Seconde Guerre mondiale rappelle à tous que chacun a fort à faire chez soi, et le Portugal devient terre d'asile, de rencontre, car, avec une prudence habile et une audace calculée, Salazar a su maintenir son pays hors du tourbillon, tout en apportant aux Alliés un secours précieux : il contribue à la bataille de l'Atlantique en accordant l'usage des bases des Açores.

Par ailleurs, il emploie ce répit à rattraper un peu du retard funeste pris pendant un siècle entier de crises internes et d'incurie.

Lorsque la paix, enfin, revient dans le monde, le Portugal est prêt à y reprendre une place digne de lui, et les Nations unies, en 1956, l'accueillent en leur sein.

Le président Salazar (ici en 1957).

vives et nouvelles couleurs, des défilés, des discours et, très vite, des contestations, des attentats, des violences. Non point, tellement, de la part des monarchistes, qui ont émigré ou se terrent, et ne tenteront que des restaurations sans lendemain. Mais parce que la république a paru trop belle sous les Bragances et ne tient aucune des promesses imprudentes qu'on lui a fait faire. Les revendications, les grèves, les menées revanchardes n'aident pas à sortir d'un marasme qui engendre le chômage et fait rôder la famine.

La Première Guerre mondiale fait rage sur l'Europe. Bien que n'étant pas, automatiquement, entraîné dans le conflit par l'alliance anglaise toujours en vigueur, le Portugal, en 1917, envoie un corps expéditionnaire en Afrique, un autre en France. Une offensive, en avril 1918, écrase sur la Lys les forces portugaises, sacrifiées pour la victoire commune. Le Portugal est frustré des fruits de cette victoire, abandonné à son indigence, à ses convulsions. Ce ne sont que complots, sabotages, dénonciations véhémentes.

La faillite s'y ajoute : nul ne risquerait un sou pour renflouer ce pays à la dérive. La Société des Nations, alertée, envisage de venir exercer un contrôle sur les finances délabrées. « Le pays est à sec », avoue le dernier chef du gouvernement de la République démocratique.

LE NOUVEAU NAUTONIER

C'est l'armée qui prend la situation en main. Un coup d'Etat impose, en 1926, une dictature militaire, qui rétablit l'ordre, car le pays est à bout de souffle et aspire à une trêve.

En mai 1928, un homme de tous respecté, le général Carmona, devient président de la République et confie les destinées bien précaires de la nation à un professeur d'économie politique de l'université de Coimbra, Oliveira Salazar, qui déclare : « Je sais ce que je veux et où je vais. » Il ferme la Chambre des députés et s'attaque, dans le calme un peu tremblant qui est revenu, aux problèmes essentiels : équilibrer le budget, res-

Le présent

A l'aube du 25 avril 1975, un coup d'État militaire triomphait aisément à Lisbonne. Il renversait un régime instauré quarante-huit ans plus tôt, également par un coup d'État militaire — entre deux pronunciamentos —, régime qu'avait dominé la figure d'Oliveira Salazar.

Coup militaire de gauche — la loi du pendule —, né dans les forêts angolaises, les brousses du Mozambique, les marécages de Guinée. La guerre, en Afrique, s'éternisait. Dès les premières émeutes et les massacres à Luanda, en 1961, Salazar avait réagi, comme l'avait fait, en pareilles circonstances, sous la première République, le général Norton de Matos : par la force des armes. On prédit alors que le petit Portugal, sans grandes ressources propres et encore en voie de développement, ne pourrait supporter longtemps le fardeau de la guerre. Le sacrifice exigé pour conserver les provinces d'outre-mer était, en vérité, plus important en temps perdu qu'en argent. Le service militaire durait quatre ans, dont une partie en Afrique. Nombreux furent les émigrants qui, en venant s'embaucher dans les usines de France ou d'Allemagne, échappaient à leurs obligations militaires. Pour les officiers, la situation était plus grave.

On manquait de cadres. Il fallut, d'une part, avoir recours aux jeunes universitaires (les miliciens), qui se virent ainsi contraints d'ajourner leur entrée dans la vie active ; d'autre part, multiplier les commissions de service dans les territoires d'outre-mer.

Par ailleurs, on avait le sentiment que la guerre n'aurait pas de fin : ni gagnée ni perdue, enlisée dans les marais, dans la brousse, dans la jungle, menée contre un ennemi invisible et toujours présent, de mieux en mieux entraîné et armé. Lentement, dans la monotonie des casernes, l'excitation des embuscades, au cours des mois, des années, alors qu'en métropole, à l'étranger la vie passait, rapide, active, prospère, on se mit à penser qu'il fallait, pour le problème de l'outre-mer, trouver une solution qui ne devrait rien à la lutte armée. Cette idée s'enracina, peu à peu, chez beaucoup de militaires, qui avaient perdu l'espérance, puis la foi.

LA CRISE DES FORCES ARMÉES

Le 1er décembre 1973, quelques dizaines d'officiers se réunissaient à Obidos pour y discuter de problèmes professionnels. Deux récents décrets donnant le statut d'officiers aux miliciens servant outre-mer avaient provoqué un malaise. Pour la première fois, on y parla de la crise des forces armées, crise d'effectifs, mais surtout crise morale, doute sur l'utilité de la mission à accomplir, éventualité d'une autre solution, cette fois politique. A Lisbonne, le général Antonio de Spínola, qui avait été gouverneur général et commandant en chef en Guinée, terminait son livre, « le Portugal et son avenir », où il ébauchait, pour les provinces africaines, une voie politique devenue nécessaire et même vitale. Le dogme séculaire défendu par Salazar, « les provinces d'outre-mer sont partie intégrante de la nation portugaise », était contesté.

Spínola, général à quatre étoiles, était alors vice-chef d'état-major des forces armées. Ce que les jeunes officiers pensaient, confusément, était donc exprimé dans un livre signé d'un nom prestigieux. Ce livre fut rapidement épuisé.

Le réseau s'étend du nord au sud, le mouvement s'amplifie. Une première tentative, le 16 mars, est promptement réprimée, mais Marcello Caetano reste inquiet. Il confie à un de ses intimes qu'il y a dans l'armée un fort noyautage communiste. Les capitaines veulent restaurer le prestige des forces armées, qu'a ruiné la politique du gouvernement. Ces forces sont gardiennes de la Constitution et protectrices de la légitimité. On ne peut le faire sans démocratiser le pays. On est passé d'une crise morale et de problèmes matériels à des problèmes politiques. L'armée, qui, en 1926, a renversé la première République démocratique et parlementaire, s'est métamorphosée dans le creuset africain et, en 1947, apparaît avec des problèmes politiques. Qui se souvient de l'expérience péruvienne ?

Quand un soir la radio diffuse une chanson contestataire, les conjurés savent que le moment est venu. Les premiers blindés quittent Santarém pour Lisbonne.

LE COUP D'ÉTAT

Tout va très vite en cette nuit du 24 au 25 avril. Des groupes s'emparent aisément d'une station de radio périphérique, d'autres occupent sans résistance l'aéroport de Lisbonne, tandis que le gros des forces blindées traverse la ville pour se grouper, face au Tage, sur la belle place où se trouvent la plupart des ministères. Au petit jour, sans qu'un coup de feu ait été tiré, Lisbonne est occupée militairement, ainsi que les principales villes du pays. Sans chercher à se défendre, le régime s'écroule. Dans l'après-midi, Marcello Caetano et trois de ses ministres sont encerclés dans une caserne, au centre de la ville, par des blindés et par la foule. Le président remet le pouvoir, qu'il ne détient déjà plus, au chef du mouvement. Spínola ? Celui-ci aurait dit à un ami, le matin même : « Je suis, comme vous, un spectateur. » Mais, délégué par les capitaines, il accepte le pouvoir que lui transmet Marcello Caetano « pour qu'il ne tombe pas dans la rue ».

Tout va très vite : quelques heures plus tard, un avion emporte vers Madère le président de la République, le chef du gouvernement et deux ministres. Les premières heures sont à l'allégresse. Une révolution pacifique et fleurie, avec des œillets rouges piqués dans les baïonnettes et jetés par brassées sur les blindés, qui n'ont pas eu à combattre. Pour succéder à l'Etat nouveau de Salazar, le M.F.A. (Mouvement des forces armées) instaure une Junte de salut national présidée par Spínola et composée de représentants des forces de terre, de mer et de l'air. Elle doit gouverner jusqu'à la formation d'un gouvernement civil provisoire qui devra mener une nouvelle politique économique (lutte contre l'inflation, stratégie antimonopoles), une nouvelle politique sociale (défense des classes laborieuses, accroissement progressif mais accéléré de la qualité de la vie pour tous les Portugais) et établir une nouvelle politique en Afrique fondée sur ces principes essentiels : reconnaître que la solution du

L'armée à Lisbonne au lendemain du coup d'État.

populaire, monarchistes... Tous exaltent le M. F. A., les hommes qui ont fait le 25 avril et sont maintenant installés au pouvoir. Le premier d'entre eux, Spínola, est choisi pour présider la république. Dans son discours inaugural, le 15 mai, il trace les grandes lignes du nouveau Portugal. Objectifs : stabilité sociale, expansion économique, accroissement de la productivité. « C'est, à ce moment, dit-il, la plus urgente des revendications. »

LES GOUVERNEMENTS SE SUCCÈDENT

Le premier gouvernement, dirigé par un professeur de droit de formation libérale, ne dure pas 50 jours. Le second est présidé par Vasco Gonçalves, dont on dit qu'il a, depuis des années, la carte du parti communiste. Spínola, président de la République, ne cesse d'alerter l'opinion et les forces armées sur le danger que court la démocratie. Il affirme que « le pays risque d'avoir rompu avec une dictature pour tomber dans une autre pire ». Les forces de la majorité dite « silencieuse » sont prêtes à l'appuyer au cours d'une manifestation prévue à Lisbonne, le 28 septembre. Les communistes mobilisent toutes leurs forces, dressent des barricades, établissent sur les routes des contrôles faits par des civils armés. Pour éviter un affrontement sanglant, Spínola démissionne et se retire aux environs de Lisbonne, en réserve de la nation et de l'armée.

En avril 1975, on pense que les élections pour l'Assemblée constituante vont résoudre le problème politique. Deux semaines avant la consultation, le M.F.A., qui fonde sa propagande sur son union directe avec le peuple, passe au-dessus des partis et oblige ceux-ci à accepter une plate-forme politique d'entente, qui établit les principes d'une Constitution que les députés élus par le peuple devaient rédiger. Les partis acceptent à contrecœur (sinon, ils ne pourraient se faire représenter). Seul le parti communiste se montre enthousiaste. Sa stratégie consiste à adhérer étroitement aux positions du M.F.A. Le résultat des urnes n'est guère favorable aux communistes : 12,5 p. 100 des voix, alors que les socialistes en obtiennent 37 p. 100 et le parti populaire démocratique 28 p. 100. Mais le P.C., pas plus que le M.F.A., ne se sent disposé à tirer les conséquences politiques de ces élections, finalement libres, claires, indiscutables. Les communistes sont maîtres de positions conquises au

conflit est politique et non militaire ; créer les conditions d'un débat franc et ouvert, au niveau national, sur le problème ; lancer les fondements d'une politique d'outre-mer menant à la paix.

Alors, tout se précipite. On dissout la P.I.D.E. (police de défense de l'Etat), la Légion portugaise (milice créée par Salazar pendant la guerre d'Espagne) et l'Action nationale populaire, mouvement soutenant Marcello Caetano. Les leaders politiques en exil regagnent le Portugal : Mario Soarès, socialiste, qui enseignait à Rennes, et Alvaro Cunhal, secrétaire général du parti communiste portugais, qui vivait à Prague. Ils sont

acclamés par la foule, qui n'est avare ni de cris, ni de slogans, ni d'œillets rouges. On occupe les édifices publics et certaines demeures privées. Journaux, radio, T.V. prennent un ton si libre qu'il frôle la licence, tandis qu'on fait les premières tentatives d'autogestion dans les chemins de fer.

Les partis sortent de terre comme des champignons : trois partis de gauche, traditionnels bien que clandestins ; huit partis d'extrême gauche (anarchistes, maoïstes, marxistes, léninistes, brigades révolutionnaires, ligues d'action révolutionnaire...), huit centristes, orientés vers le socialisme ou la démocratie chrétienne

Vaccination du bétail dans un village du Nord.

cours des douze premiers mois de lutte révolutionnaire, dont la confusion a été habilement utilisée par un appareil bureaucratique bien rodé. Dans la presse, les comités de travailleurs ont remis la direction et la rédaction des principaux journaux d'information de Lisbonne et de Porto aux membres du parti. Il en va de même pour la T.V. et les stations de radio, sauf celle qui appartient à l'épiscopat. Le P.C. est installé dans l'Administration au sein des syndicats et dans les autarcies locales. Alvaro Cunhal, le leader communiste, déclare à Alger qu'« il n'y aura pas de démocratie pluraliste au Portugal ». Mario Soarès, le socialiste, se voit interdire l'accès à la tribune officielle lors des manifestations du 1er mai 1975, où se trouvent, côte à côte, le leader du P.C. et le Premier ministre, le général Vasco Gonçalves. Les ouvriers de l'imprimerie du quotidien « Republica » (organe du P.S.) occupent la rédaction et chassent le directeur. En juin, Radio-Renaissance, poste de l'épiscopat, est occupé à son tour. La réforme agraire s'accélère et intègre les ouvriers agricoles des plaines du Sud dans les rangs communistes. Le P.C. crée l'Intersindical, groupant en une centrale unique les 367 syndicats créés du temps de Salazar. Les socialistes protestent vainement au nom de la liberté syndicale. Un prétendu coup d'Etat, en mars, compromet Spínola, qui doit gagner le Brésil, où Marcello Caetano enseigne maintenant le droit dans une université de Rio de Janeiro.

On enregistre les premières réactions populaires. Entre le 14 juillet et le 7 août 1975, 40 permanences communistes, surtout dans le nord du pays, sont mises à sac ou incendiées. Les évêques (Porto, Braga, Coimbra, Aveiro) se dressent contre le régime. Les pèlerinages à Fatima (de 300 000 à 400 000 participants) prennent de plus en plus un caractère politique. Aux catholiques, aux spoliés, aux nostalgiques de Salazar se joignent bientôt 700 000 rapatriés d'Afrique, qui, ayant tout perdu, sont prompts à la colère. L'affrontement paraît inévitable entre le Nord traditionaliste et le Sud révolutionnaire : Lisbonne et sa banlieue industrielle et l'Alentejo, où les occupations de propriétés rurales et urbaines se multiplient.

Désordres dans les casernes et refus de la hiérarchie, menaces de putsch, occupation d'édifices publics, manifestations des gauchistes qui débordent les communistes : on frôle la

Dans le port de Matosinhos, près de Porto.

guerre civile, mais celle-ci est évitée de justesse. Les élections d'avril 1976 démontrent la stabilité du corps électoral, qui continue de voter pour un tiers pour le P.S. et refuse l'expérience d'un pouvoir populaire appuyé par les militaires. Le triomphe du général Ramalho Eanes à l'élection présidentielle, c'est-à-dire du candidat des trois principaux partis, confirme cette prudence.

En marge des péripéties politiques, le Portugal fait l'apprentissage de la démocratie. Il doit chercher une voie étroite entre la satisfaction des justes revendications et les mesures démagogiques, et dénoncer les excès de la révolution sans revenir à une politique réactionnaire : car chacun se souvient du « précédent » de 1928, où les militaires, vainqueurs d'une république affaiblie, confiaient au docteur Salazar le soin de remettre de l'ordre dans la maison. Ainsi,

l'une des plus importantes missions du régime consiste-t-elle à ramener l'armée à son rôle d'armée de métier.

PROBLÈMES D'OUTRE-MER

Les Portugais avaient réussi, à travers les siècles et les vicissitudes de l'histoire, à conserver un vaste empire, surtout africain. En décembre 1961, l'Inde portugaise était, par la force, annexée par l'Union indienne. Macao subsistait grâce au bon vouloir de Pékin. (Attentive à son intérêt, la Chine tient à maintenir, en dehors de Hongkong, une porte ouverte sur le monde capitaliste.) Timor, perdue aux confins de l'Indonésie, comptait peu. Le statut de « colonies », instauré par la République parlementaire (1910-1926), était devenu, sous Salazar, celui de « provinces d'outre-mer ». L'unité nationale était fon-

dée, en dépit du manque de continuité territoriale, sur le principe d'une nation pluricontinentale et pluriraciale.

Disposant de ressources économiques médiocres, le Portugal n'avait pu se consacrer suffisamment au développement de ses territoires africains, situation qui s'était beaucoup améliorée depuis 1961, année où éclatait le premier mouvement séparatiste angolais. A l'effort militaire s'ajoutait un plan de valorisation économique, surtout en Angola et au Mozambique.

Mais entre-temps, la guerre, ou plutôt la guérilla, s'étend. Au Mozambique, le Frelimo attaque, à l'extrême nord, sur le Rowuma, à la frontière avec la Tanzanie. En Angola, deux mouvements rivaux (le M.P.L.A. et le F.N.L.A.) font des incursions et consolident des positions au nord, région du café et de la forêt vierge. En Guinée, les Portugais ont à lutter non seulement contre un adversaire mieux organisé et ravitaillé par Conakry, mais aussi contre un terrain marécageux. Le calme règne au Cap-Vert, qui attend de la métropole sa subsistance, ainsi qu'à São Tomé et Prince, éloignés du courant d'émancipation.

Le mouvement dit « des Capitaines » érige en principe que la solution du problème d'outre-mer portugais est de nature politique et non militaire. Fin juillet 1974, une loi constitutionnelle reconnaît le droit des peuples africains à l'autodétermination, pouvant mener à l'indépendance. Il devient urgent de préciser sur quelles bases Portugais et Africains peuvent arriver à un nouvel accord.

En Guinée, en septembre 1974, l'indépendance est proclamée et internationalement reconnue. Au Mozambique, le seul interlocuteur valable est le Frelimo, qui, depuis dix ans, lutte pour l'indépendance. Réactions violentes, mais sans lendemain, de la minorité portugaise, qui se sent condamnée sans rémission. Malgré l'essor des grandes cités côtières, les Blancs sont demeurés assez rares au Mozambique. Exode vers l'Afrique du Sud, la Rhodésie, le Portugal européen. Une administration succède à l'autre, sans incident. Situation bien différente en Angola. Aux deux partis adverses s'en ajoute un troisième — l'U.N.I.T.A. —, qui, parti des bases de Zambie, s'infiltre à l'est. Cette U.N.I.T.A. se prétend modérée, préconise la coexistence avec les Portugais (un demi-million de colons, certains établis là depuis des générations). Si le F.N.L.A., appuyé fermement sur le Zaïre, se dit « socialiste à l'africaine », le M.P.L.A., venu du Congo-Brazzaville, se révèle communiste.

L'HEURE DE L'INDÉPENDANCE

Les accords d'Alvor (en Algarve), en février 1975, tentent d'établir une plate-forme de coexistence des trois tendances, tant que durera, sous le drapeau portugais, la période de transition menant à l'indépendance, promise pour le 11 novembre 1975. Très vite, des rivalités tribales et idéologiques font s'effondrer ce fragile édifice. La lutte pour Luanda, la capitale, donne la victoire au M.P.L.A., largement armé par l'U.R.S.S., sur le F.N.L.A., qu'appuient le Zaïre, discrètement les Etats-Unis et, ostensiblement, la Chine. L'U.N.I.T.A. consolide ses

positions au sud et à l'est. A mesure qu'approche la date de l'indépendance, chaque parti tente d'élargir sa zone d'influence. Guerre fratricide qui cause plus de pertes dans le peuple angolais que treize ans de guérilla contre l'armée portugaise.

Par sa situation géographique qui commande l'Atlantique Sud, par ses extraordinaires richesses (fer, diamants, café, pétrole), l'Angola est devenu proie disputée et champ de bataille. Son avenir inquiète non seulement l'O.U.A., mais tous ceux qui s'intéressent à l'équilibre africain et aux routes de l'Atlantique Sud. Cabinda, riche en pétrole, aspire elle aussi à l'indépendance. Un mouvement séparatiste, le F.L.E.C., considère que l'enclave n'appartient pas à l'Angola, mais a droit à une existence propre, appuyée sur le Zaïre voisin. Les îles du Cap-Vert font cause commune avec la Guinée-Bissau, qui, ainsi, dispose d'un tremplin dans l'Atlantique Sud. A São Tomé et Prince, un mouvement de libération, hâtivement forgé, accède à l'indépendance. La situation est confuse à Timor, où deux mouvements, l'un en faveur de l'indépendance totale, l'autre de l'incorporation à l'Indonésie, se disputent âprement une souveraineté précaire. Reste Macao. Les avances de Lisbonne pour l'indépendance du minuscule territoire se heurtent au refus poli, mais ferme, de Pékin.

UNE TERRE PAUVRE

En un siècle, la population du Portugal a plus que doublé. Si, au cours des dernières années, la densité démographique s'est affaiblie, c'est dû à l'émigration plus qu'à une baisse de natalité. Il est vrai que les Portugais ont toujours émigré : la tradition remonte au XVIe siècle et

Le pont sur le Tage, à Lisbonne.

aux découvertes lointaines. Le Portugais aime s'expatrier, par goût de l'aventure, et il y est contraint par des impératifs économiques ou politiques. Mais riche ou pauvre, il est toujours revenu finir ses jours sur le sol natal. La terre portugaise est pauvre, surtout dans les grandes plaines, au sud du Tage. Dans les régions plus fertiles du Nord, il y a trop de bouches à nourrir. La population, très dense, se concentre pour les deux tiers au long du littoral, où se trouvent les villes principales et les grands centres industriels.

Hier, c'était le Brésil. Au cours des années 60, l'Europe a grand besoin de bras, et environ 2 millions de Portugais (dont 850 000 en France) y trouvent du travail et de bons salaires, dont une grande partie est envoyée au Portugal pour subvenir aux besoins de la famille et construire la « nouvelle maison ». Ces envois qui, pendant des années difficiles, ont constitué la principale entrée de devises, déclinent dès que la crise internationale fait sentir ses effets en Europe. Toutefois, il n'est pas question, pour ces travailleurs émigrés, de rentrer au pays, où 700 000 rapatriés d'Afrique ont du mal à trouver du travail et ne survivent que grâce aux subsides officiels : 1,5 milliard de dollars de 1975 à 1980. Par ailleurs, les salaires portugais, bien que sensiblement majorés, restent peu alléchants, du fait d'une inflation intérieure annuelle de l'ordre de 20 %.

Depuis avril 1974, le régime a changé : c'est toujours une république, mais, à celle, corporatiste, de Salazar, a succédé une orientation qui inscrit dans la Constitution politique l'inéluctable triomphe du socialisme. Il en est résulté de graves convulsions, et la situation économique, aggravée par la crise internationale, s'est rapidement détériorée. Avant 1974, la monnaie portugaise était une des plus solides du monde. Fin 1981, la dette extérieure a atteint le chiffre record de 10 milliards de dollars.

La subordination de l'économie à la politique se trouve non seulement dans la Constitution, hostile à l'idée d'une quelconque économie de marché, mais aussi dans la composition des pouvoirs. Le président de la République, chef des forces armées, peut nommer et démettre le gouvernement. L'Assemblée, sur laquelle repose ce gouvernement, est toujours à la merci soit du chef de l'Etat, soit du Conseil de la révolution. Il suffit — c'est le cas depuis décembre 1980

— que l'Assemblée et le gouvernement soient du centre droit, le président de la République du centre gauche et le Conseil de la révolution nettement à gauche, avec des extrémistes en son sein, pour que l'ensemble du pouvoir soit ankylosé, entraînant l'économie dans son sillage.

Le Portugal ne peut sortir de cette impasse sans une révision de la Constitution éliminant le Conseil de la révolution. Celui-ci, non élu, compte 18 membres, choisis parmi des militaires garants de l'esprit et des objectifs du Mouvement « des capitaines » d'avril 1974, et s'arroge des pouvoirs exorbitants et paralysants. A quatre reprises, le Conseil a purement et simplement annulé des lois approuvées par l'Assemblée librement élue, qui s'efforce de libéraliser l'économie.

A l'exception du parti communiste — le plus stalinien des P.C. d'Europe occidentale —, toutes les formations politiques reconnaissent le caractère antidémocratique du Conseil de la révolution, mais tous les efforts prodigués pour réviser la Constitution ont été vains.

En dix-huit mois, trois ministres des Finances se sont succédé. Tous ont tenté de limiter les dégâts, mais les faits sont têtus : le déficit budgétaire continue de s'amplifier, du fait, surtout, du poids de la dette extérieure (un quart des dépenses budgétaires). Le déficit de la balance des paiements a atteint, en 1981, 2,5 milliards de dollars. Bien que l'agriculture occupe 30 % de la population active, on a dû, en 1981, année d'exceptionnelle sécheresse, importer 74 % des produits alimentaires et des fourrages (coût : 1,5 milliard de dollars, dont 700 millions en blé, en provenance des Etats-Unis).

AU SEUIL DE LA C.E.E.

Dans ces conditions, que pourra faire le Portugal au sein de la Communauté économique européenne ? Le pays le plus pauvre d'Europe occidentale a, toutefois, un atout dans son jeu. Pour ne pas être écrasé par sa puissante voisine, l'Espagne, le Portugal, toujours, s'est tourné vers l'Afrique. Il continue. Succédant aux liens politiques d'hier, d'autres, de caractère économique, sont en train de se tisser, lentement, laborieusement. L'Angola et le Mozambique (les deux ex-provinces d'outre-mer les plus riches) s'aperçoivent que l'aide et la coopération des pays communistes ne résolvent pas leurs problèmes. Après diverses bavu-

La récolte du liège en Alentejo.

res, on commence à comprendre, à Luanda comme à Maputo, que les Portugais — dont bon nombre sont nés en Afrique —, avec leur connaissance du pays, leur compréhension des mentalités, leur savoir-faire parfaitement adapté aux insuffisances des économies africaines, sont des partenaires bien plus valables que ceux qui tentent d'imposer simplement leurs dogmes, leur système politique et leur mode de vie. Ainsi, avec une longue patience et des efforts incessants, parfois difficiles et toujours amers, le Portugal pourrait trouver, sous une autre forme et dans le fameux « sens de l'histoire », des débouchés en terre africaine. Ce serait une carte maîtresse dans le jeu européen de Bruxelles.

Le Portugal en a une autre. L'admission de l'Espagne à l'O.T.A.N. ne nuirait pas, comme on l'a craint à Lisbonne, à la position du Portugal. État fondateur de l'Alliance, celui-ci a des centaines de kilomètres de littoral et des îles (Açores, Madère, Porto Santo) qui constituent un maillon important dans le système de défense de l'Atlantique Nord.

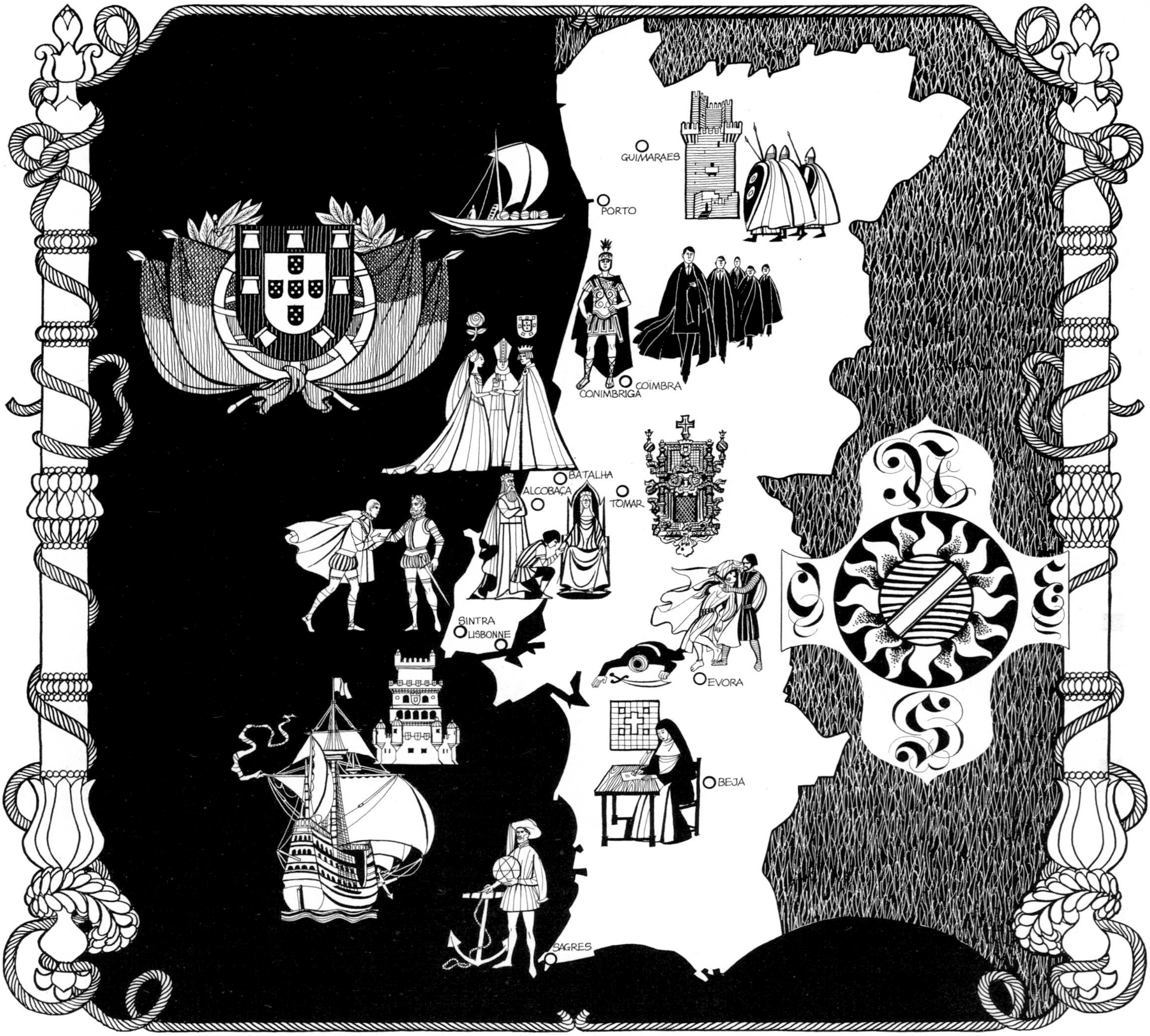
GUIMARAES
PORTO
COIMBRA
CONIMBRIGA
BATALHA
ALCOBAÇA
TOMAR
SINTRA
LISBONNE
EVORA
BEJA
SAGRES

Les grandes étapes

S'étonnera-t-on de trouver une douzaine de hauts lieux sur ce coin de terre encastré à l'angle de l'Europe, tant d'étapes indispensables pour en découvrir le visage, en sonder l'âme, en mesurer le rôle dans le monde? C'est que longue est l'histoire de ce peuple et qu'en tous les domaines il en a des choses à dire...

La vieille cathédrale, dans la ville haute.

Coimbra

Il y a quelque temps, déjà, que Coimbra s'est laissé distancer par des villes plus peuplées ou plus actives. Mais moins fameuses. Donc, Coimbra n'en a cure.
Elle ne s'est même jamais mesurée avec les deux capitales : que Lisbonne s'amuse et gouverne ! que Porto travaille et s'enrichisse ! Le domaine de Coimbra est celui de l'esprit. Du songe autant que de la pensée. Le seul nom de Coimbra éveille des échos dans tous les cœurs portugais, *Coimbra menina e moça*, éternellement gente et damoiselle, à qui génération après génération vient jouer sa sérénade.

RICHE D'UN LONG PASSÉ

Coimbra est une ville fort ancienne, importante déjà aux temps luso-romains. Son évêque wisigoth y battait monnaie dès le VIe siècle. Elle fut centre de culture mozarabe avec Lorvão et Vaca-riça et reconquise sur les Maures près de cent ans avant Lisbonne. Tous les rois bourguignons y naquirent et y tinrent résidence.

Située à 45 km de la mer, Coimbra a peu participé à la grande aventure maritime des XVe et XVIe siècles, mais en a récolté les fruits. C'est l'humanisme de Coimbra — où professaient des maîtres français, écossais, castillans — qui a contribué à attirer au Portugal de grands artistes comme Chantereine, Boytac, Jean de Rouen et Houdart. Ils ont laissé à Coimbra

47

d'admirables souvenirs.

Car, si elle n'a jamais inspiré les peintres, Coimbra a toujours été terre d'élection des sculpteurs et des imagiers. Ils ont orné les tombeaux de Santa Cruz, panthéon des rois de la première dynastie. Afonso Henriques y mourut sous la bure monastique et y reposa trois cents ans avant que Manuel le Magnifique lui donnât, à lui et à ses descendants, des sépultures dignes d'eux, dont les gisants, aux mains jointes et frémissantes, aux lèvres entrouvertes, semblent moins défunts qu'endormis.

Ils ont ciselé le joyau d'ivoire de la chaire de cette même église, et les remplages des cloîtres, et les retables de la vieille cathédrale, et sa porte Précieuse, que le temps effrite et mutile.

Car, hélas ! séduits par une matière souple, vivante semblait-il et donc périssable, la pierre des carrières voisines d'Ança, trop de sculpteurs de Coimbra ont laissé derrière eux des chefs-d'œuvre fragiles.

LA CITÉ STUDIEUSE

Le paysage, alentour, est doux, l'horizon suavement modelé, les coloris exquis. Mille poètes ont chanté Coimbra. Camões en est le plus célèbre, mais non pas le premier. Déjà, le roi

Étudiants devant le palais Sobre-Ribas

Sancho, pour son épouse Mafalda de Provence, y rimait à la mode des trouvères. Alors qu'il n'était à Coimbra qu'un jeune clerc désargenté, libertin et turbulent — on l'avait alors surnommé *Trancaforte* —, Camões maniait l'épée aussi bien que la guitare, et ses merveilleux sonnets conviennent à la mélodie, savante, chaste et ardente à la fois, des *fados* de Coimbra, si différents de ceux de Lisbonne, et qui sont surtout des complaintes ou ballades.

Certains ont tant aimé Coimbra qu'ils s'y sont attardés et que leurs études ont duré « plus que la guerre de Troie ». Ces dilettantes ont toujours été exception. Car, pour la plupart, les étudiants de Coimbra n'ont jamais été fils de seigneurs ou de riches bourgeois, mais venaient des villes et villages des Beiras, ces dures montagnes qui sont le socle du Portugal. Munis du très maigre pécule économisé par des paysans et des artisans, ils vivaient frugalement et travaillaient dur. Ainsi l'avait voulu le fondateur de l'université.

Lorsque le roi Dinis, à l'aube du XIIIe siècle, avait décidé, avec les prieurs de Santa Cruz, celui de São Vicente de Lisbonne et l'abbé de Cluny, de fonder cette première université portugaise, inspirée de celle de Paris, il l'avait d'abord installée à Lisbonne, au flanc de la colline du Castelo. Mais le voisinage du port, avec ses marins et ses ribaudes, donnait aux étudiants trop de tentations. Il y eut des incidents avec le guet. Aussi le sage roi exila-t-il sa jeunesse estudiantine aux rives du Mondego, dans le calme d'une province fertile et grasse, où la vie était moins chère qu'à Lisbonne. Et, pour que cette paix ne soit point troublée et que les étudiants se souviennent que, par définition, ils étaient là pour étudier, il les enferma littéralement dans la ville haute, et confia la police, et même la justice aux universitaires eux-mêmes.

Une tradition rigoureusement perpétuée a, jusqu'à ces récentes années, soumis les nouveaux à l'autorité des aînés, qui veillaient à ce que les règles soient respectées. Ainsi tout étudiant de première année, surpris dans la ville basse après le couvre-feu, était rossé et tondu à ras. L'université avait son tribunal et sa prison. Elle avait aussi ses cérémonies, ses fêtes.

Pour résister aux sauvages fringales de la jeunesse, aux nuits glaciales dans les chambres sans feu, au découragement des périodes d'examen, les jeunes gens se groupaient par affinités, plus encore par contrées, et vivaient en *repúblicas*, c'est-à-dire en communautés.

Au XVe siècle, l'infant Henrique introduisait à Coimbra l'étude de la géométrie et de l'astronomie, mais on y a toujours surtout cultivé les belles-lettres et le droit. Les sciences techniques conviennent mieux au modernisme plus réaliste de Lisbonne ou de Porto.

Il existe un argot estudiantin, des canulars classiques, certaine impertinence. Mais la langue parlée au Mondego est la plus pure du Portugal (cette langue, rappelons-le, n'est abâtardie d'aucun patois ni dialecte, hormis celui de Miranda do Douro).

L'étudiant de Coimbra aime le ton chevaleresque, le grand geste galant, le madrigal, et sacrifie volontiers un argument pour faire un vers. C'est pourquoi il garde sa lourde cape encombrante, pour le plaisir de la dérouler parfois sous les pas d'une jolie fille.

Ce romantisme un peu dolent, qui ronge le cœur des étudiants de Coimbra, est né de la longue espérance d'une jeunesse longtemps studieuse et famélique, vivant en vase clos et fermentant de tous les désirs d'un sang ardent. Les énergies qui n'étaient pas dévorées par l'étude se dépensaient en turbulences verbales et en délires sentimentaux. On discutait âprement, le soir, sur le parvis de la nouvelle cathédrale ou dans les ruelles de la ville haute, philosophie souvent, poésie surtout, on en arrivait parfois à se battre à l'arme blanche, comme Antero de Quental et Ramalho Ortigão, ou bien on se retirait en une austère solitude, dans une tour, comme Antonio Nobre. Il y rimait des vers à Purinha (petite pureté), son grand amour... imaginaire. Les *tricanas* (nom des jolies filles, lavandières ou servantes, du petit peuple de Coimbra) avaient pour les étudiants des bontés, mais le lyrisme de ces ingrats s'adressait surtout à de lointaines dulcinées. On se croyait toujours blessé au cœur. On déchirait le bas de sa cape à chaque chagrin d'amour. Il était également bien vu d'être tuberculeux : Hilario est demeuré célèbre pour son *fado* où il demande d'être enterré dans un cercueil qui ait la forme d'une guitare. Cette cape aux longs plis, couvrant la redingote haut boutonnée, les étudiants d'aujourd'hui la conservent jalousement, en dépit de la canicule insupportable des mois d'été, la refermant comme des ailes, sur un cœur toujours inquiet.

LES « DAMES » DE COIMBRA

Consacrée aux jeunes gens, Coimbra est une cité placée sous le signe de la femme. Voyez son blason, compliqué comme un rébus. Il rappelle que la

La cour de l'université.

lutte farouche entre le roi des Alains (dont le symbole était un lion) et celui des Suèves (dont l'emblème était un serpent) se termina lorsque apparut la belle Cindézonde, fille du premier et épouse du second. La coupe dont elle émerge est celle de ses noces.

Mais, à Coimbra, il n'y a pas d'amour heureux.

La reine Isabel y repose, sous le voile des clarisses, le cœur encore saignant des infidélités nombreuses de son trop séduisant époux, le roi Dinis. Une suave odeur de sainteté flotte encore autour de son tombeau.

Elle a comblé Coimbra de dons, y multipliant de ravissantes statues de Vierges en bois, en grès polychrome. Aujourd'hui encore, ses fêtes sont les plus brillantes de la ville.

Lorsqu'elle résidait à Coimbra, c'était dans un palais situé au bord du fleuve et dont ne demeure qu'une église romano-gothique, que les eaux ont envahie et engloutissent. Pourront-elles laver le sang d'Inès, qui fut, là, répandu. Car c'est à Coimbra que fut égorgée la belle au col de cygne, pro-

bablement dans ce palais de Santa Clara a Velha.

C'est à Coimbra, en tout cas, que Pedro fit sculpter les deux tombeaux d'Alcobaça, et de Coimbra que sortit l'hallucinant cortège qui, à la lueur des torches, parmi les pénitents et les pleureuses, mena vers Alcobaça le corps de la Reine morte. Alors, dit un des poètes de Coimbra « le ciel s'obscurcit, car il lui manquait un ange et une étoile ».

COIMBRA DEMAIN?

L'étudiant de Coimbra se sent d'une race à part. Il a bien des excuses. Au XVIᵉ siècle, le roi João III lui a cédé son propre palais. Deux cents ans plus tard, João V lui a fait don de la plus somptueuse bibliothèque du monde.

Perchée sur une des collines que le Mondego lèche ou défonce, car son flot est capricieux, l'université est un lieu qui élève l'esprit. Ses portes manuélines, les ors et les marbres de sa bibliothèque aux 500 000 volumes, l'ampleur de ses salles aux plafonds richement peints, l'élégance de cette

via Latina où l'on ne parla, longtemps, qu'un latin parfait, ont été complétés récemment par des facultés modernes, taillées à vif dans la chaude intimité de la ville haute, en dépit de ceux qui criaient au sacrilège.

On a également installé un stade, une piscine en face du Choupal où Camões saluait Leonor sur le chemin de la fontaine et où tant d'étudiants ont rêvé, seuls ou à deux, au clair de lune. Aujourd'hui, des étudiantes, de plus en plus nombreuses, se glissent dans les rangs. Coimbra se modernise, bon gré mal gré. Et aussitôt, bien entendu, le pendule a tendance à s'élancer de l'autre côté. Les extrêmes se rejoignent vite. Les rites apparaissent comme des tabous à supprimer, les disciplines comme des abus; on se jette éperdument dans un lyrisme destructeur, et essentiellement verbal, de ce qu'on a si longtemps adoré. Certaines *repúblicas* prennent un caractère politique, parfois agressif. Mais généreux, frondeur, exalté, l'étudiant de Coimbra rêve plus qu'il n'agit. Il demeure, en dépit des contestations, trop fier de son université pour risquer d'en compromettre gravement le prestige. Il se sent de la lignée de tous ses grands hommes, à commencer par saint Antoine pour aboutir à Salazar, en passant par Camões, Pedro Nunes et Eça de Queirós.

Héritage qui pèse aux épaules plus lourd que la cape noire.

En dépit de tant de jeunesse, de la grâce du paysage, de la saine rusticité des places où rôdent des relents de foirail et de marché aux légumes, il flotte toujours sur Coimbra une mélancolie désabusée, qu'échauffe parfois une polémique de chapelle ou de parti. Mais Coimbra, même bouillant dans son jus, demeure « en marge ». Sa vo-

cation est de préparer le Portugal de demain.

Cette capitale de la *saudade* où se sont longtemps forgés l'aristocratie de la pensée portugaise et aussi tant d'intellectuels laborieux et intègres ne peut ni s'abandonner à des élans irréfléchis, ni se laisser étouffer par son passé et par cette *saudade* même.

*L'université
domine la ville.*

*La Sè Nova et le musée
Machado de Castro.*

Conimbriga

Alentour, le paysage est rustique, avec des fèves et des choux, des oliviers qui s'écaillent et des moutons qui grignotent le caillou. Pendant quinze cents ans, on a laissé les troupeaux brouter et mûrir les olives, sans se douter que la terre pouvait contenir d'autres trésors que ces humbles ressources.

Et puis, un jour, par hasard...

Un débris de poterie, une monnaie, une fibule rouillée sont apparus, et quelqu'un les a remarqués. Alors a commencé la fascinante aventure. Il a suffi de fouiller un peu...

LA DESTRUCTION

Sans doute y avait-il sous la domination romaine, qui a duré six siècles, bien d'autres cités semblables, ou plus prospères, plus belles. Qu'en reste-t-il? Isolés, ici ou là, un aqueduc, une colonnade, une voûte rompue, un sarcophage vide.

Conimbriga a connu un destin singulier et presque symbolique. Elle a été comme foudroyée, puis ensevelie, enfin ressuscitée.

En l'an 468, quel avertissement a, soudain, poussé ses habitants à dresser une muraille, entassant les rocs bruts et, dans leur hâte, y mêlant des fragments de leurs péristyles et même de leurs statues, pour essayer de renforcer leur rempart dérisoire? Car rien ne pouvait arrêter la ruée des Suèves, qui, sans doute, incendièrent, pillèrent, puis s'éloignèrent, en laissant fumer les décombres.

Combien de temps fallut-il pour que la poussière recouvrît les ruines, que les cendres deviennent humus et que les oliviaies y prennent racine, effaçant jusqu'au souvenir de la ville défunte? Abandonnée peut-être sans lutte, puisqu'on ne découvrit pas d'ossements, sinon des squelettes d'enfants et de jeunes gens sagement couchés dans leur tombeau et ne portant trace d'aucune violence, Conimbriga garde ainsi son aspect féerique de palais endormi.

LA RÉSURRECTION

Depuis des années, mais avec une intensité et une vigilance sans cesse accrues, des équipes mettent au jour des colonnades, des murailles, des thermes, des statues et, surtout, des mosaïques.

Partout ailleurs au monde, ces tapisseries de menus cailloux multicolores ont été décolorées par le soleil, craquelées par le gel, émiettées par les vandales. On doit les reconstituer péniblement, en partant de la roue d'un char, d'un pli de draperie, d'une torsade ou d'une crinière.

A Conimbriga, la bonne terre a conservé, intacts, les déroulements de motifs variés à l'infini, dans la perfection de leur tracé et tout l'éclat de leurs coloris. Les fûts de colonnes, le contour des murailles, l'emplacement des jets d'eau permettent de retrouver le plan de la ville : son forum, ses

demeures patriciennes, ses bains aux
conduits de plomb, ses caveaux. Mais
ce qui retient le regard et parle haut
à l'imagination, ce sont ces tapis qui,
parfois, répètent, dans le cadre rigou-
reux d'une grecque ou d'un entrelacs,
des géométries multicolores, parfois
racontent avec des personnages, des
animaux, des symboles, des scènes de
la vie qui s'est déroulée ici, il y a mille
cinq cents ans : la chasse, la pêche, le
voyage, ici l'alcôve et, là, le coin pour
le repas.

On a fait refleurir ce parterre incomparable, grâce à une patience et un
soin infinis. Car on connaît maintenant
le moyen d'en préserver, à jamais, la
beauté. Mise au jour, photographiée,
fichée, chaque mosaïque est recouverte
d'une couche de sable protectrice.
Ensuite, elle est minutieusement démon-
tée, fragment par fragment, remontée
sur une base de ciment, enduite enfin
d'un vernis imperméable et, dès lors,
éternelle.

LA LEÇON DE CONIMBRIGA

Ainsi, à chaque visite, voit-on s'élargir
ce jardin, que des buissons fleuris, des
retombées d'eau fraîche viennent
encore enrichir. Peu de fouilles qui
soient si fructueuses. Il ne s'écoule pas
de jour sans une trouvaille ou une promesse.

Il y a quelques années encore, on
voyait, emmurés dans le rempart qui
n'a pas protégé Conimbriga, des
genoux, des torses, des mains qui
semblaient supplier. On les a arrachés
à leur gangue et placés dans les
vitrines du ravissant Musée monogra-
phique, parmi d'autres objets trouvés
dans les fouilles : burettes, agrafes,
bijoux, armes, statues, stèles, tout ce
qui témoigne du raffinement de la Lusitanie romaine.

Mais Conimbriga, sereine et silencieuse
dans son écrin de verdure, nous
enseigne autre chose.

Si le Portugal entier a conservé, jusqu'à nos jours, des traditions et des
croyances, un style de vie, une fraîcheur de cœur qui, presque partout
ailleurs, ont disparu, n'est-ce pas parce
qu'il a été, lui aussi, protégé, à travers
le temps, par la simplicité de ses
mœurs, l'humus des vieilles habitudes
et l'oubli où le monde l'a longtemps
laissé ? Alors qu'il resurgit, au plein
jour d'aujourd'hui, il voit, Dieu merci !
son patrimoine intact et protégé, grâce
à une piété profonde et une efficace
compétence, et cela alors que l'on sait
tout le prix de cette fidélité à soi-même,
de cet attachement au passé, de ces
survivances fécondes.

Les thermes.

*Le péristyle
d'une ancienne villa
luso-romaine.*

Porto

Porto est mondialement célèbre pour un vin qui, en somme, ne lui doit rien. Il est produit par un vignoble situé dans le Douro, à 100 kilomètres de là, et mûrit dans les chais de Vila Nova de Gaia, sur l'autre rive du fleuve.

Mais, curieusement, ce mérite en partie usurpé éclipse bien d'autres titres dont peut s'enorgueillir la vieille cité, et qui ne sont qu'à elle. En fait, c'est sans doute la ville la plus originale, attachante et contradictoire de tout le Portugal.

S. E. LE PORTO

On la connaît fort mal. Lorsqu'on la découvre, de loin, elle a grande allure, agrippée à son éperon de roc qui fend l'eau trouble du Douro, avec ses ponts de dentelle, sa cathédrale trapue accroupie comme une poule sur ses œufs.

Mais dès qu'on l'aborde vraiment, on est rebuté par l'embrouillamini des rues abruptes, encombrées, bruyantes, auxquelles des trams poussifs, des

Une barque sur le Douro.

Maisons de la vieille ville et, dans le fond, la Torre dos Clérigos.

54

*L'animation
sur les quais.*

vitrines démodées, des publicités d'un autre âge donnent un provincialisme poussiéreux et décourageant. Disons, de surcroît, que la ville se néglige, ne se brosse pas trop bien entre les gros pavés de ses vieilles rues, trempe dans le Douro les dessous aigres et fangeux de ses bas quartiers, et a parfois l'haleine forte.

Alors, le visiteur pressé se limite à la visite, grisante, des caves de Gaia, et sous la bannière de noms fameux et cosmopolites (Sandeman, Barros, Kopke ou Burgmaster, Ferreira ou Calém) fait une véritable tournée des grands-ducs, parmi de longues galeries noyées de pénombre et de silence, où l'on croit entendre la sourde symphonie des grands crus, au flanc de chêne des futailles géantes.

Des bouteilles reposent, ensevelies sous des années de poussière; les toiles d'araignée tissent des draperies dans le saint des saints des vintages; dans les laboratoires, des techniciens en blouse blanche élèvent des verres — qu'on appelle d'ailleurs des « calices » — avec des gestes de prêtre, pour en mirer le contenu à la lumière. Finalement, on déguste le porto avec une onction de prélat pénétré de respect, et une ferveur qu'échauffe le *tawny* mordoré ou le *ruby* charnu.

Mais cette communion, si elle est enrichissante et quasi obligatoire, n'est pas suffisante. En vérité, on peut boire partout du porto, et du meilleur. Tandis que, lorsqu'on l'a sottement manqué au passage, on ne retrouvera pas le charme subtil et profond de cette ville, dont elle-même semble se défendre.

LA CAPITALE DU NORD

C'est la ville-marraine. Cal était un relais sur la route côtière déjà au temps de la Lusitanie. En face, dans l'estuaire alors accessible du Douro, se trouvait un port, et ce Port-de-Cal (ou Porto do Cal) a donné son nom au premier domaine du comte Henri de Bourgogne, le Portugalois.

En dépit de ce nom, la ville a vite tourné le dos à la mer. Des alluvions sableuses apportées par la barre ont étranglé l'entrée du fleuve et, peu à peu, c'est vers l'amont que se sont accentués le commerce et le trafic fluvial.

Pourtant, les bourgeois de Porto ont toujours été très avertis des intérêts du négoce international, et surtout avec l'Angleterre; liaisons qui se sont fortifiées lorsque le monopole, accordé aux vins portugais, à l'aube du XVIIIe siècle, en Grande-Bretagne, a inspiré — le mot n'est pas trop fort — l'exploitation rationnelle du vignoble, si particulier, des hautes vallées du Douro et de ses affluents, et a amené à sa perfection le vin dit « de Porto », puisque c'est ce nom qu'on lisait sur les futailles qui, dès la fin du XVIIIe siècle, se sont mises à rayonner dans le monde entier.

Mais Porto ne vit pas seulement de son vin et tient énormément à être appelée *la capitale du Nord*.

Capitale? Le gouvernement siège à Lisbonne, et Porto ne s'occupe jamais sérieusement de politique. Mais c'est effectivement une tête du pays, par son activité: négoce, industrie, usines qui tournent, métiers qui ronflent, artisanat qui ne perd pas ses droits, import-export et, s'il vous plaît, des installations et des techniques étudiées, des faubourgs aérés, dégagés, des réalisations hardies, un rythme moderne. Berçant pieusement en son sein la plus archaïque des cités portugaises, le « Grand Porto », avec son port de Leixões, à la Foz du Douro, ses filatures, ses conserveries, ses fonderies, et aussi ses quartiers résidentiels, fait preuve d'un dynamisme vigoureux.

Capitale du Nord. Là, aucun doute. On s'explique assez mal comment, étant à la latitude de Bonifacio, de Naples et d'Istanbul, Porto soit si nettement septentrionale. Cité de ciel perlé, d'aubes laiteuses, de brumes en écharpes.

L'humidité fait luire le granite diamanté des églises, irise les vastes panneaux d'*azulejos* qui, en pleine rue, racontent Simon Stock recevant le scapulaire ou l'infant Henrique préparant l'expédition

La ville vue de Vila Nova de Gaia.

de Ceuta, détrempe les pelouses et brouille les vitres. Du belvédère qu'offre le vaste parvis de la cathédrale, on voit émerger, des vapeurs montées du fleuve, le cierge ciselé de la Torre dos Clérigos ou la poterne carrée de l'ancien mur de ronde. Lorsque le ciel est bas, les réverbères s'allument à 10 heures du matin, jaunes et diffus comme des becs de gaz. Des odeurs mouillées montent des quais pleins de flaques, des arcades moisies du vieux Barredo où les lessives ne sèchent jamais à fond, des jardins aux épaisses frondaisons vernissées. Car Porto aime les fleurs, mais à la manière septentrionale, les cultive en pots, en parterres, en pépinières, et ses roses fameuses, ses camélias, les somptueuses floralies de ses parcs sont souvent ignorés du passant.

Porto se lève tôt, ne gaspille pas son temps, vit à sa mode, en marge d'une nonchalance commune au reste du Portugal.

Libérée du Sarrasin bien avant Lisbonne, Porto a été ville d'évêques, qui furent et demeurèrent longtemps puissants et agissants. Paradoxalement, la ville est dévote — le culte marial, surtout, y est très répandu — et anticléricale. De même qu'elle est solidement traditionnelle et ouverte au progrès, fidèle, mais frondeuse et riche, elle demeure besogneuse. Un oisif y est suspect, et au Moyen Age on n'y tolérait pas les gens sans profession avouable. Le roi lui-même ne pouvait y séjourner plus de trois jours; les courtisans y étaient indésirables. On y préfère toujours la réputation de la firme ou les médailles d'or qui ennoblissent une étiquette à des titres creux. Les monuments eux-mêmes témoignent d'un souci d'efficacité. Le plus vieux sanctuaire chrétien de la ville — et peut-être de toute la Péninsule —, Cedofeita, remonte au milieu du VIᵉ siècle.

Son nom même (cedo feita, « bientôt faite ») indique qu'on l'a construit sans grande recherche, pour y célébrer la messe dès que les Suèves du roi Théodomir se furent convertis.

La cathédrale, romane elle aussi, a des créneaux de forteresse, des murailles-remparts. On s'y réfugiait souvent en cas d'assaut, et les maisons se blottissent à son entour, serrées, étroites, se haussant à force de mansardes et d'attiques pour concentrer le noyau de la ville, sans risque d'être isolé en cas d'attaque ou de perdre son temps en allées et venues dans l'ordinaire des affaires.

Lorsque la fortune du Vin (avec majuscule) a donné à la région des goûts de luxe et qu'on a même confié à Naz-

zoni assez d'écus pour édifier la Torre dos Clérigos (attention, la plus haute du Portugal!) et quelques palais baroques, on s'est assez vite reproché cette folie. Une des plus jolies demeures du célèbre Italien est maintenant devenue meunerie.

Porto s'est flattée également de posséder des églises fort riches, ruisselantes d'or, dê grappes d'or (toujours le Vin). Mais un scrupule l'assaillit : ce débordement de richesse était païen. São Francisco, la plus dorée des églises baroques, fut fermée au culte. Porto a encore des palais; ils ne servent point la vanité, mais le prestige. On y a installé des musées (Porto a eu le premier [en date] des musées d'Art du Portugal) ou bien encore la Bourse du commerce. Et les anciens couvents, nombreux, dès qu'a disparu leur dernière professe, généralement centenaire — le climat est sain —, ont eux aussi abrité des bureaux ou des entrepôts.

Le port fluvial, les chais, les faubourgs industriels — un à un, ils dévorent les jolis villages d'alentour qui, par voie d'eau, apportaient leur pain de froment, leurs volailles, leurs légumes aux marchés animés de la ville — font vivre un petit peuple nombreux, travailleur, chauvin, qui a la tête près du bonnet. Mais ses enthousiasmes et ses colères sont fugaces. Le Portésien a toujours été rude, fort en gueule, mais bon enfant, sans rancune et, à travers l'histoire, a souvent tiré, pour Lisbonne, les marrons du feu.

Jamais dupe, il s'honore du rôle parfois ingrat qu'on lui confie dans l'intérêt commun. Ainsi a-t-il adopté, comme un titre nobiliaire, le surnom de « mangeur de tripes ». Il est un fait que la « dobrada a moda do Porto » est le plat à l'honneur sur la carte des restaurants gastronomiques ou des gargotes. La recette — et la renommée — remonte à 1415. Alors l'infant Henrique (né à Porto, ce qui ne surprendra pas, ce fut toujours un esprit sérieux) arma les nefs qui allaient prendre d'assaut Ceuta. Il fallait des vivres. On abattit tout le bétail, qu'on sala. La ville n'eut pour elle que les abats et la volaille, qui ne supportent pas la saumure. Les cuisinières accommodèrent le tout avec des haricots et en firent un festin qui dure encore.

TRÉSORS CACHÉS

Les ponts suspendus qui enjambent le Douro (l'un est de Gustave Eiffel) sont en filigrane. Porto excelle à manier le métal, surtout s'il est précieux. Rue des Fleurs se trouvent les meilleurs orfèvres d'aujourd'hui, qu'il s'agisse de copies

Azulejos décorant l'extérieur de l'église du tiers ordre des Carmes.

d'ancien ou de créations nouvelles. Pourtant, on peut parcourir cette très ancienne voie — qui mène droit au quartier « henriquino » encore nettement moyenâgeux — sans remarquer les vitrines secrètes, les balcons ouvragés, les blasons ébréchés. Car on est stupéfait par les fripiers, les drapiers, les droguistes, les épiciers, sortis des romans de Zola ou de Dickens, tapis dans des antres profonds qui sentent la mercerie, la morue sèche ou le camphre. Alors, on passe, sans s'en douter, devant la Misericórdia où, au fin fond de cours intérieures et de corridors, derrière un épais rideau, se cache une des toiles les plus curieuses du patrimoine portugais : *Fons vitae* (« la Source de vie »), œuvre sans doute d'un Flamand du XVIᵉ siècle. Le sang du Christ ruisselle sur roi et princes agenouillés, comme le sang de la vigne a coulé, pour les vivifier, dans les artères de la ville et de toute la vallée qu'elle commande.

Le pont Dom Luis Iᵉʳ, construit à la fin du XIXᵉ s.

A cette source, les Anglais sont venus boire. D'abord entre deux bateaux, pour l'intérêt de leurs affaires. Puis ils s'y sont installés. Beaucoup y naissent, y vivent, y meurent, y ont leur temple et leur cimetière, ne s'en absentent que pour le collège et éventuellement la guerre. Car ils s'y sentent bien.

A cause du climat, d'abord : ce ciel d'argent fin, ces matinées opalescentes, ces soirées où flotte le goût amer d'un fleuve lourd de limon brassé par le remue-ménage des cargos et des péniches, mêlé à l'exquise et furtive bouffée venue d'un acacia ou d'un rosier invisibles. Et aussi, après une longue journée passée à inspecter les caves ou les vignobles, les soirées frileuses, la boue sur les bottes, les feux de cheminée, les fauteuils à oreillettes, les conversations sérieuses et sans éclat, en vidant une bou- teille d'un cru millésimé soigneuse- ment choisi, décanté, dégusté.

La ville a su accueillir, sans jamais l'assimiler, cette cellule étrangère qui la stimule. Une dignité victorienne, par osmose, s'est transmise et, à Porto, rien n'est ostensible, tout est pudique- ment possédé et transmis : les demeures et leurs jardins clos, les argenteries précieuses, les bouteilles vénérables, les fortunes et aussi les renommées.

Guimarães

Une ceinture de châteaux forts corsète solidement le Portugal en ses frontières, qui n'ont jamais changé en huit siècles. Ils ont monté la garde tout au long de la ligne, souvent abstraite, qui sépare les deux pays de la Péninsule. Ils se ressemblent, dressés sur une colline ou un éperon rocheux, avec donjon carré, remparts massifs et murs presque aveugles.

Il y en a, toutefois, qui ont des tourelles et des tourillons, des festons de pierre, des fenêtres géminées, ornements d'une armure guerrière.

Mais, parmi tous ces châteaux forts, bien plus forteresses que châteaux, LE château c'est celui de Guimarães. On le reconnaît à son cyprès en point d'exclamation, jailli au milieu des remparts. Massif, ramassé sur lui-même, il s'affirme.

LE BLASON PORTUGAIS

Là est né le Portugal.

C'est le berceau, sans duvet, d'un héritier quasi sans terre, vite orphelin et mal aimé de sa mère, d'un petit gueux qui courait la campagne, péniblement tenu en lisière par un austère précepteur, d'un jeune rustaud laissé à l'écart des affaires du domaine par une famille avide et divisée. On peut voir la très humble chapelle où il fut baptisé.

Le regard parcourt le paysage boisé qui fut, longtemps, tout son horizon. Jusqu'au jour où il se sent assez fort pour se dresser, seul, ou presque, contre tous ceux qui l'entourent.

C'est au pied même de Guimarães, dans la plaine de São Mamede où, sans doute, il a joué souvent au tournoi avec des garçons de son âge, qu'il remporte sa première et stupéfiante victoire, sur sa propre mère, cette Teresa impérieuse et intrigante qui a l'imprudence de le méjuger. Celle-ci vaincue et soigneusement cloîtrée, il s'élance et marque son avance vers le sud par les jalons des châteaux qu'il emporte d'assaut sur les Arabes et qu'il inscrit, un à un, au blason de son nouveau royaume. Ils y sont encore, tous les sept, en guirlande autour de l'écusson cinq fois ponctué qui rappelle l'autre victoire d'Afonso Henriques, où, ayant invoqué les cinq plaies du Christ et après avoir, lui-même, reçu cinq blessures, il vainquit, à Campo de Ourique, cinq rois maures coalisés.

C'est l'étonnement ébloui, et la juste fierté de ces exploits anciens qui emplissent le cœur de tout Portugais à Guimarães, et le sentiment grave de devoir maintenir cette souveraineté si tôt et si audacieusement affirmée.

Guimarães, avec ses tours trapues, montrant les dents de ses créneaux, agrippée à son roc, demeure le symbole exaltant du Portugal primitif et viril, en tenue de combat, face à l'Islam.

Le Largo da Oliveira.

*Château
d'Afonso
Henriques.*

LE TRÉSOR DE GUIMARÃES

Une très grande dame, la comtesse Mumadona — les femmes, aux alentours de l'an mille, avaient leur mot à dire dans l'Histoire avec un grand H —, avait édifié le donjon carré du château pour tenir tête aux pillards normands qui s'aventuraient au-delà du cap Finisterre. Elle avait aussi fondé une abbaye, qu'Afonso Henriques eut soin de restaurer, et dont João Ier reconstruisit l'église. Sans doute celui-ci voulait-il célébrer un épisode qui, selon certaine légende, s'est déroulé exactement en cet endroit. Élu roi des Goths, Wamba en fut informé alors qu'il labourait son champ. Incrédule, il planta en terre son aiguillon d'olivier, disant qu'il ne régnerait que lorsque ce bois prendrait racine. Celui-ci, aussitôt, se couvrit de feuilles. Peut-être, par cet

hommage à Notre-Dame-de-l'Olivier — c'est le nom de l'église — João Ier tenait-il à rappeler que lui non plus n'avait pas cherché à ceindre la couronne, mais y avait été poussé par l'insistance de ceux qui l'avaient élu. Après Aljubarrota, il offrit également à Notre-Dame-de-l'Olivier un retable d'argent pesant son poids de précieux métal. D'aucuns prétendent que cette pièce exceptionnelle a été trouvée après sa déroute sous la tente de Juan de Castille.

Ainsi que nombre d'autres orfèvreries d'église provenant du même trésor, ce retable enrichit le musée de Guimarães, installé dans un ancien couvent. On trouve là, également, des souvenirs plus anciens de l'histoire, ou plutôt de la préhistoire de cette région mère. Ce sont des guerriers celtes, en pierre mal équarrie, des sarcophages, des céra-

miques de l'âge du cuivre, découverts dans les *citânias* voisines de Briteiro et de Sabroso. Là aussi se trouve la *pedra formosa* (la « pierre jolie »), dont chaque face est sexuée, et qui rendait la fécondité aux époux stériles. La croyance n'en est pas tout à fait perdue.

Active et manufacturière (les filatures surtout y sont nombreuses, et leurs beaux tissus de lin sont réputés), Guimarães garde un cachet médiéval, une rue dallée bordée de maisons à colombages et étages en saillie.

Braga, avec ses palais baroques, son escalier géant, ses fontaines, Viana do Castelo aux façades soutachées de granite, ont peut-être plus de grâce et de richesse. Mais Guimarães garde, au cœur de ce Minho où le Portugal prend sa source, une bonhomie rude et franche, terrienne, qui sonne clair.

Alcobaça

La campagne toujours verte; un ciel doux et léger; des vergers; une petite ville aimable où les maraîchères font des pyramides d'oranges et de pommes devant le couvent dont les croisées débordent de géraniums-lierres; des parterres soigneusement ourlés de buis; une façade baroque ornée de pinacles en pâtisserie, tout cela donne une trompeuse impression de gentillesse un peu maniérée.

Mais, dès qu'on franchit la petite porte découpée dans le portail, on est saisi d'une émotion, qui serre un peu la gorge et dilate le cœur. Car rien ne vient rompre la dignité austère de l'immense nef, une des plus grandioses de toutes les abbayes cisterciennes. On ne peut rien imaginer de plus simple et de plus noble à la fois. On a d'abord cherché la lumière : elle baigne l'église d'une clarté diaphane qui, plus que la pénombre habituelle des chapelles, invite au recueillement. Les dalles sont larges et usées de mille pas; on peut lever le regard et le perdre dans l'aérienne élégance des hautes voûtes. Alcobaça a toujours été vouée à la méditation grave et féconde.

Moine du groupe de Saint-Bernard. Terre cuite polychrome.

RAYONNEMENT DE LA CULTURE

C'est alors qu'il marchait vers Santarém, un des noyaux les plus durs à briser de la résistance maure devant l'assaut des chevaliers de la Reconquête, qu'Afonso Henriques, en 1152, fit le vœu, s'il prenait la ville, de fonder un monastère et de l'offrir aux moines de Cîteaux. Il avait quelque remords d'avoir, avec l'aide de l'évêque de Porto, entraîné à sa suite, pour chasser les musulmans de son futur royaume, des croisés anglais, flamands et français jetés par la tempête dans l'estuaire du Douro.

Saint Bernard lui pardonna, sans doute, d'avoir détourné ces guerriers de la Terre sainte : Santarém fut prise. Afonso Henriques ne fut pas ingrat. Car, dès sa fondation, Alcobaça, où s'étaient aussitôt installés des bernardins français, jouit de la protection royale. Les moines, d'ailleurs, étaient aussi vertueux que compétents. En même temps qu'ils défrichaient, ensemençaient et tiraient profit de l'excellence du sol et de la clémence du ciel, ils édifiaient église et couvent, et aussi bibliothèque, infirmerie, hospice, car ils traitaient à la fois des corps, de l'esprit et des âmes. Reprenant les studieuses traditions de Lorvão et de Vacariça, qui s'étaient perpétuées même sous l'occupation arabe, Alcobaça devint le foyer rayonnant de la culture, en un Portugal encore troublé, aux frontières toujours menacées. Un havre de paix. C'est pourquoi le roi Dinis, dont la résidence favorite, Leiria, était proche, dota le monastère d'un cloître sévère et silencieux, où il venait souvent se recueillir. Là, il mûrissait ses grands pro-

jets : assurer les défenses du royaume, par un chapelet de châteaux forts d'une part, et une marine bien équipée d'autre part; labourer et féconder le sol étroit et souvent pauvre (il assécha des maremmes, planta des pinèdes, sema du blé dans les jachères alentejanes); et, aussi, donner au Portugal un langage qui exprimât sa personnalité originale et profonde. Il fonda l'université, où l'on enseigna le portugais, cette langue qu'il aimait et qu'il choisit pour rimer ses *Chansons d'amour et d'amitié.*

LA DIMENSION TRAGIQUE

Ainsi, Alcobaça était la pensée, la sereine et fertile discipline d'esprit, le clair regard sur l'avenir, tout ce qu'exprimaient ses hautes voûtes, son cloître du silence, la pompe austère de son rituel. Il lui manquait sa dimension tragique, l'accent mystique et l'espoir déchirant qui s'obstine au fond de tout cœur portugais.

Il lui manquait le tendre corps sacrifié de la Reine morte.

C'est à Coimbra qu'Inés de Castro est égorgée, en 1355, pour raison d'Etat. Lorsqu'il l'apprend, au retour d'une chasse, le prince Pedro, fou de douleur, commence par ravager tout ce qui tombe à sa portée. Il veut tirer vengeance de son père, qui a sinon ordonné, du moins toléré ce crime. Puis, sa rage assouvie, Pedro, qui sera un roi sage et qui aime son peuple, comprend qu'il se montre injuste dans ses aveugles représailles. Il se réconcilie, non sans arrière-pensées, avec son père et attend son heure.

Elle vient avec la mort d'Afonso IV, deux ans plus tard.

Alors, Pedro Ier s'occupe de venger vraiment Inés, et aussi de lui rendre la place qu'il veut qu'elle occupe aux yeux de tous : celle d'épouse et de reine.

Il obtient que son voisin de Castille, Pedro le Cru, lui livre les assassins d'Inés. Ils étaient trois. L'un d'eux, averti par un mendiant auquel il faisait souvent l'aumône, parvient à s'échapper : depuis, une expression populaire dit de quelqu'un qui se tire d'un très mauvais pas : « Il a encore plus de chance que Diogo Alves! » Mais Alvaro Gonçales et Pero Coelho paient de leur sang celui qu'ils ont répandu.

A Santarém, en place publique, ils sont longuement suppliciés. Puis Pedro leur fait arracher le cœur — par-devant pour Gonçales, par-derrière pour Coelho — et mord dans ces cœurs avec une fureur de dément. Il lui faut se repaître de vengeance.

Enfin apaisé, il convie ensuite toute la cour à Coimbra, afin de rendre hommage à celle qui, jure-t-il sur les Evangiles, a été non seulement sa bien-aimée compagne, mais aussi son épouse légitime. Car il l'a épousée à Bragance en 1353, ainsi qu'en peut témoigner l'évêque de Braga qui a béni cette union.

LES TOMBEAUX

Pedro fait alors exhumer Inés, morte depuis cinq ans, qu'on revêt des plus riches vêtements et sur le front de laquelle on pose la couronne. Ensuite, courtisans et serviteurs, muets d'horreur, viennent baiser sa main décharnée.
Le cadavre est alors hissé sur une civière, et un long cortège, mené par le roi, se dirige vers Alcobaça à la lueur des torches, car il n'avance que de nuit, grossi d'une foule fascinée et, peu à peu, grisée de ses propres larmes.
Enfin, à Alcobaça, Pedro couche Inés dans le tombeau qu'il a fait exécuter

Les gisants de Dom Pedro et d'Inés de Castro se font face.

Le monastère de Santa Maria.

à Coimbra, sous ses yeux. Il en a fait préparer un autre, pour lui, qui est placé dans la nef, pied contre pied avec celui de son aimée. Ils reposeront ainsi, « jusqu'à la fin du monde », et, lorsque sonnera la trompette du Jugement dernier, se relevant, ils se retrouveront dans les bras l'un de l'autre.

Les tombeaux d'Alcobaça attendent cette heure de joie avec une longue patience.

Quelle main a ciselé dans la pierre le récit des amours tragiques, inscrivant au flanc du mausolée d'Inés sa jeunesse, son immolation et le châtiment de ses bourreaux jetés aux flammes de l'enfer ? On sait seulement, par le grain de la pierre et la facture de l'œuvre, qu'il s'agit, presque sans aucun doute, d'un sculpteur de Coimbra.

La nécrophilie instinctive des Portugais, leur vénération des défunts, leur tenace espérance en la résurrection les ont inspirés dans un art où ils excellent, et qui est l'art funéraire. Les tombeaux d'Alcobaça en sont le chef-d'œuvre. Bien qu'ayant souffert du vandalisme des soldats du comte d'Arlon, en 1811, pendant la dernière invasion française — ils croyaient que la Reine morte avait été enterrée avec des bijoux —, les précieux mausolées n'ont rien perdu de leur poignante beauté et, même mutilés, les gisants ont des visages illuminés d'espoir.

Dès lors, Alcobaça est hanté par le fantôme des amants malheureux et bientôt légendaires. Mais les moines qui veillent sur leur repos continuent, à leur ombre, leur vie quotidienne. A mesure que s'augmentent leurs biens, grâce aux privilèges dont ils jouissent sous tous les règnes, celle-ci a beaucoup perdu de sa rigueur bernardine.

Plus riches que le roi lui-même, au XVIIIe siècle, les abbés d'Alcobaça mènent grand train. Beckford a longuement conté dans ses « Lettres » à quel festin et à quelles fêtes il fut convié lorsqu'il leur rendit visite.

Dans les cuisines, où coule un bras de rivière pour tenir le poisson frais, s'alignent les tables de marbre où s'accumulaient des « natures mortes » pantagruéliques. La cheminée géante pouvait rôtir des bœufs entiers. Tout cela confirme l'opulence des bons moines, qui, toutefois, n'en demeurèrent pas moins compatissants aux misères et occupés des choses de l'esprit.

Alcobaça, aboutissement d'un long calvaire, ne puise dans le sanglant halo de la Reine morte aucun prestige morbide. C'est la paix qui descend des voûtes avec le vol froufroutant d'une colombe égarée.

Batalha

Vainqueur par la grâce du ciel, le roi João Ier, au soir d'Aljubarrota, jeta sa lance en faisant vœu d'élever, là où elle retomberait, un sanctuaire à Notre-Dame de la Victoire. Il devait être d'une vigueur exceptionnelle, puisque Batalha s'élève à 15 bons kilomètres de la plaine où eut lieu la glorieuse bataille qui assura l'indépendance du Portugal et le trône des Avis.

Peu de dynasties ont, dans l'histoire, une courbe aussi pleine et parfaite. Elle jaillit en même temps qu'une grande espérance, s'amplifie et retombe.

Le marché devant l'église.

Deux cents années qui ont beaucoup compté, non seulement pour le Portugal, mais pour le monde. Batalha en est le résumé, la somme. Mieux encore, la synthèse. De tous les monuments portugais, de tous les hauts lieux, celui-ci est, sans doute, celui qui reflète le mieux la complexité de l'âme de ce pays.

LE GOÛT DU MIRACLE

Goethe a écrit, au lendemain de Valmy : « En ce lieu, en ce jour commence une nouvelle époque de l'histoire du monde! » Il oubliait — ou ignorait — Aljubarrota, où, plus de quatre siècles plus tôt, une nation s'était, presque spontanément, avec l'énergie suprême du désespoir, dressée pour barrer la route à un envahisseur infiniment plus nombreux et puissant. Il y avait des émigrés parmi les coalisés de 1792 et des Portugais dans les rangs de Juan de Castille en 1385, les uns et les autres fidèles à une monarchie héréditaire et traditionnelle. Contre eux, le peuple allait se dresser, plaçant l'idée de la souveraineté nationale avant le respect des sacres et des proclamations.

Or, si ce sursaut étonne au XVIIIᵉ siècle, il est plus encore surprenant en plein Moyen Age. Même en France, il faudra attendre encore près de cinquante ans — et Jeanne d'Arc — pour que ce sentiment s'éveille.

Donc, en 1385, héritière de son père, l'infante Beatriz a été proclamée reine. Elle n'a que onze ans et est l'épouse du roi castillan. Par ailleurs, sa mère, Leonor Teles, assume la régence. Cette Leonor est haïe pour ses mœurs légères, ses intrigues, son arrogance. Parmi les nobles, un parti s'est formé contre elle autour des fils d'Inés de Castro.

Le peuple flaire un double danger. Il élit un « défenseur du royaume », le bâtard João, maître de l'ordre d'Avis, et se range à ses côtés, mal armé, mais bien encadré par de jeunes chevaliers pleins de foi et mené par un capitaine inspiré : Nuno Álvares.

Le destin du Portugal se joue, en une demi-heure, par un torride après-midi d'août, dans la plaine d'Aljubarrota, à un contre cinq, et le plus faible l'emporte à force de discipline, de courage et d'endurance.

On a bien raison de crier au miracle. Si le roi João Iᵉʳ déclare que c'est la Vierge qui a remporté la victoire, il est assurément sincère, mais n'aurait rien pu trouver de mieux pour affermir cette victoire.

Il est presque aussi étonnant qu'on ait

Les chapelles inachevées.

pu édifier le sanctuaire qui lui est consacré. Il a fallu, pour cela, cent trente ans.

Lorsque, dès le lendemain d'Aljubarrota, furent tracés les premiers plans de l'église et du monastère, beaucoup plus modestes que nous ne les connaissons aujourd'hui, le Portugal était ruiné par la politique malheureuse du dernier roi bourguignon et allait devoir supporter une très longue guerre d'usure contre le Castillan, qui ne se résignait pas à renoncer à la double couronne.

Pourtant, au prix d'un énorme sacrifice collectif, les travaux furent entrepris et menés à bien. Le soin en avait été confié à un Portugais, Afonso Domingues. On avait, certes, consulté des architectes et maîtres étrangers, mais le roi avait estimé que nul ne pouvait mieux exprimer l'élan de gratitude de tout son peuple qu'un homme ayant — comme Domingues — combattu à ses côtés le jour de la fameuse bataille.

Tous ceux qui œuvrèrent à ce sanctuaire le firent de toute leur âme, et cet esprit fervent s'est matérialisé dans la pierre chaude et souple de la région, que la lumière semble faire palpiter.

La situation, au bord d'une rivière, dans une vallée accueillante, n'avait pas été déterminée par la chute de la lance royale, mais selon les préférences fort avisées des moines dominicains qui allaient occuper le monastère.

L'édifice, conformément aux goûts de l'époque, devait être gothique. C'est plus tard que des variantes modifièrent d'abord sa façade, pour y adapter le « perpendiculaire anglais » lorsque des Britanniques, sans doute appelés ou protégés par la reine Filipa de Lancastre, furent associés aux travaux.

LE SYMBOLISME EXALTANT

Dès lors, Batalha confirme une alliance qui sera la plus solide, la plus durable du monde : celle du Portugal et de l'Angleterre, qui s'incarne en ce couple exemplaire que forment le roi João de Bonne Mémoire et sa très vertueuse épouse. Il a ordonné, pour y reposer avec elle, une chapelle, dite « du Fondateur », qui ne fut pas achevée de son vivant.

Mais, grâce à la piété de ses descendants, il y dort en une sereine majesté, au milieu de ses fils, les grands infants de l'Illustre Génération. L'aîné, Duarte, qui régna, a une sépulture royale, et l'unique fille, Isabel, est inhumée à Dijon, capitale de son époux Philippe le Bon. Mais les autres ont été ramenés, pour être honorés avec leurs parents. Même Fernando, l'infant saint, martyrisé au Maroc; même Pedro, tué par trahison, longtemps accusé de félonie. Et João, le plus obscur, y est honoré, ainsi que le plus grand de tous, Henrique, le Navigateur. Tous, en effet, étaient animés des plus nobles desseins. Leur mère les avait élevés dans l'amour de la vertu, ainsi qu'en témoignent leurs devises, qui illustrent les tombeaux : *Le bien me plet*, pour Fernando, le martyr de Fès; *J'ai bien résò* (« le bien est ma raison »), pour João; *Désir* (dans le sens de l'aspiration à la perfection), pour Pedro, et, pour l'infant de Sagres, Henri le Navigateur : *Talan* (c'est-à-dire « volonté ») *de bien fère* (« de faire le bien »).

Quant à Duarte, c'est à l'infini qu'il fit répéter, sur les murs du Panthéon qu'il ordonna pour tous les membres de la dynastie d'Avis, *Leauté* (loyauté) *feray tant que vivrai*.

Les dentelles du cloître royal.

Ces mots, jaillis de l'âme ardente d'un des derniers chevaliers de la chrétienté, vont, en se multipliant jusqu'à l'obsession, en se stylisant pour s'intégrer aux arabesques de la décoration, se confondre avec les autres motifs symboliques qui, bientôt, comme un lierre, envahissent l'austère structure gothique du sanctuaire.

Chacun à leur tour, les rois d'Avis enrichissent Batalha, selon leur fortune et le goût de leur temps. Si le portail primitif présente la Cour céleste selon la rigoureuse hiérarchie de Saint-Denis, les ornements manuélins du cloître accumulent les guirlandes, les feuillages, les écailles, les perles, dentelle de pierre rappelant les moucharabiehs arabes, que ponctue la sphère armillaire, placée comme un beau solitaire dans un écrin.

LE DÉMESURÉ ET L'INACHEVÉ

La voûte de la salle du chapitre est la plus osée de son époque et, même de nos jours, de toute la Péninsule. Au point que, selon la légende, elle fut édifiée par des condamnés à mort. Lorsqu'on retira les échafaudages, son architecte, Mateus Fernandes (qui avait succédé, entre autres, à Afonso Domingues), exigea de passer la nuit, seul, sous la coupole haut suspendue que rien, depuis, n'a fait broncher.

Moins heureux, Ouguete, chargé par le roi Duarte d'édifier un grandiose mausolée pour une dynastie encore à son aurore, ne vit jamais son œuvre achevée.

Les rois s'étaient détachés de Batalha pour édifier ou embellir Belém, Tomar, mieux accordés à l'époque de grande aventure des découvertes. On n'a même retrouvé aucun plan, aucun projet des chapelles qui devaient se grouper, en rosace octogonale, derrière le maître-autel de l'église. Mais, et c'est singulier, le portail qui y mène et les fûts des colonnes de support ont reçu leur véritable toison de sculptures, bouclées, festonnées, rebrodées avec une richesse de détail, une perfection d'exécution, une inspiration profuse qui rendent plus émouvante la brusque interruption de ces jets de pierre montant vers le ciel comme une prière.

Les « chapelles inachevées » n'ont pour voûte que le ciel, et c'est, là aussi, un trait bien significatif du tempérament portugais, prêt à tous les sacrifices, aux efforts surhumains, à une ténacité inébranlable lorsque la foi ou l'espoir l'anime ; porté à tous les extrêmes, aspirant au démesuré, au superlatif pour s'affirmer dans la fortune, cherchant, pour l'exalter, le symbolisme le plus expressif ; puis, soudain, brisé dans son élan qui tentait de le porter au-delà de ses possibilités, résigné, avec un fatalisme désenchanté.

Vue d'ensemble du monastère.

Un aspect du cloître royal.

Evora

C'est une très grande dame. Elle a, pendant des années, vécu de ses terres avec une frugalité princière. Elle laissait ses trésors s'émietter dans l'oubli. Les ignorants la jugeaient provinciale, presque rustaude, avec son odeur de crottin de mule, ses rues étroites, ses arcades où les paysans, en houppelande à triple collet, venaient acheter des harnais et des socs de charrue, s'attardant parfois, à la tombée du soir, à l'angle d'une demeure dont les graffiti s'effaçaient, pour entonner, à plusieurs voix, un chant grave et profond.

Dépendances du palais des comtes de Basto.

Une ambiance feutrée faisait régner le silence sous les platanes des places aux noms très nobles ou étranges. Mais le vent murmurait dans les ramures, écho de lointaines fêtes et de drames anciens; les martinets tourbillonnaient, au crépuscule, entre les fûts de marbre du temple de Diane, avec des cris plaintifs qui parlaient de geôles, de supplices, d'amours coupables. La vieille cité se confessait de sa gloire et de ses péchés, car ce sont des heures passionnées qu'Evora étouffa dans le bâillon de ses remparts. Isolée par la défaveur plus que par la distance, brûlante l'été et givrée par les limpides nuits d'hiver, elle dédaignait les coquetteries. Il a fallu, pour qu'elle sortît de sa hautaine retraite, lui rendre d'un coup ses splendeurs d'autrefois. Alors, elle a secoué les plis gourds de sa robe, et ses marbres, ses ors, ses émaux se sont remis à scintiller; elle a repris son rang parmi les cités royales et, alors seulement, a révélé à ceux qui, éblouis, la découvraient des richesses secrètes.

CHRONIQUES DE LA GRANDE ÉPOQUE

De longs chapitres de l'histoire portugaise s'écrivent à Evora. César la combla de ses dons et, pour que nul n'en ignore, lui donna le nom de *Liberalitas Julia*. Mais le temple de Diane, qui rappelle cette première grandeur, était peut-être élevé à la mémoire du rebelle Sertorius et à la biche qui guidait ses pas.
C'est aux Arabes, en tout cas, qu'Evora doit son nom et tout ce qu'un nom évoque, car la ville reste mauresque par mille traits, plus sensibles, plus expressifs que les monuments dont les siècles l'ont enrichie. C'est un jasmin ruisselant sur un mur très blanc, un patio dont les arcades cultivent l'ombre comme une fleur fraîche, l'arc en fer à cheval d'une porte, le doux renflement d'une coupole et la nuque rasée d'un homme en sueur, si brune sous le mouchoir noué.
Le quotidien d'Evora demeure marqué par la patience, la gravité, l'ombrageuse réserve des Maures qui l'occupèrent si longtemps. Ils n'en furent

chassés que par l'audace inattendue d'un aventurier un peu félon, qui emporta d'assaut la citadelle, escaladant, avec une échelle faite de lances hâtivement clouées, les murailles wisigothes et surprenant le « vali » et sa fille au milieu de ses gardes. Leurs têtes tranchées saignent toujours au blason d'Evora, dont la sombre passion a connu les complots et les émeutes, les sièges, les exécutions capitales et les bûchers de l'Inquisition. Mais aussi les noces royales, les joyeuses entrées, les cérémonies.

Les rois y tenaient leur cour. Afonso IV y vécut quatorze ans, Sebastião cinq et Nuno Álvares vingt-six. Afonso V y décida de conquérir le Maroc et Vasco de Gama y reçut de Manuel le commandement de la flotte qu'il allait mener aux Indes. Les fêtes et festins du mariage qui devait, à jamais, unir dans la gloire le Portugal et l'Espagne — rêve vite déçu de João II — étaient si brillants et si longs que le jeune époux s'en échappa pour aller rejoindre son épousée dans un couvent des environs.

LA PRINCESSE CENDRILLON

Ces grands et menus faits étaient consignés par Garcia de Resende, dont on voit encore la fenêtre, ou bien inspiraient les farces et les poèmes de Gil Vicente, enterré là, mais dont on n'a pas retrouvé les cendres.

Lorsque João III installa ses chers jésuites dans une université fondée à leur intention, on vit Clénard de Louvain y discuter, doctement, avec des maîtres de Salamanque et de Paris.

Eclipsée par Vila Viçosa, où les Bragances avaient leur palais ducal, Evora était — si proche de l'Espagne — témérairement frondeuse. En chaire, ses moines promettaient au duc la couronne, et un mendiant quelque peu simple d'esprit, le Manuelinho, y provoqua en 1637 (donc, trois ans trop tôt) une rébellion ouverte contre les Castillans, dont les biens et les maisons flambèrent cinq jours durant.

Désormais, Evora ne va plus être qu'une place forte qui veille aux frontières du royaume, et qui boude. Ceux qui, cependant, ne se laissaient pas rebuter par la route sans ombre, la torpeur des ruelles à gros pavés, la morne grisaille où se confondaient, dans le délabrement, les palais manuélins et les églises baroques, furent si ardents à chanter Evora sous sa bure qu'on se décida, enfin, à lui donner une robe de lumière.

Restaurés, rendus à leur noblesse première, débarrassés de ce qui était outrage à leur dignité (le temple de Diane a servi de boucherie, les commis voyageurs logeaient au palais de l'Inquisition), les innombrables monuments d'Evora se sont remis à voisiner en une singulière harmonie, qui place un couvent Renaissance entre une cathédrale romane et la colonnade d'un temple païen. Dans un éclairage diaphane, les statues et les bas-reliefs romains se sont installés au musée, la Vierge d'ivoire trône au trésor de la cathédrale, parmi les émaux de Limoges et les orfèvreries précieuses, et les jeunes écoliers, dans les salles de l'ancienne université, appuient leurs pupitres contre des panneaux d'*azulejos* qui leur racontent l'Ancien et le Nouveau Testament.

Pour qu'on puisse, à loisir, goûter le charme d'Evora, on a aménagé une *pousada* (de luxe) dans le couvent des Lóios. Inauguré le jour de Noël 1487 par un riche seigneur qui avait combattu à Arzila et Tanger, le couvent avait été consacré à saint Eloi, et fut un des très nombreux hospices et lazarets de la ville, où les pestes étaient fréquentes. Ample dans ses proportions, noble dans ses matériaux, l'édifice a de vastes corridors, des escaliers de marbre, une salle capitulaire à porte géminée, des arcades gothiques, des cellules silencieuses. Meubles anciens, tapisseries, objets choisis enrichissent la demeure sans rien altérer de sa sereine simplicité.

La cathédrale est à deux pas, avec son portail des Apôtres, son clocher saintongeais à écailles vertes, qui, au détour d'une ruelle, surgit curieusement parmi la floraison intense des *jacarandás* bleus. Des fenêtres, on domine l'épaisse muraille de défense et, à l'horizon, la plaine si verte au printemps et, passé le temps des moissons, fauve comme un pelage.

L'ALENTEJO N'A PLUS SOIF

Au XVIe siècle, le roi João III, qui aimait Evora, mais, selon sa nature, d'un amour réfléchi et bien intentionné, la dota, en plus de l'université, de ce qui lui manquait surtout : un aqueduc. Car Evora a souvent souffert de la soif.

Aussi, lorsqu'on y construisit une piscine olympique cela parut, en un pays où chaque goutte comptait, un luxe insensé.

Mais des barrages permettent une irrigation de plus en plus étendue de l'Alentejo. La vie, à Evora, fleurit comme en une oasis. Elle ne s'enferme plus dans le silence odorant des patios,

Blancheur des rues fraîches d'Evora.

entre la fontaine qui s'égoutte et les fleurs en pot, ne s'éveillant que pour les fêtes qui faisaient accourir, des *montes* de la plaine, les limousines des grands fermiers et les carrioles bâchées de leurs gens.

Sur le vaste champ de foire, on continue à tondre les moutons, à marchander les porcs noirs si savoureux, pour s'être librement nourris de genévriers et, dit-on, de vipères. Mais on y trouve aussi, maintenant, le beau cheptel des nouveaux pâturages et les chevaux des haras des rives du Guadiana. Les oranges embaument. Sous le soleil dru, on s'étonne des vestes de peau de mouton : « Ce qui protège du froid protège aussi du chaud », dit le bon peuple. Les chapeaux plats, les boléros courts, la minceur vigoureuse des hommes rappellent que l'Espagne est tout près. Mais le particularisme ombrageux de l'Alentejano demeure intact, en dépit du progrès qu'il accueille avec largesse et superbe. Il y a du Texan dans cet homme de la plaine chaude et fertile. A l'échelle du Portugal, c'est le pays où l'on voit grand !

Evora

Marchand de poteries.
Le temple romain ou temple de Diane.

Largo (place) das Portas de Moura. Au fond, la cathédrale.

Tomar

Le couvent du Christ.

Lorsque Philippe le Bel décide de vider la mauvaise querelle qu'il a cherchée aux Templiers, il veut y associer les royaumes voisins. Faire condamner en bloc ses ennemis, c'est apporter des fagots aux bûchers qu'il allume pour les faire périr.

S'adressant au roi de Portugal, il rappelle — car il est rusé — les origines françaises de celui-ci : « Vous qui êtes de notre lignage... » Il en faut plus pour persuader Dinis que les chevaliers du Temple et de l'Hôpital sont coupables d'hérésie, sacrilèges, mœurs infâmes, usure et autres péchés. Le pape a beau intervenir, le Portugais ne peut oublier que pendant deux cents ans ce sont les moines-soldats qui ont mené la lutte incessante contre les Maures et ont, finalement, réduit à l'impuissance ceux qu'ils n'ont pas, tout bonnement, rejetés en Afrique.

Isolés dans leurs couvents d'Alentejo, les ordres religieux et militaires n'ont pas eu loisir de beaucoup s'enrichir et moins encore de se dépraver.

Toutefois, prudent, le roi Dinis a garde de tenir tête au Saint-Père et au puissant roi de France. Il confisque donc, docilement, les biens des Templiers, mais c'est pour les offrir aussitôt à un ordre nouvellement fondé, celui du Christ. On y retrouve les chevaliers du Temple, qui ont simplement changé d'emblème et adopté la croix évidée, rouge sur bure blanche.

Cette croix va un jour marquer la présence portugaise sur toutes les mers et en toutes les régions de la Terre.

LA CROIX DU CHRIST

Des rentes et pensions, des donations, quelques prises, aussi, de butin ont assuré aux ordres religieux une large indépendance. Ils ont leurs maisons fortifiées (Almourol, Castro Marim, Tomar), leurs domaines qu'ils gèrent avec sagesse. Leur prieur ou leur maître porte un grand nom, garantie de prestige, d'autorité et souvent de riche héritage. Cet honneur est fort recherché, car être à la tête d'un de ces ordres assure un rang et des revenus. Aussi voit-on João, bâtard de Pedro Ier, maître de l'ordre d'Avis. Devenu roi, il fait de son troisième fils, Henrique, le grand maître de l'ordre du Christ.

Parce que ses travaux furent longs et coûteux, tant en argent qu'en vies humaines, l'infant navigateur fut âprement contesté. Sagres fut sa résidence et son lieu d'études. Mais il ne put mener à bien ses travaux que grâce au puissant appui financier qu'il trouvait au siège de l'ordre, à Tomar.

Il est donc naturel que les voiles de ses caravelles, puis les *padrões* (ou « pierres de souveraineté ») que ses écuyers plantèrent dans les îles ou sur les littoraux auxquels ils abordèrent aient été marqués de l'emblème de cet ordre : la croix du Christ.

LES VISAGES DE LA FOI

Le roi Manuel, que comblèrent les fruits de ces travaux et de ces aventures, savait ce qu'il devait à Tomar et tint à l'honorer dignement.

Il eut grand soin de ne pas toucher à la très précieuse *charola*, ou rotonde byzantine, que les Templiers avaient édifiée au retour des croisades. Il en fit le joyau d'une nouvelle église.

Plus tard, son fils João III ajoute un cloître, dont la sobriété contraste avec le génie exubérant de Diogo de Arruda qui, dans sa fameuse « Fenêtre de la salle capitulaire », propose un buisson de symboles, résumant et exaltant à la fois la grande aventure maritime du XVIe siècle.

Philippe II, enfin, impose à Tomar sa sécheresse, noble et sans bavure.

Ainsi Tomar, dans l'harmonieuse sérénité qui lui vient de son ciel et de son site, passe de main en main, de maîtrise en maîtrise, s'enrichit en se contredisant, joint et confronte des styles qui ne sont pas seulement d'architecture,

mais de pensée et de tempérament. Le visage de la même foi chrétienne se nuance selon celui qui s'y reflète. Tomar exprime l'éblouissement un peu profane des chevaliers du Saint-Sépulcre devant les bizarres splendeurs de l'Orient ; puis l'enivrement orgueilleux de ceux qui, à juste titre, peuvent se croire maîtres du monde ; enfin la prudence inquiète et l'humilité hautaine d'hommes qui (João III et surtout Philippe II) ont pris conscience de l'étroitesse de leurs limites et cherchent la grandeur dans le dépouillement.

LES MARANES

En cela déjà Tomar serait remarquable. Mais on y trouve le témoignage d'une autre forme de tolérance, vertu portugaise s'il en est.

Visitant Tomar, après la splendeur si diverse du Couvent du Christ, la finesse élégante de São João Baptista ou la perfection épurée de N. S. da Conceição, il ne faut pas manquer d'aller chercher, dans une rue écartée, une petite

La célèbre fenêtre manuéline de la salle du Chapitre.

maison manuéline. Une voûte basse écrase une salle carrée. Des amphores fixées aux colonnes trapues pour capter et diffuser l'écho des psaumes. Le long des murs, des stèles hébraïques. C'est l'ancienne synagogue du XVIe siècle. Certes, celle d'Amsterdam, dite « Synagogue portugaise », rappelle cruellement que le roi Manuel, pour épouser la fille des Rois Catholiques, dut chasser de son royaume les juifs qui l'avaient si bien servi, lui et ceux qui l'avaient précédé. On trouve des juifs puissants, riches et considérés au côté du roi Dinis, de l'infant Henrique et de João II. Prise à contrecœur, longtemps différée par des atermoiements, la mesure d'expulsion n'en demeure pas moins déplorable. Le Portugal vit s'exiler des hommes de valeur, perdus à jamais avec leur talent ou leur fortune.

Mais tous les juifs ne partirent point. Ils se convertirent ou firent semblant. Ils comptaient sur le temps qui use et détend toute chose, et sur la mansuétude des Portugais, qui s'accommodent assez bien d'apparences et qui,

Fatima : la procession de la Vierge.

Rien ne trouble la prière de cette femme qui avance à genoux.

surtout, aiment croire ce qui les rassure. C'est pourquoi on les a vus adapter si aisément les anciens rites païens aux traditions chrétiennes et, tout en portant la parole d'Evangile jusqu'aux confins du monde, en ramener des superstitions et des croyances. Si, par exemple, tant de toits portugais ont un petit air de toit de pagode, c'est à cause de l'onglet de fer retroussé à la chinoise, et qui protège du mauvais œil.

Les abbayes du Mondego ont réussi à poursuivre, pendant quatre siècles de domination musulmane, leurs études et leurs ouvrages de théologie.

FATIMA

De même, en certaines régions portugaises (entre autres à Amarante, à Covilhã, à Faro, à Porto, à Tomar), les juifs contraints au XVIᵉ siècle de se convertir au christianisme ont secrètement conservé et pratiqué leur religion. Mais la clandestinité, la tradition purement orale, le temps ont peu à peu mêlé l'hébraïsme de cœur aux pratiques et croyances chrétiennes, et de nos jours les « maranes » pratiquent un culte hybride et qui n'est qu'à eux.

Symbiose aussi disparate et cependant harmonieuse pour l'esprit, que le sont, pour l'œil, les curieux entrelacs des cloîtres manuélins.

La Vierge apparue aux bergers, au printemps de 1917, porte le nom de la sœur de Mahomet. Là aussi, les cultes se donnent la main; ce qui importe, c'est de croire et d'espérer.

Le message reçu par trois petits bergers est un message de paix. En échange des prières, il y a une promesse. Faite aux jours les plus sombres du Portugal, elle dépasse les frontières de celui-ci, éclaire les désordres et les angoisses de la Seconde Guerre mondiale et de ses séquelles, soutient la confiance fervente d'une multitude de fidèles.

Fatima : groupe de pèlerins.

Ils sont plus d'un million, venus de tous les points du monde, en avion « jet » ou à pied et sans chaussures, réunis sur l'immense esplanade, en août 1966, lorsque le pape Paul VI vient célébrer la messe devant la chapelle des Apparitions.

Notre Dame avait choisi, pour parler au monde, ce qu'on pouvait trouver de plus candide : des enfants illettrés, dans une région pauvre et désolée. Son culte a fait surgir une basilique : c'était son vœu. Longtemps, la lande, alentour, a conservé sa nudité biblique. Les pèlerins gîtaient dans les dortoirs des couvents.

Nombreux, organisés, ils exigent maintenant des installations, des transports,

encouragent le commerce du cierge et de la médaille. Les cérémonies sont retransmises par télévision. C'est le lot de tous les saints lieux.

Fatima, du moins, garde son horizon nu, son vaste ciel où le soleil s'obscurcit ou tournoie, la coupe de son esplanade qui, de mai à octobre, le 13 de chaque mois, s'emplit jusqu'au bord de fidèles au cœur débordant d'espérance ou de gratitude. La nuit, les cires des processions allument le feu follet, tremblant et obstiné, de leur petite flamme de ferveur et, dans l'envol des cantiques, à l'heure de la bénédiction, mille mouchoirs blancs qu'on agite semblent vraiment un essor de colombes.

Sagres

Le promontoire.

Le cap laboure la mer comme un soc.
C'est là que s'est ouvert le sillon qui allait rayonner bien au-delà de l'immense horizon. Éblouis, les marins qui le tracèrent allaient voir éclore des îles, qu'ils dessinaient sur leurs cartes étoilées de roses des vents, parmi les dauphins et les sirènes.

LE PROMONTOIRE SACRÉ

A cause de ce rocher qui défie l'Océan et se tend vers l'inconnu comme une antenne, à cause des vagues qui s'y brisent, des vents qui s'y affrontent, de l'extrême dépouillement du sol râpé par les rafales et diamanté d'un sel qui cristallise la végétation rase, à cause, surtout, de la somptuosité bouleversante des couchants, toujours ce promontoire « grandiosement barbare » a eu quelque chose de sacré.
Les Anciens pensaient que les dieux venaient s'y délasser le soir, en regardant le soleil s'engloutir dans la mer. Sous Dioclétien, des chrétiens osent aller jusqu'à Valence pour enlever les ossements de saint Vincent, torturé, et dont on a profané la dépouille jusqu'à ce que des corbeaux l'aient protégée avec une vigilance sans défaut. Ils vinrent ensevelir le martyr dans l'îlot qui s'élève au cœur même des remous, à l'extrême occident d'Europe.
Bien que l'Arabe ait régné, là, plus de cinq cents ans, rien ne troubla le sommeil de saint Vincent, toujours gardé par ses corbeaux, par les tempêtes et par la solitude.

LE PRINCE DE LA MER

C'est cet isolement, ce silence au milieu du tumulte des éléments, que l'infant Henrique vint chercher à Sagres, en 1415, au retour de la triomphale expédition de Ceuta. Il avait vingt ans, il était riche et puissant; déjà il avait fait ses preuves et mérité l'épée de chevalier, que sa mère lui avait remise avant de mourir.
Il voulait plus, pressentait autre chose. Quarante ans durant, dans cet exil volontaire, il vécut une vie studieuse et austère, créant la première grande école de navigation, où accoururent les esprits les plus audacieux de son temps : mathématiciens, astrologues, pilotes, tous animés de la même fièvre et rompus aux plus sévères disciplines, car il s'agissait d'affronter des périls inconnus, de franchir des limites incertaines, de triompher de superstitions profondes.
Du tremplin de Sagres, si comparable, au XVe siècle, au cap Kennedy de notre temps, s'élancèrent les caravelles, dont beaucoup sombrèrent, mais dont certaines abordèrent à des archipels, à des rives, finalement aux Indes tant cherchées.
S'il se fondait sur l'expérience pour vérifier ses calculs, Henrique le Navigateur demeurait le moteur et non l'instrument de ces découvertes. Il n'a pratiquement jamais navigué, sauf pour aller se battre au Maroc. Par *navigateur*, il faut entendre calculateur, pilote, celui qui régit la navigation.

DÉCOUVERTE DE L'ALGARVE

A l'extrême pointe de Saint-Vincent, sur une falaise de plus de soixante mètres, s'élève un phare, le plus puissant d'Europe, guide et espoir des marins qui ont franchi l'Atlantique Sud.
Longtemps, alentour, le paysage resta vide, le promontoire désert et nu.
En 1960, pour honorer la grande mémoire de l'infant, mort cinq cents ans plus tôt, il faut faire revivre Sagres. Il ne reste que peu de traces de la présence du Navigateur et de ses compagnons : une forteresse défoncée par les marées vives, une très humble chapelle, des indices qui se contredisent.
Il faut la piété et l'admiration pour évoquer son souvenir et retrouver sa présence hautaine, dans le dépouillement même du cadre où il a œuvré.
Mais, par un de ces caprices où s'amuse la fortune, les commémorations du plus frugal des princes ont provoqué le brusque essor de la plus brillante des conquêtes : l'Algarve a été découvert, avec ses trésors de lumière, de plages, de grottes, de vergers, de parfums, et le tourisme a colonisé ce territoire, avec le zèle des écuyers de l'infant pour dénombrer les richesses des Iles enchantées.
Dans les criques abritées, d'une chaude intimité, sur les longues grèves nacrées de mille coquillages, parmi les jardins ourlés de haies d'aloès et fleurant la figue et la girofiée, au milieu de la mousseuse floraison des amandiers, des hôtels ont surgi; de toutes sortes, de l'auberge folklorique au gratte-ciel pour civilisation des loisirs, en un col-

Le port de pêche.

*Chapelle
N. S. da Graça,
dans la forteresse.*

lier ininterrompu, de Sagres à la frontière andalouse.

Tout au long des côtes de Barlavento et Sotavento, on joue au golf, en plein hiver, sur des *greens* lisses comme velours; des bars cosmopolites animent les ruelles blanches des villages qui remontent au temps des Maures et dont les paysans, encore, fuient le soleil sous des fichus, des feutres et des parapluies; les skis nautiques griffent la mer de saphir.

Mais Sagres demeure inviolé, farouche et, en cela, fascinant. La pêche y est bonne, on y chasse la bécassine, le lapin de garrigue, le renard. Ses fidèles aiment ses falaises, au long desquelles on marche dans le vent du large; la délicatesse émouvante de sa flore (pétales de soie rose des *armerias* ou escargots pétrifiés accrochés à la salicorne et luisant comme des perles dans l'amère rosée des embruns); les cavernes profondes où se bousculent, à sourd fracas, les vagues et, surtout, ce vertige de lointain que donne l'immensité grandiose de l'horizon.

La grande plaine d'Alentejo. Vue du donjon.

Beja

En 1669, Versailles, où l'on s'occupe des amours du roi et de la plus éclatante de ses favorites bien plus que d'ennuyeuses expéditions en Espagne ou en Flandre, Versailles s'émeut soudain d'une passionnante affaire de cœur. Rien du libertinage de cour, bien qu'un petit goût de soufre donne plus de saveur à la chose, car il s'agit des amours d'une nonne, et elles brûlent d'une ardeur qui n'a rien de mystique.

SOROR MARIANA

Une religieuse du couvent de Beja, en Alentejo. De petite noblesse, avec des frères qu'il faut équiper pour combattre dans les armées du roi (une interminable guerre avec l'Espagne a suivi la Restauration de 1640), Mariana Alcoforado est entrée en religion dès l'âge de onze ans, docilement, mais sans vocation réelle.

En fait, la vie monastique d'alors n'a rien de très austère. Les couventines sont coquettes. Pas de cellules, mais des appartements-boudoirs, et elles assistent, de leur balcon, aux parades militaires.

C'est là que Mariana remarque un bel officier français, car la France s'occupe beaucoup des affaires portugaises. Richelieu a joué un rôle important, bien que clandestin, dans le rétablissement des Bragances, et depuis les troupes portugaises ont été secondées et encadrées par des Français.

Bientôt, l'amour de Mariana pour son chevalier (Noël de Chamilly) ne se borne pas à des œillades et des soupirs. Il la rejoint chaque nuit et, comme elle-même le rappelle dans ses *Lettres*, « enflammée par ses transports, elle se donne toute à lui ».

Mais, un beau jour, un ordre rappelle l'officier en France. Déjà alléché par de nouvelles aventures amoureuses ou guerrières (il finira maréchal de France), il part, et l'infortunée Mariana demeure derrière les grilles de son couvent, attendant des lettres qui sont décevantes et de plus en plus rares. Elle épanche, dans les siennes, ses dévorants regrets, sa passion brûlante et ses reproches. Elle a la naïveté, la désarmante impudeur, la maladresse aussi des vraies amoureuses, et, puisant dans sa douleur une exaltation presque voluptueuse, elle atteint à une intensité bouleversante.

Et Versailles, en effet, en est bouleversé, car ces lettres si intimes ont été lues à haute voix aux soirées de la Cour. Chamilly les aurait — vantardise de jeune coq — montrées à un ami. Puis il serait parti se battre contre les Turcs, à Candie. En son absence, l'ami aurait transcrit ou traduit les lettres et les aurait publiées.

Cela ne peut exagérément surprendre. L'époque ne péchait pas par excès de délicatesse, le Portugal était loin et Chamilly n'avait jamais révélé le nom de son amante, dont on ne connaissait, par les *Lettres*, que le prénom : « Votre pauvre Marianne... ».

La première édition présente le texte comme une « traduction » de Guilleragues, mais il est écrivain bien médiocre pour avoir trouvé de tels accents et dans une langue si belle. Toutefois, il était lié à Chamilly et connaissait un peu le portugais. Les beaux esprits voient dans l'affaire un divertissement esthétique : Subligny, fin lettré, fort lié à Racine et La Fontaine, se serait amusé à un pastiche.

Mais, en dehors d'un petit cercle d'érudits, le détail importe moins que le romanesque de la situation et la passion authentique dont témoignent les *Lettres de la religieuse portugaise*.

QUE FAUT-IL CROIRE ?

Le temps n'en a pas altéré la beauté. Le même tison brûle sous la cendre, encore que les modes aient changé et qu'on ait mis fortement en doute jusqu'à l'existence de soror Mariana. La controverse la plus vive continue à opposer les divers partis, mais la *Religieuse portugaise* a fait entrer le Portugal dans la littérature française, qu'elle

a enrichi d'un pur chef-d'œuvre. Pour le reste, « elle appartient à la douleur », qui n'a pas de patrie.

Que retrouve-t-on, à Beja, de ces étranges amours ?

Le très remarquable donjon rappelle que la ville était place forte, sentinelle du bas Alentejo. Le couvent de la Conception, où vécut et mourut Mariana, a été profondément modifié et en partie détruit. C'est au prix d'un zèle très fervent qu'on a réussi à y maintenir quelques traces de la célèbre et touchante religieuse ; entre autres, la « fenêtre de Mértola », par où elle guettait son amant. Sur place, il est possible, si l'on se fie aux recherches serrées d'un érudit autorisé — d'ailleurs conservateur du couvent —, de constater que Chamilly pouvait fort bien rejoindre nuitamment la jeune nonne sans éveiller l'attention de ses supérieures. Quant à la personnalité même de Mariana, elle est vérifiable à travers registres et documents, car sa famille était ancienne et bien connue. On sait que la pauvre nonne s'éteignit, octogénaire, après une longue vie de repentir et de pénitence, sans jamais se douter que ses lamentations avaient eu un tel écho. Sa tombe est anonyme, comme le veut la règle franciscaine. On ignore tout de son apparence, sinon que Chamilly « lui trouvait du charme et de la beauté ». Aucun portrait n'a été

retrouvé, s'il exista jamais ; le visage d'une des plus grandes amoureuses a été laissé à l'imagination des artistes les plus divers. Matisse et Max Ernst en sont les plus récents. Les innombrables éditions des *Lettres* ont été illustrées, surtout au XIXe siècle, de très romantiques Marianas, parfois en crinoline, se désolant sur la couche désertée d'une cellule fort peu monacale. Chamilly ayant quitté le Portugal par voie d'eau, on aperçoit même souvent par la fenêtre un bateau toutes voiles au vent, encore que Beja soit au cœur d'une plaine.

On prête généralement à Mariana les ardents yeux noirs, le teint doré, l'abondante chevelure de jais des belles filles d'Alentejo où courent souvent des gouttes de sang arabe. En vérité, sa famille était originaire de Trás-os-Montes, au nord du Portugal.

Ce qui témoigne surtout de la vérité de son aventure et de ses *Lettres*, c'est le ton même de celles-ci, cette délectation dans le chagrin, ce pouvoir d'embellir la réalité et de nier l'évidence, le don de croire au-delà de toute raison. Il y a du « sébastianisme » dans la longue attente de soror Mariana, torturée et nourrie de « trompeuses espérances ».

BEJA SE RÉVEILLE

On peut avoir d'autres raisons de pousser la porte du couvent de la Conception, devenu musée. Car on y trouve de précieux *azulejos* et, surtout, de nombreux vestiges de l'ancienne grandeur de Beja, qui fut importante dans la Lusitanie romaine sous le nom de *Pax Julia*, siège d'un évêché wisigoth et opulente sous l'occupation musulmane.

L'emblème taurin des Romains, qui revient en leitmotiv sur les stèles et les colonnes, souligne d'autre part la très ancienne vocation agricole de la plaine, consacrée au blé et à l'élevage.

La grande culture céréalière, pratiquée pendant de longues années, un certain abandon dû à l'absentéisme des gros propriétaires du sud du Tage, vidant la vaste plaine du bas Alentejo, ont appauvri Beja.

De nouvelles méthodes de culture, fondées sur l'irrigation, lui redonnent de la vitalité. La création d'une base aérienne germano-portugaise (dans le cadre de l'O. T. A. N.) lui apporte une animation qui la sort, peu à peu, de son engourdissement provincial. Et le fier donjon de Beja, qu'on découvre de très loin, marque, aujourd'hui, un lieu qui ne vit plus seulement de sa légende.

L'église Santa Maria da Feira, où fut baptisée Mariana Alcoforado.

Le bourg et l'ancien palais royal.

Sintra

Pervenches drapant les talus d'où ruissellent des filets d'eau qui chantent; calèches qui semblent toujours mener des jeunes mariés, le cocher caressant de la mèche d'un fouet enrubanné les flancs bien lustrés de ses chevaux; demeures de conte de fées entr'aperçues à travers la toison crépue de jardins pleins d'odeurs. La réalité d'un rêve! Ce n'est pas là, seulement, un slogan touristique. C'est vraiment l'impression qu'on éprouve à Sintra; mais impression qui peut être singulièrement nuancée.

Car Sintra n'est pas seulement un décor, pour prestigieux ou ravissant qu'il puisse être. C'est aussi un état d'âme. C'est une ambiance presque palpable, tant elle est enveloppante. Plus, pénétrante. Pour certains, une harmonie s'établit, dans une irréalité mélancolique et songeuse, tandis que, pour d'autres, le rêve prend, peu à peu, une intensité oppressante.

UN DÉLIRE VÉGÉTAL

Sintra, c'est la solitude, l'horizon dilaté dans l'immensité de la plaine et celle de la mer, qu'on voit scintiller à l'infini et qui se brise à gros rouleaux sur le plus occidental des caps d'Europe, le cabo da Rocha, où la montagne s'effondre dans l'écume. C'est le silence, c'est la paix.

Mais Sintra, c'est aussi la moiteur des frondaisons épaisses, aux feuillages opaques, aux fleurs charnues, trop parfumées, les troncs noueux, torturés ou boursouflés des arbres étranges, autour desquels s'enroule le serpent des lianes, tandis que, parmi les fougères géantes, des corolles, affilées comme des becs, avides comme des bouches, ou velues, ou poisseuses, se collent à vous au passage et retiennent les pas, comme les charmes des palais ensorcelés.

Paul Morand, parmi d'autres, a exprimé cette angoisse onirique que les profondeurs de Sintra exsudent, un délire végétal, un jaillissement de sève bouillonnante.

La serra de Sintra est volcanique, mais, plus qu'un cratère, c'est le soulèvement d'échine d'une terre agitée par un soudain frisson et qui s'est pétrifié, une vague de roc contrariant les vagues de la mer, une ligne de crête qui retient les brumes du large, les carde, les effiloche, les fait ruisseler sur les pelouses et les massifs. La terre a fait surgir de ses entrailles des couches qui se bousculent, se mêlent, sur lesquelles s'entrecroise, pêle-mêle sous un ciel humide et doux, toute la flore du vieux monde : le camélia princier aussi simplement que le crocus des prés ou la pâquerette rose des murailles.

A Sintra, tout est profusion; c'est pourquoi rien n'est plus difficile que d'en saisir tous les charmes à la fois. Il faut s'y jeter à corps perdu, s'y abîmer, en dégager les harmonies perdues dans le tumulte d'une symphonie trop riche.

LE CHÂTEAU DES MAURES

Sintra a trois châteaux. Il faut leur rendre visite à loisir, car chacun a ses sortilèges et ses secrets.

Le plus ancien est celui des Maures, vieux de plus de mille ans, intégré à la colline abrupte qu'escaladent ses remparts roussis de lichens, ses escaliers dévorés par les ronces, ses donjons écornés agrippés en plein roc.

Sintra était une des places fortes des Arabes. De là, ils dominaient l'estuaire

Largo D. Amelia.

Chapelle du château de la Pena : retable d'albâtre de Nicolas Chantereine.

du Tage, et s'étaient bien prémunis de créneaux, de chemins de ronde, de tours de défense et de citernes, où mugissent aujourd'hui les orages, à moins que ce ne soit, vraiment, la plainte d'une belle Mauresque à jamais captive.

Mais les *valis* aimaient le luxe, les *azulejos* à reflets dorés, leur fraîcheur de satin dans les patios ombreux. Le souvenir de ces jours d'indolence voluptueuse reste accroché à Sintra comme une odeur. Le dessin en feuilles d'acanthe des remparts, l'émail des murs tapissés de faïences, l'odorant silence des jardins clos le rendent durable et sensible comme une présence.

LE PAÇO DA VILA

Car, à Sintra, les pierres, les jardins, l'air qu'on respire sont imprégnés de passé. Le second château, celui qui est dit « paço da Vila », raconte, à quiconque sait regarder, écouter et ressentir, toute l'histoire du Portugal, cette histoire rayonnante et tumultueuse, enluminée d'or et de sang. Tous les rois portugais ont résidé là; tous y ont ajouté un ornement ou un souvenir; le temps a posé sa patine sur un ensemble touffu et harmonieux en sa disparité, et l'on ne peut en franchir le seuil sans comprendre, aussitôt, que le vieux palais est peuplé d'échos et de multiples fantômes.

Voici les salles sonores, faites pour les assemblées et les réjouissances, où le bon roi João Iᵉʳ décida l'expédition de Ceuta et se résigna à voir sa fille unique, Isabel, partir pour régner sur Bourgogne et Flandres. Sur les plafonds peints, un cygne multiplié porte au col la rose des Lancastres. Ou bien, dans la salle voisine, des pies voltigent gauchement, empêtrées d'une banderole qui affirme *por bem* (en tout bien, tout honneur). On peut s'étonner que ce roi, vertueux et accablé de soucis, ait pu s'oublier jusqu'à donner ici un baiser à une suivante de la reine Filipa. Cela fit jaser, et pour se venger des cancanières, João Iᵉʳ illustra le plafond d'autant de pies bavardes qu'il y avait de dames à la cour, en leur faisant répéter, jusqu'à en convaincre la postérité, que le baiser avait été donné en toute innocence, *por bem*.

Manuel le Fortuné, qui tant aima la pompe et l'éclat, a inscrit au plafond d'une des plus vastes salles les blasons des trente-deux plus nobles familles du royaume. Pour les petits et grands appartements, il a mis à l'œuvre des artistes maures, afin de retrouver le secret des revêtements de faïence, ajoutant seulement aux arabesques

abstraites la sphère armillaire, emblème de sa toute-puissance.

C'est dans le patio de la Négresse, vert d'humidité et d'une touffeur de serre, que le jeune roi Sebastião, brûlé de fièvre secrète, a écouté Camões lui lire ses *Lusiades* et l'exhorter à la cinquième croisade, qui devait s'achever tragiquement dans les sables ardents d'Alcácer Quibir.

Ce palais, comme toutes les demeures où l'on a longtemps et beaucoup vécu, a connu les sanglots, les agonies, l'horreur. Pendant huit ans, trahi par deux êtres qu'il aimait, son frère et son épouse, dépouillé de la couronne, le triste Afonso VI a vécu captif, tournant sans fin dans son étroite chambre, jusqu'à laisser sur les dalles les traces de ses pas.

Riche de l'or du Brésil, hanté par les grandeurs de l'Escurial et de Versailles, João V a négligé Sintra et a voulu faire de Mafra le témoignage glorieux de son règne.

LE « GLORIEUX ÉDEN »

Mais Sintra a trop de charme pour que la Cour n'y revienne pas vite. C'est le XVIIIᵉ siècle galant, féru d'une nature

Enceinte du château des Maures.

Exercice de style : le château de la Pena.

*Château de la Pena :
la porte du Géant.*

aimable. On danse dans les jardins, on goûte sur l'herbe. Le richissime ambassadeur des Pays-Bas, qui a fait construire à son usage le ravissant palais de Seteais (et y ajoute une aile et un arc de triomphe parce que le roi João VI y est venu souper), sert dans de la vaisselle plate le beurre de ses fermes, tartiné sur du bon pain bis. Beckford, enfant gâté de l'Angleterre, qui voyage avec ses tapis précieux, ses musiciens, ses favoris, s'installe au

Ramalhão. Byron rêve sous les lauriers géants, devant les rocs moussus, se venge de l'insolence d'un cocher dans les vers haineux de *Childe Harold*, dont, curieusement, les Portugais ne retiendront que deux mots, dont il décrit Sintra : *Glorious Eden!*

LE PALÁCIO DA PENA

La Cour s'ennuie, dans la morne austérité des derniers Bragances. Un prince consort, cousin de Louis de Bavière, imite celui-ci en bâtissant, sur un des sommets de la serra, un énorme édifice où il marie et confond tous les styles : créneaux moyenâgeux et coupoles byzantines, manuélin délirant qui préfigure Gaudí et le facteur Cheval.
On y entasse des mobiliers saugrenus, papier mâché et porcelaine de Saxe, à moins qu'on n'utilise les andouillers des cerfs et des chevreuils abattus dans les chasses royales.
Mais le grand salon jaune, où, naguère, les petites reines, avec résignation, brodaient au tambourin tandis que craquait le trône de leur époux, est peut-être le plus complet et fidèle ensemble fin de siècle.
Malgré ses boursouflures et son clinquant, le palácio da Pena, lorsqu'on le découvre de loin à travers les frondaisons, émergeant des vapeurs qui, toujours, passent et repassent sur les crêtes, ou lorsqu'il s'allume, la nuit, tel un grand vaisseau de cristal, prend une présence, une beauté fascinantes. Le charme de Sintra a joué, avec ses perspectives truquées comme les trompel'œil ou les flores imaginaires des murs

peints de ses demeures, avec ses éclairages instables qui affolent les cellules photo-électriques, avec ses contradictions multipliées.

DERNIER BASTION DE SOLITUDE

Oasis de fraîcheur au plus chaud des étés, Sintra voit fleurir les espèces les plus exotiques. Mais l'odeur grisante des arbousiers, l'haleine de l'arbre à encens se mêlent à celles des menthes, des fraises et des gorets, car Sintra est demeuré rustique et besogneux, avec ses maraîchers âpres au gain et rétifs à toute mode, qui portent encore galoches, bonnet de laine noire et caraco de percale.
Un dimanche sur deux, à la foire de São Pedro, ils vont vendre leurs veaux, leurs petits fromages, leurs bottelées de navets ou de camélias, voisinant avec l'allée de la brocante, où les élégants viennent, dans l'espoir secret de découvrir un *azulejo* ancien, une gravure, un pistolet ou une montre à triple boîtier d'argent.
Une petite route sinueuse file vers Colares et ses vignobles, dominant les cheminées en quenouille du vieux paço da Vila, longeant les pelouses de Seteais et les massifs de Montserrate. Tous ses méandres, ses cascatelles, ses caprices sont jalousement conservés par les bordiers, qui tiennent au silence de leurs merveilleuses *quintas*, où l'eau est si limpide, les camélias si touffus. Les précieuses collections de médailles ou d'instruments anciens, les piscines ombragées de cédratiers, les statues ou les sarcophages, les salons, les terrasses, les boulingrins, les labyrinthes de buis multiplient des décors qui auraient ravi Cocteau et perpétuent — « encore un peu de temps, monsieur le bourreau ! » — la grâce raffinée d'un style de vie qui disparaît.
Car déjà les cités-dortoirs ont cerné Queluz, le palais rose sous les grands arbres sombres, les bassins endormis sous le bronze des mousses, les geôles où jadis miaulaient les guépards, sous les marches de marbre de l'escalier d'honneur.
Déjà la plaine calcinée qu'on voit sur les gravures romantiques, avec une fontaine ou une roue de noria, se couvre de quartiers économiques et le petit train de Sintra, électrifié, roule à plein le matin et le soir.
Mais il reste encore, dans les détours embaumés des jardins de Sintra, de la solitude pour ceux qui l'aiment et assez de parfums les plus rares pour embaumer un souvenir.

Château des Maures et château de la Pena (à droite).

Lisbonne

La tour de Belém.

Il est plaisant pour l'esprit d'admettre que Lisbonne fut fondée par Ulysse. Errant de rivage en rivage, pourquoi n'aurait-il pas, un jour, abordé dans la « rade sereine » que l'Atlantique, échancrant l'estuaire du Tage, arrondit au pied de douces collines?

SOUS LE SIGNE DU VOYAGE

Bien que — devenue métropole de plus d'un million d'habitants — Lisbonne sente l'essence et perde sa robuste et saine haleine de goudron, d'écailles, de café et d'orange, il flotte toujours dans l'air un parfum d'aventure, une petite fièvre d'arrivée, de départ.

La gare centrale est sur un quai, où se rangent les paquebots des lignes d'Afrique.

Haut perché sur son socle, le Christ-Roi bénit l'estuaire, qui va s'élargissant et où le regard se perd sur l'infini d'un horizon marin. La plus belle place, qui fut terrasse du palais et demeure royale en ses proportions, a pour toile de fond le Tage, ou plutôt la mer de Paille; car c'est encore le fleuve et c'est déjà la mer : une baie somptueuse aux changeants reflets, dansante et survolée de mouettes, travaillée par le flux et le reflux, salée d'écume et peuplée de tout ce qui peut flotter sur l'eau : cargos ou fringants bateaux de plaisance, long-courriers en uniforme blanc de neige, pétroliers géants en tenue de corvée, ferry-boats encore chargés de carrioles, de camions et de vélomoteurs qui ne veulent pas payer le péage du nouveau pont et, surtout, gabarres aux proues enluminées, aux voilures rousses, qui rentrent à l'aube de la pêche de nuit, pour déverser sur les pavés du Cais do Sodré des couffins de poissons frémissants.

Les *varinas,* fortes en gueule et la hanche ondulante, emplissent là leur panier plat et l'ajustent sur leur tête, puis s'élancent vers les clientes qui, par

Un recoin d'Alfama, le quartier pauvre et, ci-dessous, défilé militaire devant le monastère des Jerónimos.

la fenêtre entrouverte, épient leur grand cri modulé qui annonce la sardine, le colin ou l'épinoche.

Certes, en aval, les installations modernes de Pedrouços, avec leurs frigorifiques géants, épongent le plus gros de l'activité de Lisbonne, port de pêche. Mais, pour le plaisir de l'œil et par goût de la marée bien fraîche, la ville a gardé son marché au poisson. Ses relents, son tapage se mêlent à l'activité des docks, où l'on décharge les oléagineux, les bananes ou le minerai. A mesure qu'on s'éloigne, la rive se fait plus besogneuse. Lisbonne est port de radoub, de commerce. Un ou deux chantiers navals, où l'on ne construit plus guère que quelque chalutier sur un terrain vague, rappellent toutefois le temps où le roi Manuel, pour être plus proche de la mer, qui lui avait apporté gloire, puissance et richesse, était descendu de son vieux château de la colline de Saint-Georges jusqu'aux rives du Tage et avait installé, sous ses fenêtres, les bourdonnants chantiers de la Ribeira das Naus.

Il se rendait en grand cortège à Belém pour faire ses adieux à Vasco de Gama ou accueillir son retour, pour célébrer aux Jerónimos, gigantesque et précieux ex-voto, des offices d'action de grâce pour la découverte d'un nouveau rivage ou la soumission d'un roi d'Afrique ou d'Asie.

Aux sobres flancs de cette nef de pierre s'accrochent des cordages et des ancres, des coquillages, des algues.

C'est de départ aussi, et de retour, que témoigne la tour de Belém, reflétant dans le ciel ses balcons ajourés : elle était l'image que les marins emportaient et celle qu'ils guettaient à l'horizon.

UNE CAPITALE QUI RESTE UN GRAND VILLAGE

Les bateaux sentent la secousse de la barre, mais la route qui file, au ras de l'eau, vers Estoril et Cascais franchit, sans s'en rendre compte, la lisière du fleuve et de l'Océan. Soudain, la vague cogne plus fort; une gerbe d'écume douche, au passage, la voiture; les plages sont mieux poncées par la marée. Mais les mêmes fleurs débordent des jardins, qui fleurissent deux fois l'an, puisque c'est la Côte des Deux-Printemps. Les faubourgs deviennent banlieues, mais c'est, en fait, Lisbonne qui s'allonge au soleil, paresseuse, coquette, mondaine, qui baigne dans les marées vives de Guincho la chevelure de ses tamaris, de ses palmiers, de ses bougainvillées.

La ville, d'ailleurs, semble avoir été

L'église São Vicente de Fora, vue d'Alfama.

construite sur les dernières vagues de la mer. Elle ondule et se cambre comme une sirène; ses horizons oscillent selon la pente de la rue ou s'élargissent brusquement au hasard d'un belvédère haut perché. Les taxis calent, les trams grincent, les autobus ahanent; il faut parfois des funiculaires à crémaillère pour venir à bout des montées les plus raides.

C'est pourtant une ville à visiter à pied. Certes, c'est de loin qu'il faut d'abord la découvrir : du haut du pont sur le Tage, ou des remparts du vieux Castelo, ou d'un de ses nombreux *miradores*; ou bien du Alto da Serafina, au soir tombant ou la nuit, quand la ville est un lac d'étoiles et que le feston lumineux du pont souligne le velours sombre ou le brillant satin du fleuve.

On aimera la lumière limpide, le moutonnement des toits de tuiles, les profondes vallées des avenues mousseuses de frondaisons : *jacarandás,* arbres de Judée ou acacias, les vastes panoramas, la ponctuation harmonieuse des coupoles, des donjons et des tours.

La « casa dos Bicos ».

Arc de triomphe de la place du Commerce.

Mais c'est pas à pas qu'on en apprendra le langage, qu'on en saisira les confidences. Avec ses grands airs de capitale, Lisbonne est demeurée un village. A quelques pas des embouteillages aux feux rouges, on trouve le silence, sur des placettes à gros pavés, que picore une poule liée d'un fil à la patte.

Balcons ruisselant d'œillets sauvages et de géraniums-lierres, fontaines, minuscules boutiques fleurant le melon, la morue ou la percale, seuils où flânent les chats, tout cela, humble et sans malice, voisinant avec des demeures blasonnées. Alfama, avec ses dégringolades d'escaliers et de toits, ses patios chauds de vie, le grelottement des guitares, les ruelles si étroites que l'ombre dentelée des lanternes de ferronnerie les enjambe pour se projeter sur le mur d'en face, est l'un des visages les plus attachants des vieux quartiers populaires. Mais Lisbonne réserve bien d'autres surprises à ceux que ne rebutent pas les petits pavés glissants, les trottoirs étroits, les escaliers qui rebondissent et se dédoublent, les impasses, le dédale des rues qui parfois ne mènent à rien, parfois semblent plonger dans le vide. On peut se perdre — on se perd toujours quand on suit son caprice —, il y aura toujours un banc dans un jardin pour reprendre souffle, ou quelqu'un pour vous remettre sur la bonne voie. Rien ne flatte plus un épicier de Lapa, une brave commère de Madragoa, un tavernier de la Mouraria, que de pouvoir obliger un étranger qui s'est égaré pour leur rendre visite.

LISBONNE AUX MILLE COULEURS

Cette bonne grâce familière ne disparaît pas des quartiers du centre, où mille petits commerces d'autrefois

les éléments de la traditionnelle architecture portugaise : la tuile romaine des toits, les beaux balcons de fer forgé, les fenêtres encadrées de granite, les pilastres, et surtout les coloris.
Car Lisbonne est ville en Technicolor, bien que ses couleurs (celles de son blason, de sa bannière et des mosaïques de ses trottoirs) soient le noir et blanc.
Sur les façades, le rose domine, un rose infiniment nuancé, du grenat sourd

à tous les styles, trouve sa place dans la chapelle ou la cuisine ou le jardin, et jusque dans le métro, qui n'a que onze stations, mais est bien le plus joli métro du monde.

CARREFOUR DU MONDE

Lisbonne est un des seuils de l'Europe, et de Lisbonne rayonnent les grandes routes maritimes qui mènent aux Amériques, à l'Afrique. Longtemps, par les

Le Rossio, cœur de Lisbonne.

(même des savetiers sous l'escalier d'un coiffeur ou d'un avocat) perpétuent les habitudes empressées et courtoises de jadis.
Pourtant, Lisbonne est aussi une grande cité résolument moderne. Au cours des années 50, surtout, la vieille ville s'est enveloppée d'un cocon de quartiers neufs : avenues larges et bien tracées, vastes immeubles et même gratte-ciel à l'épreuve des séismes, mais conservant

au pastel fané, mais il s'y mêle des jaunes, des ocres, tous les verts, accordés aux reflets moirés du fleuve, qui, toujours, apparaît dans la fente d'une rue ou par-dessus les toits. A moins que des façades entières ne soient tapissées d'*azulejos* : mosaïques, allégories, guirlandes, pur XVIIIe, belle époque ou moderne audacieux. L'*azulejo*, art mineur peut-être, mais d'une richesse et d'une souplesse étonnantes, qui s'allie

archipels-escales des Açores et de Madère, c'est à Lisbonne que venaient aboutir les liaisons télégraphiques ou aériennes avec les autres continents.
La ville est un carrefour où se croisent des milliers d'étrangers qui tous se sentent chez eux. Car, parmi ses talents, le Portugais, le Lisbonnais surtout, a le don des langues et une xénophilie sincère. Presque naïve. On ne sait comment honorer l'étranger de

passage qui trouve dans les kiosques des journaux et magazines de tous pays, dans les boutiques des produits de toute origine.

Les grands hôtels se flattent de raffinements français, d'efficacité suisse, de confort américain, de bon style anglais. Snacks et drugstores s'amusent de détails irlandais ou chinois ou mexicains. Des Mercedes et des Hondas, des Fiat et des Volkswagen défilent dans les avenues. Les stades accueillent les équipes du monde entier. L'université, avec ses immenses pelouses, son campus fleuri, ses vastes amphis, est résolument moderne et, comme on se plaît à le répéter chaque fois que l'on veut dire que quelque chose est réussi, est « de classe internationale ».

Et cependant, que Lisbonne est donc portugaise, profondément, avec un orgueil naïf et secret! Elle garde ses habitudes, sèche le linge aux balcons des gratte-ciel, où elle a accroché des géraniums et des cages d'oiseaux, flâne dans la rue au plus dense du trafic, chipote au supermarché comme dans le panier de la *varina*, et préfère le *fado* à tous les airs en vogue. Le *fado* qu'on débite, parfois magnifique et souvent méconnaissable, dans les « boîtes » des quartiers pittoresques, que la radio moud à longueur de journée, que psalmodient les aveugles vendeurs de billets de loterie, que le docker siffle en déchargeant la soute, que la couturière fredonne en faisant ronfler sa machine.

Et jamais Lisbonne n'est plus, n'est mieux Lisbonne qu'au mois de juin, le mois joli, le mois joyeux, quand la ville, tel un grand bateau, hisse le grand pavois.

La municipalité décore à grands frais les places, les avenues, les rues achalandées de la Baixa. Mais les quartiers les plus humbles, les plus lointains faubourgs se chargent eux-mêmes de leurs fêtes, dédiées à saint Jean, à saint Antoine ou à saint Pierre. Le basilic, de partout, jaillit entre les pavés, piqué de l'œillet rouge du vif amour. Il est aussi le langage de l'amitié, du bon voisinage, de la simple courtoisie.

Lisbonne a toujours l'haleine fraîche, grâce au grand vent qui lui vient du large chaque soir et balaie tous les relents du quotidien. En juin, l'odeur vivifiante du basilic baigne la ville entière, tandis que s'allument les lampions et qu'éclatent les pétards. Alors Lisbonne cosmopolite oublie le reste du monde et redevient celle que chantent les *fados* : portugaise en robe couleur d'océan, qui épouse le Tage comme les doges épousaient la mer.

La Casa de la Fronteira à Benefica, près de Lisbonne.

La vie quotidienne

Femmes traversant le rio Mondego pour se rendre au marché de Coimbra.

C'est au Portugal qu'on a donné, à l'automne 68, les « bals du siècle » et que l'on trouve (comme dans *Candide*) le plus de têtes couronnées... ou qui le furent. Les beaux magazines à images en parlent souvent. Mais, en revanche, les reporters moins frivoles n'en retiennent que l'émigrant avec sa valise de fibre, ou bien le maigre salaire du journalier (maigre au cours du change officiel et non en valeur d'achat). Le Portugal, entre ces contradictions, vit quotidiennement, paisiblement attaché à des valeurs qui lui sont chères et à ses défauts autant qu'à ses vertus, sage d'une très ancienne sagesse qui le lie à ses habitudes, fou d'une déraison qui le tient prompt à l'aventure. C'est le pays qui a connu le plus de départs, le plus de retours, qui a inventé *Saudades*, le mot le plus beau, le plus déchirant et le plus doux pour dire le « regret ». C'est, qu'on y soit né ou qu'on n'y soit passé que par hasard, le pays où l'on revient.

PORTUGAL DU NORD, PORTUGAL DU SUD

Le Portugal semble bien trop petit (650 km à peine du nord au sud, de Valença à Vila Real de São Antonio, c'est-à-dire en diagonale) pour qu'on sente des différences de latitude. Et pourtant...

C'est surtout une question de climat, et de climat mental plus encore que physique.
Le Tage coupe le pays en deux. Autant la frontière septentrionale, avec le Minho que les contrebandiers passent à pied, apparaît dérisoire et conventionnelle, autant le Tage, butant comme un taureau furieux contre ses rives en

pénétrant au Portugal et, ensuite, y prenant grassement ses aises en se vautrant dans les molles terres du Ribatejo, tire un trait net et péremptoire.
Au nord, les deux tiers du pays, les plus riches, les plus peuplés, portugais depuis le premier élan d'indépendance.
Au sud, la région contestée pendant des siècles, prise, perdue, reprise sur

*Paysans à Lamego,
lors d'une « romaria ».*

les Maures qui, jamais, ne sont partis pour tout de bon.

Au nord, de grandes cités, entre lesquelles le jeune royaume hésite à choisir sa capitale, des terres défrichées et amoureusement besognées. Au sud, la lande, faite pour le choc des chevaliers lance au poing, la solitude ardente, les cités qui s'ensevelissent à l'ombre de leurs murs blancs comme sous un burnous, et les terres à l'abandon que le soleil mange, que les grands seigneurs dédaignent de faire travailler par leurs serfs.

Cela a duré des siècles.

Et puis, un jour — le 6 août 1966 —, un pont a été jeté, à Lisbonne, entre les deux rives du fleuve, maillon qui scellait définitivement l'union des deux Portugal ; et, alors, curieusement, le Sud devenait une précieuse breloque pendue au poignet d'un Portugal industrieux et quotidien. Le Sud, c'était le luxe.

UNE RACE TÊTUE

Le Portugal s'écartèle entre quatre points cardinaux. A ce qui est au nord, à ce qui est au sud, il faut ajouter, pour les confronter, aussi dissemblables, le littoral et la montagne.

C'est du nord que tout est parti, et les plus nobles familles portugaises — celles qui ont leur blason peint au plafond du palais de Sintra — sont, en écrasante majorité, des familles du Minho. Entre le fleuve frontière et le Douro a vécu, et s'est multipliée, une race têtue, frugale, prolifique et ombrageuse. Les enfants trop nombreux ont provoqué d'abord l'émiettement des fortunes, puis les traditions d'émigration. Le Minho ne peut nourrir tout son monde. Pourtant, bien que très étriqué entre ses plages étrillées de vent frais

et ses farouches monts du Gerêz (où l'on trouvait encore des lynx il y a trente ans à peine, où les loups ne sont pas rares de nos jours), que cette terre est donc féconde ! Tailladée à la façon de ces mosaïques de cretonne dont les paysannes font des couvre-pieds et les sacs pour partir en voyage (un voyage qui ne va que jusqu'au prochain champ de foire... ou bien jusqu'au Brésil ou au Venezuela), elle accepte toutes les cultures, les alterne, les superpose. Chaque famille n'a qu'une parcelle infime et en tire les pommes de terre et les choux pour faire la soupe et nourrir le cochon, et aussi les pommes acides, les cerises et les roses. Sans parler de la vigne, à laquelle on refuse le droit d'occuper du terrain cultivable, et qui escalade les arbres en bordure des routes, enroule ses pampres autour des arceaux de fer qui enjambent les che-

mins ou s'alignent en haie de clôture. Ainsi, la maison du Minho a aussi son petit vin acidulé et joyeux, fait d'un raisin jamais tout à fait mûr : le *vinho verde*. Les ceps qui le produisent sont parfois centenaires, et pourtant le vin garde un perpétuel air de jeunesse. Comme la province elle-même. Les maisons peuvent connaître la pauvreté des foyers où nourrir trop de bouches est un problème de tous les jours ; et aussi la séparation, les longues absences : l'homme au loin, les enfants qui grandissent sans lui ; mais les routes, les villages ne semblent que joie. Une treille ombrage la cour où, parfois, l'aïeule file, les gosses mènent de petits bœufs paisibles à immenses cornes en lyre, aux jougs sculptés et enluminés comme des pages de missel. Pour un oui, pour un non, des feux d'artifice éclatent et se reflètent dans l'eau tranquille des

*Les comptes
au marché
de Viseu.*

Les femmes de Nazaré dans leurs capes noires.

TOUT A CHANGÉ

Longtemps, le Sud s'est trouvé isolé. Par le Tage, d'abord, qu'on traversait rarement, car c'était une douve, un obstacle placé sur les routes de l'invasion. Jusqu'en 1940, le dernier pont était à Santarém, à 100 kilomètres de l'estuaire. Ensuite, il y avait les immenses plaines bosselées et rocailleuses ; puis le moutonnement obsédant des serras. L'Algarve était un autre monde, oublié, vivant à petit souffle de ses amandiers et de sa pêche du thon.

Les rois, plus laboureurs que guerriers — Dinis, Afonso IV, João III —, avaient tout au long de l'histoire contraint les propriétaires terriens à exploiter leurs domaines. C'était, en général, des preux, laïques ou moines, qui s'étaient illustrés dans les combats de la Reconquête ou de la Restauration, et que l'agriculture ne passionnait pas. On morcela les domaines ; on ramassa, pour les défricher, les vagabonds et les mendiants. Mais l'Alentejo demeura à demi vide, ce qui convenait d'ailleurs à la grande culture, céréalière ou forestière, qui s'y pratiquait.

L'Alentejo reste le grenier du pays et fournit plus des deux tiers du liège du monde. On y élève des porcs, qui vont à la glandée sous les chênes. Les oliviers sont noueux, poudreux, couleur de cendre.

Chaque *monte* (ou ferme alentejane) groupe son personnel dans ses bâtiments mêmes. Ils s'allongent en général sur une petite élévation de terrain. Un bosquet d'eucalyptus donne de l'ombre. La maison de maître est sobre et fraîche, avec de longs corridors sonores ; alentour, les vastes communs : laiterie, cellier, pressoir à huile, porcherie, et souvent atelier de charron ou petite forge, et une « salle des pauvres ». On y recevait naguère les équipes d'ouvriers agricoles qui venaient des terres ingrates de Beira Baixa se louer pour la moisson ou la cueillette des olives, et aussi les gitans, guenilleux et fiers comme Artaban qui, toujours, ont aimé les vastes horizons d'Alentejo.

Au *monte* et dans les maisons des villages qui s'alignent au bord de la route, mêmes murs d'un blanc de lait, avec des rehauts d'ocre ou d'outremer intense. Même propreté méticuleuse. Même nudité fraîche, sauf à la cuisine, où l'âtre géant s'allume de flambées et de cuivres rutilants, où les jambons et les saucisses se boucanent dans les fumées du liège, qui flambe clair et laisse une cendre si fine. Le liège, aussi, a donné le tabouret du vieux, la chauf-

fleuves, les saints des églises se promènent dans les rues en robes de satin, toutes auréoles dehors, et les danses crépitent sur les aires à battre le grain ou les parvis d'église, au son des accordéons. Parmi les maisonnettes qui serrent jalousement autour d'elles leur courtil et leur étable, le champ de maïs et le verger, on découvre à tout bout de chemin un manoir avec un blason grand comme ça. La façade, très noble, a des fenêtres rebrodées de volutes de granite, des ornements baroques : personnages, animaux, plantes aux étrangetés cocasses ou poétiques. Là s'exprime le lyrisme éperdu d'une population astreinte à la plus parcimonieuse prudence.

Dans ces manoirs, comme dans les maisonnettes, on a la précaution de servir

la soupe en fin de repas, pour caler l'ordinaire souvent maigre. On mange à la fourchette le pain de maïs trempé, et les feuilles de chou émincées très fin, et la tranche de saucisse pour donner du goût. On boit le même vin, dans un bol où la mousse laisse sa trace pourpre.

C'est la province où s'est forgée la race, la nationalité ; celle aussi qui, la première, a accueilli toutes les ressources nouvelles qui pouvaient s'offrir, acclimatant, il y a cinq cents ans, le blé indien — le maïs —, qui allait sauver de la famine les familles trop nombreuses. Et, à notre époque, après avoir fait essaimer ses carriers, ses maçons à travers le monde, celle qui fait tourner les jeunes industries, des filatures aux ateliers de mécanique.

ferette de l'aïeule et la grande cuiller dans laquelle les hommes lappent, en entrant, une grande gorgée d'eau fraîche, puisée dans un *alcarraza*.

Des fortunes, en récoltes et en bois sur pied, des mœurs sévères, une gravité taciturne, un mode de vie presque féodal encore. Puis, tout a changé. Les ouvriers agricoles se sont organisés. On

Déchargeur de sel à Setúbal.

ne recrute plus des équipes qui dorment à même les moissons et repartent dès qu'on n'a plus besoin d'elles. Toute l'économie de la province a été bouleversée. Afin de s'assurer des bras pour les travaux saisonniers, les *montes* ont dû entreprendre des cultures nouvelles, favorisées par l'irrigation, et qui occupent le personnel toute l'année : les orangeraies se sont multipliées, le bétail a envahi les nouveaux pâturages. Des bases d'aviation ont profité de l'ampleur de la plaine et de la pureté de son ciel.

Enfin, surtout, plus au sud, le tourisme a découvert le littoral d'Algarve, ses plages, ses rochers, ses parfums, son soleil.

Cette rive, où l'infant navigateur allait chercher la solitude pour ses travaux et le secret pour ses expériences, a été envahie par des visiteurs, aussi saisonniers que les tâcherons d'autrefois, mais qui apportent de l'argent au lieu de venir en gagner. Pour eux, il a fallu des hôtels, des restaurants, des garages, en même temps que des routes, des piscines, des ports de plaisance.

Mille emplois nouveaux se sont créés à la fois, et l'Algarve, le mal aimé d'hier, est devenu l'enfant gâté du Portugal, auquel il assure des revenus soudains.

Avec le goût inné de la grandeur, ou plutôt du luxe, qu'il a sans doute ramené d'Asie, le Portugais n'a pas voulu se contenter d'aménagements hâtifs. Il a vu grand et beau. Les jeunes Algarviens, qui, hier encore, pêchaient en sifflotant ou cueillaient leurs figues, servent des cocktails en livrées d'opérette. Au bord des piscines, ils tré-

A Nazaré.

buchent sur des femmes demi-nues, alors qu'hier encore leurs fiancées ne laissaient voir que leurs yeux de braise entre les plis de leur châle noir et le bord rabattu de leur feutre. Et le Nord, si longtemps fier de son activité et de sa relative opulence, en vient à jalouser le Sud, dont la subite fortune lui semble péché.

LES GENS DE MER

A gauche, il y a la mer...
Par là sont venus les peuples lointains qui ont déposé dans le sein du pays leur graine féconde et, chacun, leur

don. Esprit d'aventure, talent de commercer (c'est-à-dire de savoir se lier et pratiquer des échanges) et fascination de l'inconnu.
Le littoral est un. Corde tendue qui a propulsé le Portugal dans le monde. C'est de Viana do Castelo que partent les premières cargaisons de vin et de blé vers les futurs comptoirs portugais de Flandres ou d'Angleterre, à Porto que s'arme l'expédition de Ceuta, de Figueira da Foz qu'embarquent les morutiers, de Sagres et Lagos et de Lisbonne enfin que larguent les caravelles et les galions des Indes.
Les ports ont prospéré; leur petit

peuple de charpentiers et de calfats, ingénieux et durs à la tâche, qui, naguère, animait de son tumulte les chantiers navals du roi Manuel, est maintenant au service, avec la même efficace compétence, des pétroliers géants et des grands avions internationaux, dans les docks et les stations-service de Leixões et de Lisbonne.
La mer continue à nourrir ceux qui ne vivent que par elle. Aujourd'hui, des conserveries se sont multipliées, des ouvrières en gants de caoutchouc étripent et calibrent par milliers les poissons des grandes pêches. Mais cela n'a qu'à peine modifié les habitudes

Foulage du raisin dans l'Alto Douro.

des pêcheurs, qui continuent à pousser leur barque à la vague dès qu'on signale un banc de sardines. Le métier est dur, souvent même dangereux. Mais il y a la joie virile du large, avec les copains, le rude effort, certes, mais dès qu'on a ramené son bateau à la rive on peut dormir à son ombre, dans le sable chaud, avant d'aller à la taverne boire un coup et danser, si c'est samedi.

Les femmes se chargent de tout le reste du travail, avec les gosses et les vieux. Pour elles, le progrès est bénédiction. Plus besoin de galoper pendant des lieues, le lourd panier sur la tête. Les camions réfrigérés emportent la pêche, qui ne risque plus de pourrir, dès que les filets sont revenus trop pleins et qu'on voit s'effondrer les cours.

Cela laisse plus de loisirs pour rincer à grande eau les ruelles et les courettes, pour se quereller bruyamment, sous les lessives qui claquent au vent.

De tous les yeux portugais, si beaux avec leurs cils touffus, tantôt d'un noir d'olive, tantôt d'un bleu enfantin, les plus beaux sont les yeux des gens de mer, vert-de-gris, couleur d'écume, couleur d'horizon.

VIVRE DU VIN

La montagne est rude, toute en éboulis, en ravines. Les moutons y sont maigres, les chèvres viennent ronger l'écorce des arbres. Les paysages sont admirables, les cascades ruissellent, le mimosa, le camélia jaillissent de l'aisselle des roches. Là, les maisons sont pauvres, de granite sans mortier, parfois si intimement liées à la roche qu'on les distingue à peine, parmi les rocailles qui s'émiettent et les silos de pierre où l'on préserve le grain contre les rats.

Pourtant, de ces âpretés montagnardes, un travail de titans, doublé d'une opiniâtreté inlassable, a fait sourdre le vin le plus précieux du pays, celui qu'on appelle vin de Porto, bien qu'il naisse des vignobles du haut Douro. Dans cette vallée, tout le monde vit du Vin et ne vit que pour lui. Vin avec une majuscule. On n'y connaît pas d'étranger, sinon celui qui vient pour apprécier une vendange ou goûter un cru. Pas d'hôtel, quelques auberges de route. Quand on y a affaire, on loge chez l'habitant, à condition de s'intéresser à la vigne, aux cuvées, aux « vintages ».

Le vin donne du pain à un million de Portugais. De ceux-là, le Douro en groupe plus de 300 000. Certains viticulteurs ont des chais peuplés d'immenses muids de plusieurs milliers d'hectolitres; certains petits vignerons

Jeune fille de l'Algarve. Tavira.

ne font que quelques litres par an. Tous servent le même culte, et c'est de cette piété exigeante que le Portugal tire une de ses principales ressources.

Un vieux dicton prétendait qu' « au-delà des monts commandent ceux qui y sont » et affirmait l'esprit farouchement indépendant de ces gens des terres arides. Et l'on a remarqué que les Transmontains, réfléchis, méthodiques, excellaient aux affaires publiques et se trouvaient à la tête des principales entreprises du pays, lequel n'a pas eu tellement à s'en plaindre. Les libres torrents montagnards ont été disciplinés, captés, domestiqués, et, devenu expert en barrages, chez lui et à l'étranger, le Portugais a su, comme l'a dit Eluard, « par la douce loi des hommes changer l'eau en lumière ».

Béni soit ce pays, dans ses patients travaux et dans ses espérances.

L'ACCUEIL PORTUGAIS

Lorsque de jeunes mariés rentrent de leur voyage de noces, ils envoient à tous leurs amis une carte de visite, où s'étalent leurs deux noms avec ces mots : « ... vous offrent leur maison ». Suit leur adresse. Ce n'est qu'une formule, direz-vous, qui depuis longtemps dépasse ce qu'elle exprime. Pas tout à fait. Car il est vrai que les Portugais aiment recevoir, et recevoir chez eux. Que la maison dont ils ouvrent ainsi la porte soit riche ou pauvre importe peu. On est accueilli d'aussi bon cœur dans la maisonnette du cantonnier que dans la belle *quinta* du gentilhomme terrien.

De tous les souvenirs qu'un voyageur

rapporte de ce pays ensoleillé et fraternel, le plus chaleureux est assurément celui de l'accueil qu'il y a reçu. Chacun a son anecdote à raconter : elles se ressemblent toutes. Un prétexte a provoqué la rencontre, et, une heure après, l'étranger se trouve attablé à goûter un petit vin de terroir ou un « vintage », et, entraîné dans une ronde d'amis et connaissances, il découvre un village, un quartier, une région, sans qu'on lui fasse grâce d'un détail; il découvre surtout le Portugais sous son meilleur aspect : sa sincère bonhomie, sa largesse, le don de communiquer sans complexe avec des gens très différents de lui, dont souvent il entend à peine le langage.

« UMA CASA PORTUGUESA... »

La maison portugaise a inspiré une chanson, et elle est tout ce qu'on en dit. Généralement trop encombrée d'ornements, car le Portugais aime tout ce qui flatte l'œil, même — et surtout — si cela ne sert à rien. Les belles demeures contiennent de véritables trésors d'argenterie et de porcelaine, de linge et de collections souvent originales. Mais les plus pauvres ont leurs trésors. Dans une de ces maisons d'Alentejo, si blanches qu'on chaule même le toit et les pierres du sol, ces maisons basses, écrasées de soleil, humbles mais qui ont souvent un seuil de pur albâtre tiré de la carrière voisine, j'ai vu dans une grosse poterie un bouquet de lampes électriques. Il n'y avait pas l'électricité, mais les lampes, même hors d'usage, c'est joli, cela brille.

Tapisseries, couvre-pieds de soie brodés par de patientes mains de fiancées, panneaux d'*azulejos* anciens, peuplés de guerriers ou de saints. Ou, plus simplement, calendriers des postes, photographies de famille, couvertures de berger : les murs ne sont jamais nus. On se sent entouré, réchauffé, adopté. La fleur, également, se faufile partout : le géranium s'accroche en guirlandes aux nobles façades et au long des mansardes; la bougainvillée ruisselle et s'emmêle avec la rose pompon; les étroits balcons d'Alfama ou du Barredo débordent d'œillets ou d'herbe à la fortune.

Cependant, si la maison portugaise a gardé le même sourire, elle a bien changé au cours des derniers trente ans. De plus en plus rares sont les familles en essaims dans d'immenses ruches pleines de couloirs qui sentaient toujours le fer à braise et la morue, où certaines chambres étaient sans fenêtre, où il n'y avait pas de chauffage central, où les repas réunissaient de véritables tribus, de l'aïeul aux petits-enfants, car chaque mariage élargissait le cercle, encore augmenté de quelque parente veuve ou d'une tante montée en graine.

On ignorait l'aspirateur, on achetait la volaille vivante, il n'y avait, souvent, d'eau courante qu'à la cuisine, mais on servait de gros repas avec soupe et deux plats au moins. Les innombrables tâches ménagères se partageaient entre les femmes et les servantes, car il n'y avait si petit fonctionnaire ou boutiquier ou même artisan qui n'eût une bonne « arrivée de sa province », le chignon natté bien serré, vêtue de cretonne empesée, godiche et zélée.

Les jeunes Portugais, aujourd'hui, s'envolent de ce nid un peu étouffant dès qu'ils le peuvent, et les fiancées n'exigent plus, pour cela, d'avoir *casa posta*, c'est-à-dire leur maison installée, jusqu'au dernier napperon dans l'armoire et argenterie complète dans le tiroir. On préfère un petit trois pièces-salle de bains dans un immeuble neuf. Il y en a à tous prix, du gratte-ciel des quartiers résidentiels aux H. L. M. des banlieues-dortoirs. Le mixer, la machine à laver, le barbecue sont plus convoités qu'une bonne, qu'on trouve coûteuse et encombrante. Au besoin, on va dîner au snack. Tout au moins en ville.

Car la province garde les traditions familiales, souvent rigides, fondées sur l'autorité du père et le respect dû à la mère, et le plus émancipé des enfants ne peut se dérober aux interminables dîners d'anniversaire ou de fêtes carillonnées. A remarquer que le menu est presque le même, quel que soit le milieu. On mange le bouillon de poule ou la soupe au chou vert, le poisson frit ou la morue, l'agneau ou le cabri au four, le riz à la cannelle, et on boit le petit verre de porto rituel au dessert, lorsque le patriarche dit sans fausse honte quelques mots bien sentis, avec les clichés édifiants, les phrases pompeuses que tous les Portugais adorent.

Tout cela est touchant, et là se forgent les liens solides, parfois pesants, de la grande famille portugaise.

PAS SI SIMPLE...

Il suffit d'avoir la moindre introduction auprès des Portugais pour être invité. On peut l'être aussi, comme certain riche touriste américain, par le chauffeur de taxi qu'on a employé pendant son séjour. Tout Portugais est fier de sa maison et honoré qu'on en franchisse le seuil. Quels que soient le cadre, le menu, la compagnie, soyez bon convive et ne ménagez pas les louanges. Elles auront peine à triompher des protes-

tations de vos hôtes, qui s'excuseront, à tort et à travers. A les entendre, le Portugal et eux-mêmes n'ont rien de bien fameux à offrir. Cette tendance au dénigrement systématique cache une susceptibilité presque douloureuse. Si un étranger a le malheur de formuler une critique, ou même d'acquiescer à l'une de celles qu'on a faites devant lui, on ne le lui pardonne pas. C'est un des redoutables illogismes du caractère portugais, complexe et déroutant dès qu'on va plus loin que la très spontanée cordialité initiale.

Le Portugais a eu de très étroits rapports avec l'Asie, il a été longuement éduqué par les jésuites, il a connu la plus grande gloire et la plus amère infortune : en lui alternent un sentiment de supériorité, qui a engendré à la fois sa générosité foncière et sa vanité, et un sentiment d'infériorité, né du besoin d'admirer les autres et d'une timidité profonde. Cela peut déconcerter.

Ainsi les Portugais, même les plus humbles, sont d'une extrême courtoisie ; la politesse, chez eux, est délicate et joliment exprimée, mais... le mieux élevé ne répond pas aux lettres, de crainte de ne pas avoir de style ou d'orthographe, ou par pure négligence. Une lettre, comme d'ailleurs une conversation téléphonique, au Portugal, ne peut débuter, de but en blanc, par ce qu'on a à se dire. Il faut un long prologue pour

Pèlerins au sanctuaire de Nossa Senhora dos Remedios, près de Lamego.

À la foire de Barcelos.

s'enquérir de la santé de tout le monde, et on conclura avec des compliments et des excuses. On s'excuse toujours de quelque chose.

Les formules anciennes : *Bem haja!* (« Le bien soit avec vous! ») ou *Deus lhe pague!* (« Que Dieu vous en récompense! »), sont bien charmantes.

... LA PART DU BON DIEU

Les enfants terminent souvent leurs lettres en demandant à leur père sa bénédiction. Le soir, celui-ci trace une croix sur leur front; les femmes se signent devant chaque église, et nul ne se dit « A demain », sans ajouter « Si Dieu veut! ».

Est-ce à dire que le Portugais est profondément religieux? Disons qu'il a le goût de la religion, cette religion catholique qu'il a douillettement ajustée à sa nature, qui lui permet de se choisir des amis et protecteurs à sa convenance dans l'abondant calendrier des saints, qui multiplie les prétextes à processions, à neuvaines, à fêtes parfois

quelque peu païennes, comme les inoubliables pardons ou *romarias* du Nord, ou les grandes frairies de la Saint-Jean à Porto, de la Saint-Antoine à Lisbonne. Répugnant profondément à la violence, le Portugais s'attache aux mystères heureux de l'Annonciation ou de la Nativité, bien plus qu'au Golgotha et aux martyres des saints. Pendant la semaine sainte, on jette des bouquets de violettes sous les pas de Jésus portant sa croix; on déploie des damas rouges au passage du saint sacrement; les hommes portent une cravate noire le vendredi saint.

Mais Noël est la fête jolie, avec sa crèche où l'Enfant Jésus a des draps dans sa mangeoire, où l'ingénuité et la ferveur multiplient les bergers et leurs troupeaux, les Rois mages, leurs chameaux et leur escorte. Au musée d'Art ancien de Lisbonne se trouve la plus belle crèche du monde, qui date du XVIIIe siècle et a des centaines de personnages. En se rendant à ce musée, à travers le très populaire quartier de Madragoa, on peut admirer

*Les petits ânes
n'ont pas disparu,
et, pour aller
au village,
c'est encore
bien commode.*

Page de gauche :
*vieux couple
à Fatima.*

aussi des crèches en carton, en cailloux, en terre glaise, peuplées de santons, de personnages découpés dans des magazines, occupant la place d'honneur dans une salle à manger grande comme la main : la lumière reste allumée malgré la dépense, et, pour qu'on puisse bien voir de la rue, on ne ferme pas les volets.

Saint Antoine accorde à Lisbonne, où il est né, une protection particulière. Chaque corporation continue à fêter son patron. Chaque Portugaise garde à un saint ou à une bienheureuse une dévotion toute spéciale et l'honore dans un oratoire privé (parfois une véritable chapelle avec orfèvreries et bois dorés, parfois une image pieuse, un brin de buis bénit et un cierge). Mais c'est à

Noce villageoise.

Le confessionnal.

la Vierge que le Portugal entier se fie, dans le malheur et l'espérance, surtout depuis qu'elle est apparue à Fatima en 1917.

Chaque année, en mai surtout et en octobre, les routes sont envahies de voitures et d'autocars pavoisés de genêts et exhalant des cantiques ou des airs d'harmonica. Ce sont les pèlerins qui se rendent à Fatima.

Ceux qui en ont fait le vœu — ils sont milliers — marchent souvent pendant des jours entiers derrière leur prêtre, trimbalant provisions et ustensiles sur la tête, mangeant au bord des routes, dormant dans les granges, pour finale-

ment passer une nuit en prières devant la basilique, à la lueur des cires des processions nocturnes. Notre-Dame de Fatima, c'est la promesse permanente du miracle.

Mais il y a peu de mysticisme ou d'austérité, la religion reste familière. Elle intervient peu dans le cours de la vie, sauf en ce qui concerne le mariage. Un concordat, signé en mai 1940, règle les droits respectifs de l'Eglise et de l'Etat. Le mariage civil est admis et suffisant ; il peut être rompu légalement. Mais s'il s'accompagne d'un mariage religieux, il devient indissoluble, même aux yeux de la loi. Cette impossibilité de divorcer quand on a fait bénir une union parfois prématurée ou irréfléchie engendre bien des drames secrets. Couples séparés, qui jamais plus ne pourront refaire leur vie, enfants illégitimes, sources d'amertumes et de frustration sans nombre.

ROMANCE PORTUGAISE

Pourtant, un beau mariage : fleurs blanches, musiques d'église, les agapes qui suivent (toujours démesurées, qu'il s'agisse d'un paysan ou d'un noble à blason et qu'on appelle modestement *um copo-d'água,* un verre d'eau), tout cela est pour les Portugais le couronnement naturel de l'amour.

Celui-ci a gardé — en dépit des minijupes, des contacts multipliés avec l'étranger — tout son romanesque. Le tumulte de la circulation empêche les jeunes gens de venir jouer de la gui-

tare sous les fenêtres de leur belle, ou de poursuivre, dans le silence complice de la nuit, des conversations malaisées : lui sur le trottoir et elle à sa croisée. On se rattrape avec le téléphone. Les jeunes délurées qui conduisent leur petite Austin sur la Côte du Soleil ou à Foz do Douro sont peut-être moins sentimentales, mais dans le menu peuple, qu'il soit de la ville ou du village, on savoure les minutes précieuses du *namoro,* on n'en veut perdre aucune joie, et le plus fruste prend la peine d'envoyer des cartes postales tendres ou de recopier des vers de mirliton. Pour les plus timides, la tradition intervient : au mois de juin, on offre un œillet de papier rouge (amour ardent) piqué dans un basilic qui embaume. Les plus avertis ne se défendent pas de brûler un chardon dans les feux de minuit pour savoir si on les aime, ni d'avoir le cœur qui chavire à l'accent du *fado.*

Hier encore, ce *fado* n'était que le cri passionné de Lisbonne, qui avait recueilli tout le désespoir des esclaves de Cap-Vert et du Brésil, des marins et des veuves. Ou la romantique complainte de Coimbra, où les étudiants à cape noire se berçaient des anciennes ballades des troubadours.

Aujourd'hui, la radio et la télévision ont porté ce cri d'âme jusqu'aux bourgs reculés, qui ne connaissaient encore que le rythme des tambours de basque, le son du fifre et de la cornemuse. En revanche ont disparu ces caveaux où l'on allait, en famille, écouter le *fado* comme la messe, en bleu de chauffe et châle, l'enfant dormant au creux des genoux.

GÉNÉRATION MONTANTE

Pulls à col roulé, blousons de daim, tête nue, cette nouvelle génération ne ressemble guère aux photographies de jeunesse de ses parents : le père en faux col dur, la mère à qui l'on interdisait le rouge à lèvres.

Les jeunes mamans d'aujourd'hui, qui ont exigé d'accoucher en clinique et non chez elles, regimbent aussi contre la belle-maman ou la vieille bonne qui veut toujours tenir bébé sur les bras et lui faire manger de l'açorda, cette panade à l'huile qui — paraît-il — rend l'enfant vigoureux et vient à bout aussi bien des coliques que des appétits capricieux.

Pourtant, lorsqu'on vit en famille, à l'ancienne, l'autorité de l'aïeule ou de la vieille servante reste entière. Pour l'une comme pour l'autre, ceux qu'elle a élevés demeurent les *meninos*, de ce joli mot de tendresse qui fait durer l'enfance. D'ailleurs, un Portugais se sent toujours petit garçon devant ses parents ; sans que cela l'empêche d'assumer les charges devenues trop lourdes pour ceux qui vieillissent. Les cas sont fréquents, aujourd'hui encore, de garçons qui ne se marient pas pour ne pas priver leurs parents âgés de leur salaire, de filles qui restent, avec résignation, auprès de vieillards impotents.

« Mon père est malade, au pays » est la formule magique qui permet de quitter son emploi sans préavis ou de s'accorder quelques jours de vacances. On sait que presque toujours, c'est de la frime, mais... si c'était vrai !

Riches ou pauvres, les Portugais se marient par amour. Même si ce n'est qu'un béguin de jeunesse, habilement monté en épingle par des familles de connivence. Nul ne veut d'un mariage de raison. Le Portugais a besoin, toujours, d'un peu d'illusion pour embellir la vie. On voit le pêcheur peindre sur sa barque l'œil de Dieu ou le prénom aimé, le paysan sculpter le joug de ses bœufs, le potier orner la jarre ou l'écuelle, et la mariée ne sera jamais trop belle, le bébé trop fanfreluché, le pain quotidien trop tartiné du doux miel de l'amour.

Le plus romantique prélude n'empêche pas les déceptions futures : le mari portugais est loin d'être parfait. Disons même qu'il est ombrageux, volontiers tyrannique, rarement fidèle. Il a cependant le sens profond de la famille. Délaissée, l'épouse ne sera jamais abandonnée. Les enfants — éventuellement nés hors du foyer et qu'une loi très humaine permet de légitimer même si le père est déjà marié — demeurent pour tout Portugais sa joie et son orgueil.

Alors qu'une très chrétienne sagesse a longtemps enseigné aux Portugais à accepter leur condition, quelle qu'elle soit, toujours l'ambition s'est reportée sur la génération suivante. On se saignait pour instruire le petit (les filles, elles, filaient la laine ou faisaient des gammes). Cela signifiait apprendre à lire avec le curé ou porter la cape noire de l'université. Le résultat était acquis lorsque le fils du paysan ou de l'ouvrier devenait employé de bureau, celui du boutiquier ou du fonctionnaire devenait « docteur ». En n'importe quoi, généralement en lettres ou en droit, ce qui préparait à tous les métiers sans en assurer aucun. Ce titre si convoité s'accordait, d'ailleurs, de confiance : aux alentours des facultés, les garçons de café donnaient du *senhor doutor* à tous les clients qui avaient quelques poils au menton. Mieux vaut pécher par excès que par omission.

Aujourd'hui, l'instruction primaire est obligatoire. Des écoles poussent comme des champignons blancs dans les vallées perdues, au fin fond des pinèdes ou des vignes. Le lycée est accessible. Dans les universités toutes neuves — avec campus, amphis, salles de réunion et de spectacle —, les étudiantes se mêlent, de plus en plus nombreuses, aux étudiants. Alors que ceux-ci se sont soudainement éveillés aux études techniques et y excellent, négligeant même le droit, qui tant séduisait leur goût de la discussion et de l'astuce, les filles font des lettres, des langues, de l'histoire de l'art, et, peu à peu, s'infiltrent dans tous les postes de bibliothécaire ou de personnel des musées. Même les jeunes filles du meilleur monde trouvent cela convenable, comme le tourisme ou les relations publiques.

CONTRADICTIONS PORTUGAISES

Au Portugal, un nom n'indique rien, une adresse ne veut rien dire. Deux hommes peuvent avoir, pratiquement, la même carte de visite et être l'un docker, l'autre banquier. L'étranger est stupéfait, en feuilletant un annuaire portugais, d'y trouver des dizaines de Santos et de Ferreira, de Costa et de Ribeiro, qu'il faut diversifier par leurs prénoms, encore qu'il y ait également abondance d'Antonio ou de José. Il faut, pour s'y retrouver, connaître plusieurs prénoms et au moins deux ou trois noms de famille hérités par les femmes ou par les mâles. Car les Portugais portent toujours le nom de leur mère, qui elle-même a conservé son nom de jeune fille. S'il y a, dans les

Jeunes travailleurs d'un « monte », en Alentejo.

Mise à l'eau d'un bateau de pêche à Albufeira (Algarve).

Scène de rue à Moscavido, au nord de Lisbonne.

ascendants, un grand-père ou un oncle dont on veut, par vanité ou affection, perpétuer le souvenir, rien n'empêche d'utiliser également son nom. Cela donne des patronymes multiples, parmi lesquels il est parfois difficile de choisir le bon, ou du moins le plus usuel.

Ajoutons qu'il y a, de plus, les surnoms et diminutifs. Pour les gens et pour les lieux. A Lisbonne, par exemple, si l'on vous parle du « Rossio », sachez qu'il s'agit de ce qui sur votre plan s'appelle *praça Pedro IV*, que le « terreiro do Paço » est la *praça do Comercio*, et ainsi de suite pour la Rotunda, le Rato, le Chiado...

Sauf dans les quartiers neufs, où tout s'égalise, ne croyez pas, au seul lu d'une adresse, deviner comment un Portugais est logé. Dans les quartiers les plus populaires, où sèchent les lessives et où l'on ravaude les filets dans les cours, on peut découvrir une vieille demeure armoriée, avec escalier noble et plafonds à caissons. Et même son portail à blason peut s'ouvrir sur un luxe ancestral de meubles en bois de brésil et d'argenterie de famille, ou sur une humilité qui niche, comme elle

peut, dans des salons vastes et glacés.
C'est vrai aussi en province, à la campagne, où de superbes propriétés tournent résolument le dos à la route pour dominer des parcs, des communs, des paysages admirables, tandis que de simples métayers occupent l'étage noble des manoirs, abandonnant le rez-de-chaussée aux rats et le grenier aux chouettes.

Le Portugais s'accommode de tout. Jadis, il s'est aventuré dans les jungles, a su affronter des rois cannibales et s'installer sur des îles désertes ou parmi des multitudes hostiles. Partout, il s'est adapté, il a amené ses habitudes et ramené au pays le fruit d'une nouvelle expérience. Car il est souple, rusé, endurant, débrouillard. Trop. Il préfère improviser à prévoir, et compte toujours sur le miracle du dernier moment. Aussi renâcle-t-il à respecter une consigne, à admettre une discipline, à s'incorporer à un ensemble, sauf dans le chaud du danger ou de l'exaltation. Il en résulte un éparpillement perpétuel des idées et des énergies, une difficulté à se mettre à l'heure moderne, car elle sacrifie l'individu à la collectivité.

Le Portugais répugne à l'industrialisation, il n'est pas fait pour l'usine, la mine, la « grosse boîte ». Il préfère travailler plus dur, mais avec une impression de liberté, sur un chantier, un dock, un bateau de pêche, dans une échoppe ou une officine. Si cet emploi ne permet pas de vivre, il en cherche un autre, non pour changer, mais pour cumuler. Il est difficile de trouver un Portugais, à n'importe quel échelon social, qui n'ait au moins deux ou trois fonctions (ou plus). Cela finit par n'avoir plus rien à faire avec les besoins d'argent. C'est une satisfaction devant soi-même, un palmarès.

Apre à gagner, farouchement économe quand il veut atteindre un but ou accumuler un pécule, le Portugais est en même temps superbement large, par foucade, par galanterie, par goût du beau geste. Il déroutera toujours les statistiques et les calculs.

LE PORTUGAL S'AMUSE

Aventureux et routinier, gagne-petit et gaspilleur, consciencieux si le travail l'intéresse ou passivement rétif si celui-ci l'ennuie, le Portugais est dur à la peine et ardent au plaisir.

Il se lève le plus tard possible. L'aube n'est connue que du moissonneur, du vigneron, du pêcheur. L'ouvrier, l'écolier circulent dans des rues vides. Inutile de penser aller chez un coiffeur avant 10 heures, ou voir un fonctionnaire de

Le marché aux poissons dans une vieille rue de Lisbonne.

quelque importance avant 11 heures. Quant aux magasins, ils ferment à 13 heures et ne rouvrent qu'à 15. Même ceux d'alimentation. Les boulangers ne travaillent pas le dimanche, si bien que le jour du Seigneur est aussi celui du pain rassis.

La semaine anglaise gagne d'année en année, mais n'est généralisée qu'en été. C'est le moment où tout Portugais est pris de transe et, dès qu'il est libre, se rue vers l'eau. Aller à la plage est l'obsession générale. Comme le pays a

pendance. Toujours, les Portugais ont été bons marins et bons cavaliers. On fait de la voile, et l'on va à la pêche, d'un bout à l'autre du littoral, et l'on sait monter, d'instinct, au Ribatejo et en Alentejo. L'équitation, qui, ailleurs, est un luxe, se pratique au Portugal plus facilement que le ski, plus volontiers que la moto.

Mais, en matière de sport, le Portugais est surtout spectateur. Les grandes rencontres de football attirent des foules, déplacent vers de lointaines villes

mais on boude la nouveauté. De même, si les jeunes femmes accourent à la dernière boutique inspirée de Chelsea ou de la rue du Bac, elles font sagement faire leurs robes chez une petite couturière. Coquettes, soignées, justement fières de leurs dents, de leurs cils et de leurs mains, les Portugaises, jadis trahies par leur tour de taille de gourmandes, ont trouvé leur ligne. Elles vont librement dans les bars des hôtels, les snacks, les drugstores, qui sont généralement ravissants. Les plus modestes

La foire de Barcelos.

Les jougs ciselés du Minho.

850 km de rivage et que le littoral est la région la plus peuplée, on imagine l'affluence dominicale à Caparica ou Figueira ou Foz do Douro.

Les piscines qui se succèdent tout le long de la côte permettent de ne pas trop mêler les uns et les autres. Ces piscines surgissent même dans les régions jusqu'à présent les plus assoiffées, à Evora, par exemple, en plein Alentejo ardent. A remarquer que les joies de l'eau sont pour les Portugais la fraîcheur, le vent, la paresse au creux du sable. Beaucoup ne savent pas nager, certains vont même jusqu'au bord de l'eau avec des souliers et un chapeau. Longtemps pudiquement poursuivi par les gardes-plages, le deux-pièces est maintenant toléré, et on ose le slip, le bikini. C'est sur la plage que, au contact des touristes étrangers, la jeunesse a pris des goûts nouveaux, pour le sport et le flirt, la vitesse et l'indé-

étrangères (Milan, Birmingham, Malmö, dont on ne voit rien que la gare et le stade) de pleins autocars, des avions spéciaux, où l'on compte plus de salariés que de bien nantis. Les courses de taureaux, coûteuses, ont leurs fidèles, exigeants, connaisseurs.

Les plaisirs du soir commencent vers 10 heures. On dîne moins tard qu'en Espagne. On va beaucoup au cinéma. Les films, jamais doublés, parfois censurés — sans qu'on comprenne souvent pourquoi —, sont toujours coupés par un entracte, car une partie du plaisir est de se promener dans le couloir et de voir les gens qui s'y promènent aussi. Même chose au théâtre, au concert, que ne fréquentent que certains milieux. On se dit connaisseur, on soupire en parlant des spectacles de Londres, de Paris, on s'enthousiasme rarement, de crainte de ne pas sembler assez bon critique, on se plaint de la routine,

ou plus timorées fréquentent les pâtisseries, où l'on vend de tout, même des beignets de morue et du saucisson.

Les jeunes ménages se passionnent pour les jeux de cartes élégants : canasta, bridge, gin rummy. Si l'on est moins snob, on joue à la bisca en famille. Partout, on intéresse la partie. Pour un voyage, un pique-nique, une petite fête entre soi. Le Portugais est joueur : son histoire s'est toujours décidée à pile ou face; les rois les plus dévots ne s'arrêtaient de battre la carte que le vendredi et pendant le carême. Car on croit à la chance.

DANS LA RUE

Toujours le lyrisme, le besoin de merveilleux, l'attente du prodige. Pour soulager les détresses de son temps, une reine fort pieuse eut, au XVe siècle, l'idée de fonder une œuvre alimentée non par des dons, mais par une loterie. On en vend encore les billets dans les rues, sur les plages, jusque sur le pont des ferry-boats. Des aveugles en psalmodient les numéros, ajoutant de leur voix navrante : « Il y a des heures de chance ! » D'autres comptent, pour s'enrichir, sur le *totobola*, sorte de tiercé fondé sur les rencontres de football du dimanche.

S'il escompte toujours le gros lot, le Portugais sait se contenter de fort peu. On est stupéfait de la survivance de petits métiers qui ne peuvent, de toute évidence, nourrir leur homme. Les rues ont perdu leurs innombrables colporteurs, leurs nègres qui ravalaient les façades, leurs marchandes de coings rôtis ou de fèves à l'huile. Leurs cris, tous modulés selon une musiquette particulière, se taisent un à un dans les rues, où ils seraient noyés dans le tumulte des voitures. Il y a de moins en moins de ces *varinas* qui enchantaient Larbaud et Giraudoux, prestes et cambrées sous leurs énormes paniers pleins de poissons frémissants.

On aperçoit encore des portefaix au coin des petites rues, des vendeuses de graines de potiron et de lupin sur les escaliers des quartiers populaires, et il y a toujours des mendiants. Ils offrent des épingles de nourrice, des crayons, ou rien du tout, comptant sur la charité toujours vivement encouragée pour assurer son ciel. Ils ne tiennent pas à relever de l'assistance officielle. Certains ont leurs « clients », qu'ils visitent parfois à domicile. Le tourisme a redonné un grand essor à la profession. Il y a une trentaine d'années encore, le peuple allait pieds nus, sauf en Alentejo ou en Trás-os-Montes, où il y a des vipères. Mais sur le sable frais, dans l'écume des rivages, dans la fine poussière des sentiers de pinèdes, sur le cailloutis poli des rues abruptes (que de villes et villages construits en amphithéâtre !) il était plus commode, sans parler d'économie, de se sentir à l'aise. En revanche, les citadines marchaient si peu que leurs pieds s'atrophiaient, d'ailleurs serrés au plus juste dans de très fines bottines. Maintenant, tout le monde est chaussé, et fort joliment.

Les femmes, naguère confinées à la maison, courent les magasins, emplissent bureaux et laboratoires, excellent dans les industries de précision. Dépassé sur le plan économique, puisqu'il ne peut contenir ce mouvement, le Portugais se raccroche cependant à ses prérogatives de mâle en regardant toujours la femme comme une tendre proie. Il a conservé, du temps des turbulences politiques et des complots, le goût des conciliabules. Les cafés ont presque dis-paru, cédant la place aux banques. Mais reste la rue, où, debout pendant des heures, fumant et conversant mollement, les hommes regardent passer les femmes, les apprécient en connaisseurs d'un long regard, qui fait rougir les étrangères de confusion ou de plaisir, car on est plutôt prodigue de platoniques hommages.

On peut préférer le large coup de chapeau du cantonnier, qui fleurit si amoureusement ses remblais, le sourire du paysan qui offre une rose ou une grappe de raisin, l'empressement du muletier qui, à la fontaine, écarte sa bête pour que vous puissiez boire. Pour comprendre le Portugal, donc l'aimer, il faut absolument se mêler à la vie de la rue, de la route

Avenues pavoisées de *jacarandás* ou d'arbres de Judée, ruelles peuplées de chats rôdeurs et d'enfants, balcons avec leurs fleurs en pots et leurs oiseaux en cages, villes et villages aux tuiles chaudes, somnolant dans la chaleur des étés, s'éveillant au bruit des pétards qui saluent toute réjouissance, qu'il s'agisse de Noël ou du retour d'un champion cycliste, de la foire au bétail ou de la fête nationale. Alors surgissent les arcs de triomphe et les lampions, une débauche de lumière, plus éclatante encore à Alfama qu'au Chiado, à Famalicão qu'à Porto. Spectacle permanent, au pittoresque vivace parce qu'il est lié vraiment au quotidien, qui se prolonge sur la route, cette route portugaise expressive et animée, où les petits ânes aux yeux de ballerine s'écartent à peine au passage des camions, où l'on propose des bouquets de cerises ou de camélias aux automobilistes, où dentellières et potiers installent leur marchandise entre les oliviers.

C'est là que le Portugal de toujours, le Portugal de tous les jours, apparaît... sous son meilleur jour.

Discussion autour d'une bouche d'égout, à Braga.

Les traditions

Le légendaire et le merveilleux ont toujours peuplé les rivages, les plaines, les montagnes et les brumes qui font le Portugal d'aujourd'hui et de toujours. Ils sont nés des mystères de l'Océan comme de l'inconnu des âpres régions rocailleuses ou, jadis, désertiques. Ils ont aussi prospéré dans les sites amènes où s'est développée une civilisation souriante, où s'est affirmée la douceur étrangement tendre d'un peuple bucolique.

Qui dira en quel fonds gonflé de passé ont pris naissance tant de traditions? Et si le hiératisme des Phéniciens, l'affabulation hellène, la superstition des Romains, les cultes mithriaques de leurs légions d'Asie Mineure, et les contes des Arabes et les romans de chevalerie ne se sont pas amalgamés avec l'imagination celtique, ses fées et ses fantômes nés des écharpes de brume de l'Atlantique — cet Atlantique par où sont venus les Vikings?

Page de gauche : *procession des Marafiores à Monsanto de Beira.* **En haut :** *procession pour la fête du Gilet rouge, près de Vila Franca de Xira.* **Ci-dessus :** *danses folkloriques à Santarém.*

On ne peut croire qu'un simple hasard ou une réminiscence de lettré ait donné à une petite ville proche de Lisbonne, et dont les émouvants vestiges sont noyés dans le sable des dunes, le nom prestigieux entre tous de *Troia*. De part et d'autre du pays, trois caps dressent leurs vertigineux à-pics devant l'océan de l'Atlantide : le cabo de Roca, pointe la plus occidentale de l'Europe ; le cap Espichel, c'est-à-dire *Speculum* — le « cap Miroir » —, d'où chaque soir on voit le soleil se réfléchir sur la mer ; et le cap de Sagres, le *promontorium Sacrum*, dont l'hagiologie chrétienne a fait le cap Saint-Vincent. Ici, l'Empire romain avait dû s'arrêter devant l'inconnu du monde marin.

SAINT VINCENT

Cap Saint-Vincent. Est-ce l'une des plus anciennes légendes du Portugal ? Lisbonne, comme Paris, porte une nef sur son écusson. Non point celle des nautoniers du Tage : car ce serait une lourde *fragata* de transport, une sorte de chaland à voile triangulaire, chargé jusqu'à noyer le bastingage. La noble nef de Lisbonne est un navire de haut bord, mais de style plus ancien que les caravelles des découvertes. Le promeneur qui scrute les façades dans les ruelles anciennes de la capitale y découvre parfois une modeste plaque de marbre, sculptée d'un voilier où se perchent, en poupe et en proue, deux grands oiseaux que l'on a baptisés les « corbeaux de saint Vincent ».
Selon la légende, saint Vincent, martyrisé en Espagne, était inhumé près du promontoire qui porte maintenant son nom : un roi de Portugal — on ne sait trop lequel, à vrai dire, puisqu'il s'agit de légende et non d'histoire — fit chercher les reliques du martyr ; elles furent embarquées devant la côte d'Algarve et amenées à Lisbonne, où elles arrivèrent enfin au milieu d'une grande liesse populaire. Et l'imagination des foules fut profondément impressionnée parce que deux corbeaux — ou n'étaient-ce pas plutôt de noirs plongeons, ou cormorans, comme on en voit sur la côte de Peniche ? — avaient accompagné le corps du saint pendant tout le trajet. Saint Vincent fut choisi comme protecteur de la ville. Ce qui ne dut pas faire plaisir à saint Crépin, patron des cordonniers et aussi de Lisbonne, parce que la ville avait été prise aux Arabes le 25 octobre, jour de la Saint-Crépin.
Ces deux saints hommes, toutefois, ne réussirent pas à protéger Lisbonne de son pire fléau : le tremblement de terre. Mais l'histoire ne dit pas si les corbeaux

de saint Vincent, que le chapitre de la cathédrale entretenait dans le cloître, périrent dans la ruine et l'incendie. Aujourd'hui, le reste des reliques a retrouvé un lieu de repos, et d'autres corbeaux végètent derrière l'abside, pour l'édification des amateurs de tradition.
Durant ce haut Moyen Age, les ossements de saint Vincent avaient conservé au Promontoire, tombé aux mains des Infidèles, un caractère vraiment sacré, tandis que l'Europe occidentale gardait

Jeune fille du Minho.

les yeux fixés sur l'inconnu du Couchant. Bretagne et Portugal, si distants fussent-ils, pour les moyens de l'époque, se donnaient la main. Minho et Galice, derniers bastions lusitaniens en face de la poussée arabe, rattachaient certaines de leurs communautés à l'évêché de Rennes autant qu'à l'archevêché de Braga, primatie des Espagnes. Ainsi, la chrétienté avait trouvé un terrain d'élection en toutes les terres celtiques, de la Lusitanie jusqu'à l'Irlande, en passant par la Bretagne.

LES VIKINGS

A leur tour, les terrifiantes hordes de « Northmen », de Vikings aux yeux pâles et aux longs cheveux de lin, allaient paraître le long des côtes et guerroyer contre l'Islam qui tentait de leur barrer le passage. « Aschbouna » fut, quatre cents ans durant, du VIIIe au XIIe siècle, une ville maure, et les murailles de la citadelle de Lisbonne sont,

encore aujourd'hui, plus semblables à celles d'un *ksar* qu'à celles d'un château fort. Toute blanche, au bout de l'empire musulman, près de son estuaire toujours calme et devant son immense « mer de paille » aux blonds reflets de blé mûr, la cité tenta presque tout de suite les pirates du Nord. Quand les drakkars norvégiens infestèrent les rivages d'Occident, certains descendirent le long des côtes de l'Atlantique. C'est encore la légende qui le dit, plus que l'histoire. On pense que les Vikings cherchaient à atteindre, eux aussi, cette Byzance où Riourik était parvenu, après avoir traversé la Russie de fleuve en fleuve jusqu'à la mer Noire.
On sait vaguement qu'ils parurent sur la côte des Asturies, furent déconfits par le roi d'Oviedo, mais poussèrent jusqu'à Lisbonne, en 844, et pénétrèrent dans le Tage sur leurs drakkars rouge sang. Ils entrèrent en terre musulmane jusqu'à Beja, ravagèrent les plages où sont aujourd'hui ces paisibles petites cités d'Estoril, de Cascais ou d'Ericeira, passèrent le cap Saint-Vincent et les villes d'Algarve : ce *Gharb* européen qui descend en pente douce vers son rivage doré, dans le verdoiement des figuiers, des caroubiers et des amandiers.
Ils étaient venus pour vaincre, pour piller, et peut-être pour mourir. Et ils ne venaient pas seuls. Sur les drakkars — cela paraît à peine croyable —, ils emmenaient leur famille, comme ils emmenaient leurs chevaux de guerre. Et les boucliers dressés sur les flancs de leurs embarcations protégeaient des traits ennemis aussi bien les femmes et les enfants des navigateurs que les guerriers eux-mêmes.

BLONDE CAPTIVE

Avait-elle nom Solveig, Ingrid, Ulla, ou même Christina ? La légende ne sait plus. Elle avait grandi sur une de ces prodigieux esquifs au col de cygne, puissants drakkars ou snekkars agiles dans les vagues comme les serpents dont ils portent le nom. Elle était longue et svelte, avec des yeux d'azur pâle et des tresses couleur de lin qui lui touchaient les genoux. Or, un soir de combat, elle se retrouva seule sur une de ces plages d'Algarve où, dans une miraculeuse beauté de tons, une mer violette lappe le sable et les falaises. Seule et captive. Elle avait vu mourir son père, criblé de flèches et qui étreignait encore son immense épée quand un Maure lui avait donné le coup de grâce en l'égorgeant avec une lente férocité. Un de ses frères gisait, dépouillé, sur la plage. Elle aurait voulu, et pu, mourir. Elevée avec l'idée

Ci-dessus : *danses folkloriques au festival de Nazaré.*

de la mort, témoin de tant de faits d'armes et de tueries, elle ne redoutait ni le sang ni cet inconnu qu'elle appelait le *Walhalla*. Mais, en fille de Viking, en Walkyrie des mers, elle ne s'avouait pas vaincue.

Elle se trouvait, belle et captive, dans un monde merveilleux, et plus mystérieux encore que l'au-delà viking. Elle avait connu la rudesse exaltante des fjords, les longues nuits glaciales, les pluies torrentielles : elle accepta sans broncher cette captivité sur une terre de soleil, entre l'azur double de la mer et du ciel et les roches couleur de chair. Elle échut à un prince, ou un émir ou un *vali.* Elle sut tout de suite son pouvoir sur lui. Elle était à sa merci. Il la respecta. A la sauvagerie du combat où avaient péri les siens succédait soudain, dans le palais où il l'emmena, la douceur raffinée d'une civilisation qu'elle ne connaissait pas. Elle vécut peut-être à Silves, dans la grande forteresse rouge au-dessus des rizières d'émeraude — au sein du faste d'un prince d'Orient.

Sous l'étrange égide que lui donnait l'amour de ce svelte cavalier aux yeux de braise, au teint mat, recuit de soleil, la blonde captive vécut entre les murs d'un palais aux revêtements de céramique bleue, autour d'une vasque où chantait l'eau vive et dans des jardins d'orangers où seul le pas menu d'un bourricot, tournant, les yeux bandés, autour de la noria, scandait les heures de silence et de paix. Née dans un climat de rudesse et de violence, elle avait basculé dans un monde inconcevable. Elle oublia peu à peu son exil et son malheur. Elle aima son vainqueur, et par un de ces lumineux jours d'automne qui sont de soleil, d'azur, de calme et de joie de vivre, la captive épousa le prince.

LE MANTEAU BLANC ET ROSE

Elle se crut heureuse. Elle était servie, choyée, comblée de joyaux, de soieries, de cuirs souples comme de la gaze. Il n'était désir ou caprice qui ne fût aussitôt satisfait. Et c'est alors que, durant l'hiver, elle commença à dépérir. Le ciel restait doux, au-dessus du patio et des jardins. S'il pleuvait, c'était une pluie de tiédeur. Il ne gelait pas, les feuilles ne tombaient pas, et le moindre souffle de vent suffisait à chasser les nuées et à rouvrir un ciel plus bleu que les prunelles de la captive.

Elle languissait de plus en plus. Personne alors qui pût effacer de sa mémoire les chœurs brutaux des rustres Vikings, les exploits héroïques des sagas d'Islande ou le plain-chant qu'elle avait entendu dans les églises de Normandie, chez ses frères de race convertis au Dieu des chrétiens. Chaque matin et chaque soir, quand tombait du minaret dans l'air transparent et immobile l'appel rituel du muezzin, elle tremblait en se souvenant des cornes de brume et des immenses trompettes nordiques dont le meuglement perçait les brouillards glacés.

Le prince souffrait de cette souffrance et de ce mal mystérieux qu'on ne pouvait guérir. La captive ne quittait plus sa chambre aux parois de marbre. Elle ne voulait même plus voir l'éclat de cet hiver méridional blessant ses yeux trop clairs. Au début de février, les médecins n'avaient pas caché que la blonde fille du Nord, exsangue et sans forces, allait mourir et qu'ils ne pouvaient rien pour la sauver. Mais, un matin, le prince entra dans la chambre de la mourante. Une lueur blanche filtrait derrière les tentures de Damas qui

*Costume traditionnel
du Douro, ici à Trofa.*

Fleurs blanches et fleurs roses, à perte de vue, couvraient les arbres d'une nappe sans fin. Quelques pétales, déjà, se détachaient et tombaient comme des flocons paresseux. La campagne entière était blanche et rose dans le soleil du matin.

« Puisque tu mourais de ne plus voir la neige, tu vivras, joie de mes yeux, dit le prince à son épouse. Tu vivras, car, je te le jure, chaque nouvel hiver fera neiger sur l'Algarve le manteau blanc et rose des fleurs de nos amandiers. »

CHAQUE VILLE A SA LÉGENDE

Cette longue légende est comme le symbole d'une terre où s'affrontent des climats, où se succèdent et se mêlent des races. De la province presque bretonne du Minho à la province méditerranéenne et presque africaine de l'Algarve, des côtes battues de pluie de l'Atlantique aux étendues arides de la Beira et de l'Alentejo, le Portugal est soumis aux influences les plus diverses comme, en son sang, se mêlent Celtes et Ibères, Phéniciens, Romains, Goths, Arabes, Noirs d'Afrique et du Brésil, Indiens de Goa ou Chinois de Macao. Sur une telle diversité, le christianisme a étendu son manteau unificateur, et c'est sans doute la foi qui, après la Reconquête, a brassé cette pâte si cohérente dont est fait le Portugal aujourd'hui. C'est la foi, aussi, qui a peuplé le Portugal chrétien de sa propre *Légende dorée*. Chaque village a sa parcelle de légende, sa croyance locale. Foi, fétichisme, animisme? Le glissement de l'un à l'autre est imperceptible. Un *Senhor da Pedra* (« Notre-Seigneur du Rocher »), près de Porto, attire de grands pèlerinages annuels; à Nazaré, Notre-Dame de Nazareth a retenu au-dessus du vide un cavalier qui, emporté par son ardeur chasseresse à la poursuite d'un cerf, manquait de s'écraser en bas de la falaise; à São Bento da Porta Aberta, où l'on a construit récemment une *pousada* touristique, on révère la mémoire d'un saint homme qui gardait toujours ouverte la porte de sa chapelle dans la montagne, et accueillait sans crainte les voyageurs perdus — et peut-être redoutables; à Santarém, dans une vieille église, une hostie consacrée fut volée par un sorcier pour ses maléfices, mais, pendant la nuit, elle éclaira la chambre du malfaiteur d'une lueur si surnaturelle que sa femme et lui-même prirent peur, rapportèrent l'hostie et vécurent désormais dans le respect absolu des choses saintes; à Lisbonne, on implore naturellement saint Antoine, dit « de

masquaient les baies. Il lui dit : « La nuit, quand tu rêves, tu balbuties parfois un nom ou un mot que je ne connais pas. Je n'ai jamais osé te demander... mais j'ai interrogé un esclave du Nord, et maintenant je sais!
— La neige, dit-elle d'une voix entrecoupée. Ami, je meurs de ne plus voir la neige. »

Il reposa doucement la main de la jeune femme, crispée sur son poignet, alla vers la baie, puis lentement la démasqua. Un flot de lumière blanche et rose envahit la pièce. La malade se redressa sur sa couche :
« La neige », murmura-t-elle.
Sur les amandiers d'Algarve, en une nuit, les bourgeons avaient éclaté.

Padoue », mais né sur les bords du Tage, et dont la piété était si pure et sincère que la Vierge, qu'il implorait, lui mit l'Enfant Jésus dans les bras; une église de la vallée du Douro a un autre Enfant Jésus — celui-ci en chapeau haut de forme, comme un enfant de famille aisée, et qui est l'objet d'une vénération particulière. Tandis que la Sainte Famille, en tricorne vénitien, du musée d'Aveiro — merveille d'art rococo — n'est plus qu'une pièce de collection.

Saint Antoine, lui, est resté le patron des enfants, pour la raison alléguée plus haut, et aussi parce que son intervention céleste a arrêté, au XVIIIe siècle, une épidémie qui décimait la jeunesse. Les aumônes recueillies par les enfants, à l'époque, ont servi à construire sa chapelle devant la cathédrale de Lisbonne et sur le lieu présumé de sa naissance. Et quand vient la Saint-Antoine, en juin, les enfants de Lisbonne construisent de petits autels devant les maisons, y placent une statuette de leur saint gardien — et récoltent des piécettes, qui se transforment plus souvent en bonbons qu'en cierges.

FÊTES POPULAIRES ET FÊTES ESTUDIANTINES

Comme Auray a le « pardon » de Sainte-Anne, Viana de Castelo, dans l'extrême nord du Portugal, a le pèlerinage de Notre-Dame-des-Sept-Douleurs (festas d'Agonia), foire et fête populaire haute en couleur et en gaieté qui a lieu durant la seconde quinzaine d'août. La province dite « Entre Douro et Minho », ou plus simplement Minho, est la plus vivante, la plus peuplée, la mieux semée de chapelles votives et de légendes, la plus fidèle à ses traditions

Viana do Castelo : procession sur l'eau lors de la fête de Notre-Dame de l'Agonie.

111

de costumes, dont les plus éclatants sont ceux de Viana de Castelo et des environs immédiats. C'est donc une *romaria*, un pèlerinage qui revêt le caractère d'une joyeuse festivité, scandée par la grosse caisse des *zéspereiras* et couronnée de flammes par un glorieux feu d'artifice qui se reflète sur les eaux de la baie et du fleuve et illumine le sanctuaire Santa Luzia, dans les verdures de sa colline.

Coimbra a sa reine, santa Isabel, qui, plus généreuse que le roi, se cachait de lui pour faire l'aumône..., jusqu'au jour où, méfiant, il l'obligea à ouvrir le manteau dans lequel elle dissimulait le pain et l'argent de ses bienfaisances : il ne tomba du manteau qu'une pluie de roses! Le manteau des étudiants — ou plutôt la cape noire qui leur est restée du temps de l'université jésuite et de ses uniformes presque cléricaux — garde à la ville un air, sinon médiéval, du moins romantique, et les étudiants maintiennent une tradition de vie collective en « républiques » soumises à toutes sortes de lois d'ancienneté, les *quintanistas*. L'aimable agitation qui règne souvent dans une cité où des étudiants forment une importante partie de la population atteint son point culminant en juin, pour les fêtes dites de la *Queima das fitas*, du Brûlement des rubans, où les étudiants font un feu de joie de leurs rubans de couleurs, insignes des diverses facultés.

Ces exemples, pris presque au hasard, montrent que l'on pourrait évoquer sans fin la tradition légendaire du Portugal. La légende des amandiers peut n'être qu'une fiction poétique : malgré tant de témoignages contemporains ou postérieurs, l'histoire d'Inés de Castro rejoint la légende, elle aussi. On connaît des épisodes de sa vie. On ne sait rien, ou presque rien, d'elle-même, ni si elle était *Agnès* comme l'« agneau » ou *Ignez* comme la « flamme ». Mais elle était si gracieuse qu'elle est restée dans les esprits comme la jeune fille au « port de héron », ce qui la fait imaginer longue et fine comme une Vierge de cathédrale gothique. De l'histoire, on s'enfonce bientôt dans la légende grandiose et macabre de *la Reine morte*. Pourquoi la Reine morte? Parce que deux cents ans après sa mort, Camões parle d'elle comme de « celle qui après avoir été assassinée fut reine ». Que le couronnement posthume soit authentique ou qu'il soit sorti de l'imagination poétique du dramaturge Antonio Ferreira quand il écrivit *la Castro*, il n'en reste pas moins un halo funèbre sur l'histoire d'Inés. Certes, elle fut proclamée reine, et quand Pedro le Cruel mourut à son tour, ses fils se réfu-

gièrent en Castille. L'un, João, vrai Othello ibérique, égorgea sur un soupçon sa malheureuse femme, sœur de la maîtresse de son demi-frère, le roi Fernando. L'autre, Dinis, fut la souche de grandes familles espagnoles. La troisième enfant, Beatriz, fut mariée à Sancho de Castille, qui devint roi d'Aragon par élection. De Beatriz descendent les rois de Navarre et les rois d'Aragon et de Castille, ainsi que Charles Quint. Et Inés de Castro, ressortie de la légende pour entrer de nouveau dans l'histoire, figure au moins deux fois dans l'arbre généalogique de Louis XIV.

LE FADO

Ceux qui, allant au Portugal, auront la curiosité de lire, ou de relire, les *Lettres portugaises* et de pousser jusqu'à l'antique Beja pour y visiter le couvent de soror Mariana, devront plutôt tenter d'imaginer la pauvre enfant coupable, exhalant sa peine, son désespoir, son remords, en un français — ou en un portugais que son séducteur, M. de Chamilly, comprenait tant bien que mal — maladroit, heurté, traversé de flammes et de révolte et de défi, inspiré de ce génie que peut donner l'amour. En transcrivant le texte avec une perfection inégalée, un mystérieux écrivain en a fait un chef-d'œuvre, et c'est grâce à lui que Mariana est entrée dans la légende des amours malheureuses qui fleurissent à

travers l'histoire du Portugal et flattent le goût du malheur qui stagne au creux de l'âme portugaise, lui faisant aimer Inés de Castro, Mariana Alcoforado, le roi Dom Sebastião avant d'aboutir à l'exaltation de la mélancolie et de la pitié qui a nom *fado*.

Dans ce temps où une élite d'officiers de Louis XIV étaient venus, comme M. de Chamilly ou le maréchal de Schomberg ou tant d'autres, pour aider João IV et ses successeurs à affirmer l'indépendance du Portugal, un fantôme planait sur le royaume, le fantôme de l'*encoberto*, du caché, du disparu, de celui que la ferveur et la foi nationaliste du peuple appelaient encore à l'aide au temps de l'invasion napoléonienne. Nous voulons dire le roi chevalier, Dom Sebastião, qui engloutit la destinée de son pays, fit décimer les plus braves des gentilshommes et périt lui-même sur le champ de bataille d'Alcácer Quibir, au Maroc, en 1578. Pendant plus de deux siècles, et contre toute vraisemblance — ou plus exactement avec une fidélité qui touche à l'absurde —, tout un peuple épris de légende et de merveilleux espéra le retour de ce libérateur miraculeux sur lequel le temps n'aurait pas eu de prise. Le romantisme du XIXe siècle permit de replacer dans l'éloignement du temps les Reines mortes et les Rois fantômes, et il substitua à la légende chevaleresque l'anecdote familière, mais passionnée aussi et chargée de peine et de nostalgie, le *fado*.

Lisbonne.
Chanteurs de fados
dans une ruelle
de la Costa do Castelo.

Si c'est la douleur qui donne sa beauté
Au fado, chanson triste
Bénie soit la tristesse
Que je porte au fond du cœur.

AMATEUR DE NUITS PERDUES

Chaque soir, l'année durant, de mons-trueux cars de touristes s'installent sur les trottoirs de la rue de Misericórdia, à Lisbonne, et déversent des flots mou-tonniers de voyageurs qui s'engouffrent dans le quadrillage des ruelles du Bairro Alto, vieux faubourg que le tremblement de terre a épargné et qui garde un mystère, une pénombre de roman de cape et d'épée. Un peu partout, derrière des enseignes au néon ou des lumignons confidentiels, s'ouvrent des cabarets à *fados*. Là chantait naguère la jeune Amalia Rodrigues...
Une des plus célèbres de ses chansons qui ont fait le tour du monde sur les sillons des disques et les ondes de la radio, évoque *as noites perdidas*, les nuits perdues. Le *fadista*, qu'il soit chanteur — ou chanteuse —, qu'il pince la *guitara* ou la *viola*, qu'il soit un passionné prêt à enchaîner un couplet impromptu sur un thème de l'artiste ou un spectateur sensible à la simple magie musicale et verbale, est d'abord un amateur de « nuits per-dues », qui s'en va un peu à la dérive sur les heures obscures. Il ne vient pas, comme ces touristes du Potomac ou de la Sprée, écouter quelques airs, regarder quelques danses folkloriques, boire du whisky ou du champagne, pour aller se coucher à minuit, recru de la fatigue des routes, des rues, des églises, des musées, du « shopping », et étourdi par un kaléidoscope d'impres-sions nouvelles. Le *fadista* arrive quand ceux-là partent. Il vient chercher et le plus souvent trouve une griserie et un opium dans les plaintes et les com-plaintes déchirées, résignées, déses-pérées, bouleversantes comme un cri d'animal blessé, qui font le vrai *fado* de la tradition, le *fado* que l'on écoute inlassablement jusqu'aux petites heures du matin, le menton entre les mains, le regard perdu, dans la tabagie et devant des verres minuscules, encore à moitié pleins de *bagaceira*, d'âpre marc au parfum puissant.
Le *fado* est proprement de la capitale, et non du pays entier. Les allègres danses rustiques et les couplets rieurs du nord du Portugal, les *cançoes* sen-timentales et malicieuses de Coimbra ou les lentes mélopées presque funèbres de l'Alentejo n'ont pas de parenté avec le *fado* « lisboète », issu de sa ville, comme *les Misérables* ou *la Vie de bohème* sont nés de Paris.

La chanteuse Amalia Rodrigues.

LES VAINCUS DE LA VIE

Lisbonne du XIXe siècle... Elle renaissait avec lenteur de ses ruines de 1755, quand les armées de Napoléon y sont venues semer leur désordre, et aussi leurs idées nouvelles. Occupation, ruine des campagnes environnantes, anéan-tissement du commerce, mainmise bri-tannique sous Beresford, perte du Brésil, guerres fratricides du libéralisme, ébranlement des structures religieuses et sociales : un siècle d'instabilité poli-tique, de dictatures éphémères, de révolutions. Et dans ce désordre, beau-coup de pauvreté.
Sous son ciel tendre et dans sa lumière de paradis, Lisbonne se prélasse, rose, sur ses sept collines, devant sa baie immense où se reflète le caprice des nuages. Ni la neige ni le gel n'y sévissent ; la brise y tempère les étés et apaise les nuits de canicule, certes. Mais, dans ce décor, qu'il y avait de misère, de maladies, d'épreuves quoti-diennes pour seulement survivre ; que de lassitude aussi dans ce climat un peu amollissant, lassitude qui atteint jus-qu'aux gens aisés, dits « heureux », qui un beau jour fondèrent à Lisbonne le groupe des *vencidos da vida*, des vaincus de la vie.
Ce sont ces vaincus qui aiment perdre leurs nuits. Une amertume, un fond de tristesse déprimée, encore aujourd'hui, domine les générations d'hommes faits et ne s'atténue que chez les plus jeunes. Le Lisbonnais — o *Lisboeta da gema*, celui qui est de Lisbonne jusqu'à la moelle des os (ou, mot à mot, jusqu'au jaune de l'œuf) — trouve dans le *fado* l'écho de ses peines ou de sa mélan-colie naturelle. Le couplet est fait des mots les plus quotidiens, d'une bana-

lité de conversation surprise dans un café ou au marché. Le thème, lui, a une sorte de grandeur désespérée : déchéance des êtres, des sentiments, du décor, le pavé du faubourg. Le vrai amateur de *fados* se soucie peu de la qualité du lieu où il est entré; on dirait volontiers : au contraire, il en aime l'aspect modeste. Mais, devant son guéridon de marbre et sa consommation oubliée, il peut écouter pendant la nuit entière, perdu dans ses rêves, tiré de sa torpeur par des accents sauvages ou par une histoire dont les couplets avivent et apaisent à la fois ses propres peines. On lui chante la ruelle mal éclairée, le lampadaire de guingois, la venelle où ne retentit plus le pas de la belle infidèle qu'il attend en vain; on lui dit la mort d'une mère affamée, la misère d'un enfant, les trahisons et les lâchetés d'un faux amour, les péripéties des abandons et les affres de la pauvreté, de la solitude, les chemins sans issue et les vies sans espoir, et la faim, et le vol, et le meurtre, et le bagne. Il y trouve comme une consolation à ses propres problèmes.

Aucune audience ne peut être aussi repliée sur elle-même que celle des amateurs de *fados*; aucune autre non

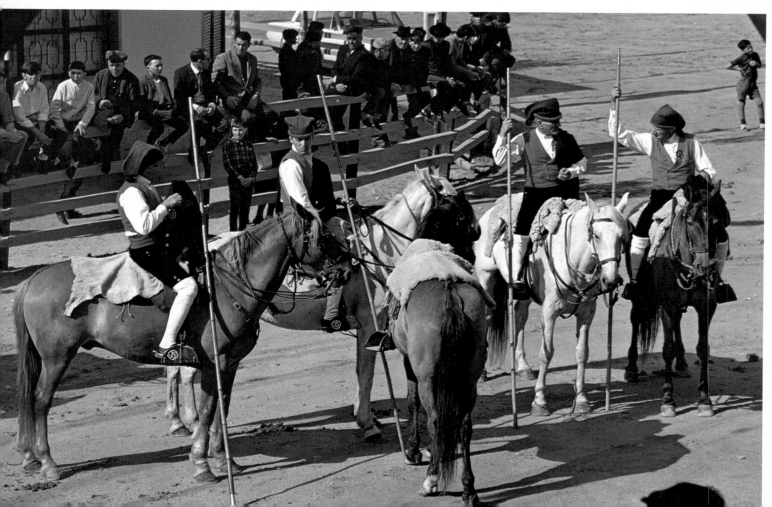

Ci-contre : *les « campinos », gardiens
de taureaux des bords du Tage.*

Page de gauche (en haut) et ci-dessus :
corrida portugaise à Vila Franca de Xira.

Le « cavalheiro » cite le taureau avant de poser les banderilles.

plus ne peut être aussi complètement, en soi-même, et avec le chanteur ou la chanteuse, comme si une étrange symbiose de la sensibilité unissait le spectateur à cet homme en veston, qui chante les mains dans les poches, ou à cette fille enveloppée dans son lourd châle de laine noire à franges massives.

LES CAMPINOS

« Sur les rives du Tage galopent des chevaux d'une race si rapide que l'on dit que leurs cavales sont fécondées par le vent... » La phrase millénaire (Pline? Hérodote?) a été rabâchée : mais des chevaux galopent toujours par les plaines du Ribatejo, plates comme un polder de Hollande, brûlantes ou glacées selon les saisons. Ce sont les montures des *campinos*, gardians aux longs bonnets de laine verte ourlés d'écarlate. Des piques, longues comme des lances de tournoi, leur permettent de tenir en respect et de conduire les taureaux *bravos* des *ganaderias*, les taureaux à l'oreille fendue, destinés aux corridas.

Ces chevaux — autant que les hommes trapus qui les montent et vont encastrés dans une selle à l'arabe, pesant sur les étriers de bois à coquilles de laiton —, ces chevaux, donc, connaissent le bétail, pressent ses caprices et ses

colères meurtrières et savent esquiver les charges quand les *campinos* mènent les troupeaux, sous la pluie et dans la boue, ou bien sur le limon desséché des étés en feu, à travers les *lezírias,* les plaines inondables du Tage, et sur les *mouchões,* ces îles aux contours fluides que survolent les avions quand ils descendent vers l'aérodrome de Lisbonne. Dans la rudesse de cette existence pastorale, cavaliers et montures vivent presque quotidiennement ce qui devient le fiévreux spectacle des *tardes de touros*, des après-midi de courses de taureaux dans l'une quelconque des arènes du Portugal, si nombreuses depuis l'Algarve jusqu'au Minho.

Rome et les jeux du cirque, Rome et ses légions de Thrace apportant jusqu'en Bétique et en Lusitanie le culte de Mithra, le taureau solaire, et le mythe d'Héraclès terrassant le monstre crétois de Minos...

Au vrai, nul n'y pense plus guère. Ni le gamin de village sur la place transformée en arène par quelques charrettes barrant les rues ; ni l'*aficionado* qui, aux beaux soirs d'été, trépigne sur les gradins de la *praça de touros* du Campo Pequeno de Lisbonne ; ni les bravaches et les fiers-à-bras qui, par les rues de Santarém ou d'Alcochete, affrontent les bêtes surexcitées, aux jours où les *esperas de touros* livrent les rues aux taureaux lâchés en liberté.

Le caractère sacrificiel des jeux antiques a disparu. Et c'est peut-être parce qu'il n'y a plus de sacrifice depuis deux siècles que la mise à mort est interdite.

LA COURSE À CHEVAL

La tauromachie typique portugaise, la course à cheval, est un sport : un sport de seigneur ou de grand propriétaire ; on pourrait dire un sport de luxe. Le *cavalheiro em praça* n'enfourche pas la malheureuse haridelle du picador espagnol, mais un admirable cheval de sang, qui vaut une petite fortune, qui est merveilleusement pansé, soigné, frisé, enrubanné comme pour une joute, empanaché de plumes d'autruche et sellé de velours cramoisi ou bleu de roi, brodé d'or ou d'argent. Ce destrier n'est pas appelé à supporter le choc brutal de la bête déchaînée, mais instruit à l'éviter.

La course de taureaux à la portugaise était jeu de gentilshommes. Ou plutôt un sport dont les princes eux-mêmes ne dédaignaient pas les péripéties. A Lisbonne, tant la paisible place du Rossio que le terreiro do Paço ouvert sur la plaine liquide du Tage ont connu de fastueuses corridas et ont vu mourir estoqués bien des centaines de *touros*, jusqu'au jour où le comte d'Arcos s'étant fait tuer durant la *lide* (le *ludus*, le jeu hérité de l'antique), le roi de Portugal, sur les instances de Pombal, interdit les courses avec mise à mort... Pour les courses de gala « à antiga portuguesa », les *cavalheiros* mènent une sorte de ballet préliminaire avec les rites d'une haute école traditionnelle, dans un chatoiement de soieries, de velours et d'or. Puis, sortant à reculons, selon les meilleurs principes de la courtoisie de palais, ils laissent un moment libre l'arène où va revenir le *cavalheiro*, sur un cheval dépouillé d'ornements, escorté de la *quadrilha*, cape sur l'épaule. Et, le taureau lâché, le duel commence. Duel de la force sauvage et de l'adresse ; duel de la mort et de l'instinct de survivre, de l'intelligence et de la peur. Car le cheval a peur. Des ondes d'énervement courent sous sa robe lustrée ; il échapperait au cavalier si les éperons, qui bientôt teintent de sang ses flancs, ne le maintenaient dans la voie droite, ne le forçaient à frôler le taureau, voire à se jeter sur lui, de face, crinière au vent, naseaux palpitants, pour finalement, en une fraction de seconde, esquiver l'*arremetida*, la charge mortelle — ou presque mortelle, car le taureau est *embolado*, c'est-à-dire que les cornes sont gainées de cuir, et perdent ainsi leur pointe perforante comme de l'acier.

Mais il faut que le cheval passe bien près du taureau, pour que le cavalier puisse, à peine penché hors de son aplomb, planter à la verticale une banderille — ou parfois une paire de banderilles — dans le garrot du taureau, c'est-à-dire une cible d'une paume de largeur. Moments d'une beauté plastique que nulle autre prouesse équestre ne peut égaler.

LA FÊTE CAMPAGNARDE

Toutes les variantes de ce jeu, les « appels » de face ou de côté, la fuite du cheval ou ses voltes vertigineuses qui laissent le taureau en désarroi; son passage dans l'étroit couloir imaginaire formé par la palissade de l'arène et la zone d'attaque du fauve, la précision de ce ballet de la Belle et la Bête, où le cheval enrubanné joue la Belle, tout cela garde sa tradition, sa technique, ses règles, ses fastes et... ses fausses notes. Rumeurs hostiles ou ovations jaillissent sans que le profane puisse toujours en deviner la raison : il reste que le spectacle en soi, surtout si la qualité des taureaux, leur violence, leur courage, leur farouche ténacité maintiennent le jeu à son paroxysme, ce spectacle venu du passé ressuscite d'inoubliables visions... jusqu'au moment où, le taureau ayant pris ses banderilles, ayant chargé en vain le leurre qu'est ce cheval hors d'atteinte (un bon cavalier prend mille risques, mais ne laisse pas toucher son cheval), la course de taureaux vire soudain à la fête campagnarde. Le seigneur, le gentilhomme, le cavalier abandonne à ses valets le taureau lassé et haletant. A l'adresse empanachée succède la force statique, massive, obstinée du paysan, du gaillard qui dès son enfance a eu affaire à ces lourdes bêtes des prairies et, fussent-elles meurtrières, n'a pas peur d'elles.

Que faire du taureau que l'on ne peut tuer d'une estocade, comme en Espagne? Les portes de l'arène s'ouvrent de nouveau, et l'on voit entrer en désordre des bœufs efflanqués, clochette de cuivre au cou. La fureur du taureau le cède à une étrange indécision, il est tiré de l'affolante solitude où il combattait, aveugle de rage, les illusions des capes, les chevaux hors de portée, les éclairs rouges de la *muleta,* tandis que les dards de feu des banderilles se plantaient dans son garrot en sang. Alors, sa colère tombe et ne revient plus qu'en brèves flambées, se tourne parfois contre les malheureux *cabrestos,* les bœufs de labour, involontaires complices de ses tourmenteurs.

EN FILE INDIENNE

De ceux-ci, il n'est point quitte encore. Les *moços de forcado,* les valets de bétail, sont entrés avec le petit troupeau. Ils portent bonnet rouge et vert, veste courte bariolée de rouge et de blanc, culotte bleue à boutons d'or et bas blancs. En file indienne, ils avancent vers le taureau, le « citent » à pleine voix et d'un appel de pied. Le chef d'équipe, poitrine bombée, défie l'animal, réveille sa colère et provoque la charge. Le taureau fonce sur cette proie facile qui ne se dérobe pas. Car l'homme se jette en avant, plaque sa poitrine sur le front du monstre, passe les bras derrière les cornes, les replie en un éclair pour s'agripper aux fanons et — parfois à la première tentative — cette masse, comme morte, enchaînée au front taurin, entraîne la soumission immédiate de la bête dominée. Plus souvent, le *moço* intrépide est jeté vers le ciel comme un pantin de Goya, retombe sur le sable où le taureau cherche en vain à le blesser, à l'achever, tandis que le jeu des capes va le distraire de sa proie, le détourner vers d'autres esquives et d'autres leurres.

Mais une fois, ou dix fois, ces hommes qui ont subi les chocs de la puissance meurtrière du taureau reviendront à l'assaut avec une assurance stupéfiante, jusqu'à l'instant où, enfin dominé, le monstre noir, tête basse, langue pendante, immobile sous une grappe humaine, acceptera sa défaite et se laissera chasser hors de l'arène vers les ténèbres du touril.

Les « moços de forcado » (valets de bétail) vont maîtriser le taureau à la fin de la corrida (ici, à Evora).

L'art

« L'homme et la mer ont été les deux thèmes essentiels de l'art portugais. La mer, ce fut la raison première de la formation et de l'indépendance du royaume, puis de la conscience de la nationalité, enfin de sa mission historique dans le monde. Pendant tout le XVe siècle, ce n'est pas seulement la politique, les sciences mathématiques ou l'activité des ordres religieux qui sont dominées par la mystique des découvertes maritimes. C'est l'art lui-même! »

Reinaldo dos Santos

Un contrefort du couvent du Christ à Tomar.

Les premières manifestations artistiques datent de la période paléolithique. Les peintures découvertes en 1963, dans la grotte de l'Escoural, près de Montemor-o-Novo (Alto Alentejo), montrent des figures hybrides et de curieux dessins d'animaux que l'on a associés aux grandes peintures rupestres de l'occident de l'Europe. Mais il existe d'autres aspects de l'art primitif sur tout le territoire du Portugal, des monuments funéraires (dolmens) ainsi que maints vestiges de l'art des habitants de *castros* et *citânias* (Briteiro, Sabroso, Sanfins). Les statues des guerriers lusitaniens permettent d'imaginer la rudesse de leur vie et de leurs armes, la *Pedra farmosa* (ou Pierre gracieuse) de Briteiros témoigne de leur capacité artistique. Et déjà l'orfèvrerie joue un rôle capital chez ces peuplades primitives.

Les conquêtes étrangères, par contre, n'ont laissé que de maigres vestiges au Portugal. De l'époque romaine, on peut encore admirer, bien sûr, les beaux chapiteaux de marbre qui couronnent les fûts du temple d'Evora, les ruines de Conimbriga et Milreu, en Algarve, mais on cherche en vain des créations arabes importantes. Il reste l'ancienne mosquée de Mértola, des petits temples dont le caractère arabe a été mis en évidence tout dernièrement et quelques chapiteaux dans le musée de Santarém ou le musée ethnologique de Lisbonne. Peu avant l'indépendance, enfin, il faut noter deux monuments d'origines très différentes : le temple de São Frutuoso, à Montélios (près de Braga), dont l'aspect byzantin — plan en croix grecque — est unique dans la Péninsule, et l'église wisigothique de Santo Amaro, à Beja.

L'ART ROMAN

Après 1140, date de la fondation du royaume, le Nord reste le grand centre artistique, autant que politique, du pays. L'évolution de l'art vers le *roman* sera d'ailleurs étroitement liée aux influences politiques. Celles-ci viennent de France, et les évêques — souvent français eux-mêmes — vont bâtir leurs cathédrales dans un style qui s'apparente tout naturellement à celui des églises d'Auvergne et du Languedoc. Ce seront, successivement, les grandes cathédrales de Braga, Porto, Lamego, Coimbra, Lisbonne, Evora. Dans la région située au nord du rio Mondego, et surtout aux alentours de Braga, c'est l'ordre de Cluny qui a laissé l'empreinte la plus forte dans l'architecture religieuse, qu'il s'agisse des églises ou des très nombreux monastères.

L'art roman subsistera longtemps au Portugal. Il sait exprimer « par la matière (le granite) et le sentiment décoratif, le caractère du peuple, sobre, austère, noble et doux », écrit Reinaldo dos Santos ; les architectes « aimaient les formes robustes des proportions romanes, le jeu de la lumière et des ombres sur les portails et les façades, la concentration des thèmes décoratifs au milieu de vastes surfaces nues, un sentiment de profondeur dominant celui de la hauteur ».

Les tombeaux de l'époque témoignent d'une influence mozarabe (c'est-à-dire des chrétiens sous domination arabe) et byzantine à la fois. Mais l'influence ou plutôt les influences françaises se font encore sentir dans les statues, surtout celles de la fameuse collection Ernesto de Vilhena, léguée à l'Etat en 1969 et qui rassemble les plus importants spécimens de la sculpture portugaise.

STYLE OGIVAL

A la fin du XIIIe siècle et au début du XIVe, les églises cessent peu à peu d'être des temples-forteresses pour devenir plus délicates, avec des murs moins épais et des colonnes plus étroites. Un « ordre nouveau » s'inscrit dans les constructions romanes, animé par un idéal d'élévation et de mysticisme qui se traduit par des nefs plus hautes regardant vers le ciel et des jeux de lumière à travers les vitraux. La révolution gothique s'opère lentement.

De pur style ogival, le monastère d'Alcobaça est l'un des monuments les plus représentatifs de l'art de Cîteaux : n'a-t-on pas dit que « c'était l'église la plus pure et la plus majestueuse que les moines cisterciens avaient érigée dans toute l'Europe » ? Elevé en souvenir de la victoire de Santarém, Alcobaça était destiné à recevoir les sépultures de Dom Pedro et d'Inés de Castro (seconde moitié du XIVe s.). La majesté de ces tombeaux, la conception iconographique, la décoration les ont fait considérer comme de véritables chefs-d'œuvre de la sculpture médiévale. « Si le style de la petite statuaire suggère une influence française, l'exubérance décorative et certains thèmes architecturaux, arcs en fer à cheval, polylobulés, révèlent un maître initié aux formes mudéjares péninsulaires. L'œuvre pourtant est bien portugaise, par le drame d'amour qu'elle évoque, l'originalité de l'iconographie (une roue de fortune décore un sarcophage) et l'évolution artistique dont elle représente l'aboutissement. » (R. dos Santos.)

A la fin du XIVe siècle, juste avant la

Le cloître du monastère des Jerónimos à Lisbonne.

bataille d'Aljubarrota, le roi João Ier invoque la Vierge et fait le vœu de lui ériger un monastère s'il emporte la victoire. Le monument s'appellera donc Sainte-Marie-de-la-Victoire, mais il est mieux connu sous le nom de *Batalha*. Son premier architecte, Afonso Domingues, s'est chargé du plan général : il le dessine dans le style national et archaïque. Mais, alors que les travaux sont en cours, Domingues devient aveugle, et la légende s'empare de son personnage en lui attribuant la construction de la grande voûte de la salle du chapitre. Alexandre Herculano raconte l'épisode dans une de ses *Lendas e Narrativas* et représente Domingues trois jours et trois nuits restant sous la voûte qu'il venait d'achever et, à la fin, mourant épuisé en répétant :

Statue d'apôtre sur la façade de l'église Santa Cruz, à Coimbra.

« La voûte n'est pas tombée, la voûte ne tombera pas. » Il semble bien pourtant que c'est le deuxième architecte de *Batalha*, maître Ouguete, de nationalité inconnue, qui a fermé les voûtes de la maison du chapitre, de la nef et du cloître et dessiné les plans des chapelles du Fondateur et de D. Duarte. Son style est plus travaillé, il rappelle le gothique perpendiculaire, et l'on se demande à cet égard si Ouguete (ou Huguette, 1402-1438) n'était pas de nationalité anglaise. C'est encore à Batalha qu'ultérieurement Mateus Fernandes et Diogo Boytac laisseront quelques-uns des plus beaux exemples du style manuélin.

Parallèlement à cette évolution s'est développé un autre courant, plus traditionnel, représenté par l'école de Coimbra et dont João Afonso (tombeau de Fernão Gomes) et Diogo Pires-o-Velho sont les noms les plus marquants.

LE « POLYPTYQUE DE SAINT VINCENT »

Ce n'est pas avant le XVe siècle que débute la peinture portugaise, mais elle est alors dominée par un peintre de génie, Nuno Gonçalves. Son chef-d'œuvre, le fameux *Polyptyque de saint Vincent*, exposé aujourd'hui au musée des Arts anciens de Lisbonne, se trouvait primitivement dans la cathédrale même. C'est un vaste portrait de la société portugaise à l'époque d'Afonso V, dont Gonçalves fut sans doute le peintre attitré de 1450 à 1467. Il est postérieur à la conquête de Ksar es-Seghir (1458) et aux dernières découvertes d'Henrique le Navigateur. Parmi les personnages essentiels figurant sur l'un ou l'autre des six panneaux ont été identifiés le roi Afonso V, la reine, le prince João (futur roi João II), Henrique le Navigateur, l'archevêque de Lisbonne et, à l'extrême gauche d'un panneau, on a cru reconnaître le peintre lui-même. Chevaliers, pêcheurs, moines viennent compléter cette immense fresque d'une si grande originalité. La composition de l'œuvre, où l'on ne peut déceler aucune influence étrangère, donne tout le relief aux personnages, sans qu'il y ait ni paysages ni arrière-plans. Seule, la disposition même de ces personnages les uns au-dessus des autres rappelle peut-être la tradition de la tapisserie.

La beauté d'un coloris chaud, profond, exalté par le contraste de tons froids, suffirait à assigner à Nuno Gonçalves une place à part dans la peinture si ne venaient s'y associer les qualités les plus rares du portraitiste qui n'entend pas limiter son investigation à l'appa-

rence. L'expression des visages, le recueillement montrent la détermination de ces hommes qui sont à une époque cruciale de l'histoire du Portugal. Une œuvre d'une si grande valeur n'a pas manqué de soulever maintes interprétations et polémiques passionnées parmi les critiques d'art, dès que José de Figueiredo l'eut révélée, au début du XXe siècle. Et l'un de ceux-ci, Van Puyvelde, n'a pas hésité à dire que « le *Polyptyque de saint Vincent* dépasse le chef-d'œuvre de Van Eyck *(l'Agneau mystique)* par la concentration, par la monumentalité de sa conception artistique... Il y a là un superbe dédain du paysage, de l'architecture, de la perspective linéaire ou atmosphérique, éléments qu'à la même époque les artistes italiens et flamands poursuivaient avec acharnement. »

L'ART MANUÉLIN

Pendant un quart de siècle, sous le règne de Manuel Ier, le « Roi fortuné », le Portugal connaîtra une activité débordante dans les domaines de l'architecture, de la sculpture, de la peinture et dans les arts qu'on appelle « mineurs ». Et aujourd'hui, tout amateur d'art visitant le Portugal est surpris par la variété, par la richesse, par l'originalité que révèlent les monuments de cette époque. Il est frappé par la puissante conception de la nef du monastère des Jerónimos, à Lisbonne, et par la beauté incomparable de son cloître ; par l'influence de la mer dans la décoration des fameuses fenêtres de la salle du chapitre du couvent du Christ à Tomar, ville pourtant éloignée de l'Océan ; par les colonnes torses de monuments tels que l'église de Jesus à Setúbal ou la Madeleine d'Olivença, construites à une époque antérieure à l'avènement du baroque ; par les influences maures ou mudéjares qu'on trouve dans les palais de l'Alentejo ou au palais royal de Sintra ; par cette prolifération de fenêtres, de portes, de portails, emblèmes manuélins que le connaisseur reconnaîtra non seulement du nord au sud du pays, mais dans les possessions portugaises d'outre-mer ; il est toujours attiré, enfin, par ce joyau de l'architecture manuéline au milieu du Tage, la tour de Belém, ensemble composite suggérant à la fois l'art des Indes et celui de l'Islam.

Varnhagen, l'historien, Almeida Garrett, l'écrivain romantique, et Mouzinho d'Albuquerque, le restaurateur de Batalha au XIXe siècle, qui, les premiers, ont employé ce mot de *manuélin* pour désigner l'art de cette étonnante période, ont fait remarquer les motifs décoratifs de ses monuments : la croix du Christ, la sphère, les emblèmes du roi, ses initiales, ses armoiries, ainsi que les évocations maritimes — cordages, voiles de bateaux, câbles avec leurs nœuds. Mais il y a aussi une interprétation naturaliste dans la décoration, avec des perles, des feuilles de laurier, des écailles imbriquées, des artichauts aux troncs ligneux et striés, des épis de maïs émergeant d'une feuille recroquevillée... « La Renaissance italienne, a dit Reinaldo dos Santos, est née de la révélation du monde antique, tandis que le manuélin s'est inspiré de celle du monde nouveau. C'est un style atlantique, et non méditerranéen. Il correspond à une vision originale du monde, aussi ne faut-il pas y chercher de formes de transition ; ce n'est pas l'aboutissement d'une révolution, mais une création. »

Autre aspect de cet art si typiquement portugais, c'est l'influence venue du Maroc et de l'Andalousie. La plupart des grands architectes de l'époque sont allés travailler aux fortifications des places portugaises de l' « Algarve d'além » (Algarve d'outre-mer, c'est-à-dire le Maroc), et ils ont découvert là-bas l'art musulman : ainsi les dômes côtelés de la tour de Belém rappellent ceux de certaines mosquées marocaines, dont la Koutoubia de Marrakech. En 1497, d'autre part, le roi Manuel Ier a fait un voyage en Andalousie afin d'être reconnu comme l'héritier de la couronne d'Aragon et, de cette visite, il a gardé le souvenir des palais maures de Séville ou de Grenade. Aussi retrouve-t-on tout naturellement le caractère mudéjare à Sintra et dans les palais de l'Alentejo.

Révélé par Boytac à Setúbal en 1498, cette année cruciale de la découverte de la route des Indes par Vasco de Gama, l'art manuélin traduit les sentiments d'une époque de gloire fulgurante mais éphémère. En 1521, dès avant la fin du règne de Dom Manuel, il est déjà remplacé : la Renaissance est là.

LES ARCHITECTES DE DOM MANUEL

Le premier architecte manuélin est Diogo Boytac. De nationalité française, probablement originaire du Languedoc, il est venu très tôt au Portugal.
Le premier monument dont il a la responsabilité, c'est l'église de Jesus, à Setúbal ; puis il travaille ensuite aux Jerónimos (de 1502 à 1516), à la cathédrale de Guarda, à Santa Cruz et Paços de Coimbra, et à Batalha où il dirigera les travaux du cloître royal

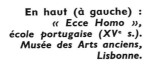

En haut (à gauche) : « Ecce Homo », école portugaise (XVe s.). Musée des Arts anciens, Lisbonne.

En haut (à droite) : portrait de sainte Jeanne, fille du roi Afonso V, attribué à Nuno Gonçalves. Couvent de Jesus, Aveiro.

Ci-contre : saint Antoine (XVe s.). Musée des Arts anciens, Lisbonne.

et de l'étage supérieur des « chapelles inachevées ». On peut encore lui attribuer — à lui ou à ses élèves — l'église de Golegã, celle de Montemor-o-Velho, le portail de Saint-Julien de Setúbal et, peut-être, la Madeleine d'Olivença. Chez Boytac, les piliers se tordent en spirale dans un effort qui renferme déjà un germe de baroque. C'est sous forme de câbles que les moulures encadrent les arcs triomphaux et les nervures des voûtes. Ou alors, sous forme de torsades, elles jouent le rôle de contreforts aux portails de Golegã ou de la chapelle de l'université de Coimbra, par exemple. Au fur et à mesure

qu'évolue son art, les torsades de Boytac perdent la nudité robuste des débuts pour se couvrir d'éléments décoratifs ; elles sont interrompues à tout moment par des anneaux qui les fragmentent. Ses voûtes sont à l'origine de simples croisées d'ogives aux nervures rondes, comme à Guarda, ou quadrangulaires, comme à Jesus de Setúbal. Mais celle de la nef de Santa Cruz de Coimbra dessine une série d'étoiles avec des liaisons en losange identiques à la voûte du réfectoire des Jerónimos ou du chevet de Golegã. Quant à ses portes, Boytac les inscrit, en général, dans une composition rectangulaire

Maître du Retable de Santa Auta :
« Départ des reliques ».
Musée des Arts anciens, Lisbonne.

dont les côtés sont constitués par des colonnes torses, presque toujours avec une couronne ou un anneau au milieu, et surmontées par des pinacles en spirale. Et c'est à l'intérieur de ce rectangle que sont placés les emblèmes manuélins : l'écusson, la croix et la sphère.

Autre architecte de style manuélin, Mateus Fernandes est le maître d'œuvres de Batalha, de 1490 à 1515. Son activité s'y exerce presque exclusivement : on lui doit le portail monumental, les chapelles et les voûtes du panthéon de D. Duarte. Demeurant le plus « gothique » des maîtres manuélins, son art se caractérise par un naturalisme plus modéré, une stylisation plus raffinée des thèmes géométriques et calligraphiques. Chaque archivolte, chaque pilier développe son thème sans interruption, et Reinaldo dos Santos résume ainsi ses impressions : « Par sa composition, par son fouillis ornemental, le portail des « chapelles inachevées » suggère un esprit plus musulman que flamboyant. Pas une surface nue où reposer les

Ci-contre : « Résurrection du Christ »,
par Frei Carlos.

Page de droite : polyptyque de
saint Vincent (panneau de l'archevêque)
par Nuno Gonçalves.
Musée des Arts anciens, Lisbonne.

yeux, ni une colonne lisse à peine baignée par l'irradiation mélodique de ses courbes... Aucun monument manuélin n'est, plus que ce portail, chargé de suggestions indiennes, par son exubérance décorative et la monumentalité de sa composition, mais ce n'est qu'un exemple du parallélisme de tous les arts, de tous les naturalismes surtout. » Deux autres grands maîtres du style manuélin, les frères Diogo et Francisco de Arruda, appartiennent à une famille qui a illustré tout le XVe et le XVIe siècle portugais dans le domaine de l'art. Diogo est l'auteur de la partie manuéline du couvent du Christ à Tomar, des églises de Viana do Alentejo et de Moura, des palais de l'Alentejo et, au Maroc, de la cathédrale et du château de la Mer à Safi. Francisco de Arruda a bâti la tour de Belém. Mais les deux frères ont souvent travaillé ensemble, et une bonne partie des monuments mudéjares de l'Alentejo doivent leur être attribués à tous deux.

Au couvent du Christ, à Tomar, Diogo apparaît comme libéré de toute influence extérieure et, dans l'exécution de la nef et de ses fameuses fenêtres, il donne libre cours à une imagination débordante. Ainsi la décoration enve-

L'art

Cristóvão de Figueiredo : « Mise au tombeau ». Musée des Arts anciens, Lisbonne.

loppe la nef d'ondes et de câbles, et des nœuds se nouent constamment. Les fûts perdent la robustesse des torsades de Boytac, transformées en bandeaux entourant les troncs avec une abondance de racines et de rameaux tronqués. Il y a une vision de grandeur monumentale, d'inquiétude et de tumulte.

LA PEINTURE MANUÉLINE

La peinture de l'époque de D. Manuel a su, elle aussi, exprimer le caractère des hommes qui ont donné une nouvelle dimension à l'univers. Les arrière-plans montrent souvent les mers lointaines et de grandes escadres de navires ; les œuvres ont un sens monumental d'une époque de conquête. Si les peintres flamands venus au Portugal à ce moment-là ont exercé une influence indéniable et donné aux artistes lusitaniens le goût d'utiliser le paysage comme toile de fond, par exemple, ou celui des tonalités plus sombres, la plupart d'entre eux ont été « nationalisés » et se sont transformés « au soleil du Portugal ».

Le premier Flamand est arrivé vers l'an 1500 : il s'appelle Francisco Henriques. Admis rapidement au sein de la société portugaise, il épouse bientôt la sœur du peintre Jorge Afonso et se met à travailler pour le compte du roi Manuel Ier. Son œuvre la plus importante sera exécutée à Evora : il s'agit du polyptyque du maître-autel et des grands panneaux des autels latéraux de l'église Saint-François. Une technique minutieuse dénote l'origine flamande de son art, mais le sens monumental, le goût de la couleur — le carmin, le vert et le jaune pur — appartiennent déjà au cycle portugais. Dans ses compositions, il conservera toujours le *sfumato*, qui permet de reconnaître son style.

Mais le peintre qui a le mieux conservé la tradition flamande, c'est Frei Carlos. Entré au couvent d'Espinheiro, à Evora, en 1517, on sait qu'il y pratiqua son art jusqu'en 1535. La minutie de son dessin, la pureté de ses couleurs et la tendresse de ses visages ont rendu ses tableaux célèbres. Si sa technique du portrait et des arrière-plans est sans aucun doute flamande, il appartient à l' « école portugaise » par la vivacité de ses couleurs (le vermillon, typique, surgit dans presque tous ses tableaux) et aussi par l'humanité de ses personnages. L'*Apparition du Christ à la Vierge,* daté de 1529 (musée des Arts anciens à Lisbonne), est admirable par la délicatesse du dessin, le sens de la perspective, l'art des draperies et le mysticisme des visages dignes d'un Fra Angelico. Il faut citer encore le *Bon Pasteur,* le *Saint Antoine* et l'*Ascension* au musée des Arts anciens de Lisbonne, ainsi que la *Vierge et l'Enfant* au musée Soares dos Reis de Porto.

GRÃO-VASCO

L'un des courants artistiques les plus intéressants de la peinture manuéline s'est développé à Viseu autour de Vasco Fernandes, le « Grão-Vasco » de la légende. Son art était si célèbre dans le Beira que tous les beaux tableaux lui étaient attribués. La légende a duré pendant des siècles et son œuvre ne cessait de s'élargir... Ce n'est qu'à la fin du XIXe siècle qu'on put enfin distinguer ses tableaux des autres. Mais il est vrai que Vasco Fernandes joua un rôle de tout premier plan dans l'histoire de la peinture portugaise.

Mieux que quiconque, il sait rendre l'aspect sauvage du paysage, la robustesse du peuple et le côté dramatique des situations. Son œuvre est dispersée dans les églises et les musées du Nord : *Création d'animaux* et *Visitation* au musée de Lamego ; panneaux à l'église de Freixo de Espada à Cinta ; *Pentecôte* à Santa Cruz de Coimbra et plusieurs tableaux au musée Grão-Vasco de Viseu, dont ceux qui se trouvaient primitivement à la cathédrale, y compris le *Saint Pierre.*

A ce sujet, deux œuvres d'importance fondamentale enrichissent, en effet, la

période manuéline : le *Saint Pierre* du
musée Grão-Vasco et celui de l'église
de São João de Tarouca. Le premier a
bien été peint par Vasco Fernandes,
mais pour le second se pose un véritable problème. Reinaldo dos Santos
propose qu'on l'attribue à Cristóvão de
Figueiredo. En 1949 déjà, il écrivait à
cet égard : « Deux maîtres différents ;
celui de Viseu, plus dramatique, de
tonalité plus grave et de vision décorative plus ample ; celui de Tarouca, plus
clair de tons, plus délicat de sentiments,
plus vigoureux dans le portrait et plus
subtil dans le paysage. Les deux panneaux de *Saint Pierre* ne doivent pas
s'opposer ni être considérés comme
deux versions du même artiste ; l'une
spontanée, celle de Tarouca, l'autre
décadente, celle de Viseu. Ce sont plutôt deux conceptions différentes de la
composition et du portrait — plus grandiose et décoratif à Viseu, plus profondément humain à Tarouca. »

L'ÉCOLE DE LISBONNE

Malgré l'importance des Flamands à
Evora et à Viseu, Lisbonne reste le
grand foyer de la peinture manuéline.
C'est dans l'atelier de Jorge Afonso,
peintre du roi, que travaillèrent Gregório Lopes, Cristóvão de Figueiredo,
Garcia Fernandes, Pero et Gaspar Vaz,
et Vasco Fernandes, lui-même, y passe
quelque temps en l'année 1514.
Jorge Afonso (mort en 1540) est le
beau-frère de Francisco Henriques, le
beau-père de Gregório Lopes et l'oncle
de la femme de Garcia Fernandes : on
peut vraiment parler de « la grande
famille » de peintres de l'époque de
Dom Manuel ! Inspecteur de toutes les
œuvres peintes du royaume, Afonso
exercera une influence certaine sur sa
génération, mais son œuvre, à lui, reste
mal connue, bien qu'on lui attribue,
sans en être sûr, les grands panneaux
de la rotonde de Tomar.
Avec Cristóvão de Figueiredo, la peinture manuéline atteint l'un de ses sommets. En dehors du *Saint Pierre* de
São João de Tarouca (qui n'est encore
qu'une hypothèse), nous connaissons de
nombreux tableaux où son art excelle.
Tout d'abord *la Mise au tombeau* (au
musée des Arts anciens de Lisbonne)
constitue l'une des manifestations ma-
jeures de l'art du portrait au Portugal.
Figueiredo modèle ses sujets par taches
plutôt que par traits, utilisant toute une
gamme de noirs et de gris ; il dramatise
les attitudes avec un sens admirable
de la composition triangulaire des
groupes, concentrée vers le point essen-
tiel, et son sens de la couleur lui permet d'envelopper les visages à la ma-

Solar de Mateus (près de Vila Real). Façade de Nicolo Nasoni (XVIIIᵉ s.).

nière des impressionnistes. Ses œuvres les
plus fameuses sont le retable de Santa
Cruz de Coimbra, le triptyque des Cal-
das da Rainha, le *Martyre de saint Hip-
polyte* et le *Saint André* du musée des
Arts anciens de Lisbonne. Il faut encore
lui attribuer le retable de Santa Auta,
peint sur commande de Leonor, la
veuve du roi João II, lorsque les reliques de la sainte furent envoyées à
Lisbonne par l'empereur Maximilien.
A côté de Cristóvão de Figueiredo
s'impose l'œuvre de Gregório Lopes,
peintre royal sous les règnes de
Manuel Iᵉʳ et de João III. Lopes sait
parfaitement exprimer la vie de la cour
avec toute sa pompe, ses cortèges, les
riches vêtements des courtisans, les
mœurs du palais. A l'inverse de
Figueiredo, il modèle plus par le trait
que par la tache ; et la joie de vivre
explose chez lui dans ses anges sou-
riants, le culte du nu, ses formes arron-
dies et surtout ses couleurs vives où
dominent les bleus et les carmins. Les
panneaux de *Notre Dame avec les
anges* et de *Saint Sébastien* sont au
musée des Arts anciens de Lisbonne,
alors que les retables de l'église São
João Baptista sont restés à Tomar.
L'art du *Cinquecento* portugais se trans-

mettra à des maîtres tels que Cristóvão
Lopes (le fils de Gregório), Cristóvão
de Morais et ce peintre inconnu du
Portrait d'une nonne, qui se trouve au
musée des Arts anciens de Lisbonne.

DE LA RENAISSANCE
AU BAROQUE

Ce sont des artistes étrangers, des
sculpteurs surtout, qui introduisent la
« Renaissance » au Portugal. Les architectes Diogo et João de Castilho
adoptent l'art nouveau et continuent
les monuments de l'époque manuéline dans le style importé. Pourtant, le
cloître du monastère des Jerónimos, à
Belém, est achevé dans l'esprit manuélin, mais avec des éléments décoratifs
Renaissance mêlés à du « plateresco ».
Avec Afonso Alvares, dont l'activité
s'étend de 1550 à 1575, commence
vraiment un autre cycle dans l'architecture portugaise. Il établit les plans
de la cathédrale de Leiria, du collège
et de l'église des jésuites d'Evora et
sans doute aussi celui de la cathédrale
de Portalegre.
Mais décidément ce style Renaissance
manquait d'originalité au Portugal jusqu'à l'arrivée, en 1576, de l'Italien

Filippo Terzi, qui eut une influence décisive sur toute une génération d'architectes. A Lisbonne même, Terzi rebâtit l'église São Vicente de Fora sur les plans du Gesù de Rome, avec croix latine et transept peu profond. L'intérieur est imposant, la nef est la plus vaste et la plus grandiose de la capitale. Il y a une symétrie des formes, une harmonie des proportions, un classicisme marqué dans les portails et fenêtres, une vision frontale de la façade. São Vicente marque un tournant : les architectes vont s'inspirer de cet ensemble empreint d'austérité. Mais, en l'absence d'éléments décoratifs, se multiplieront alors dans les églises les *azulejos* (carreaux de faïence émaillés) et les retables en bois polychrome.

La seconde moitié du XVIe siècle voit l'éclosion de grands monuments dans la plupart des territoires portugais d'outre-mer. Au Portugal même, l'architecture ne cesse d'évoluer, les émules de Terzi seront bientôt acquis au « baroque », dont Baltasar Alvares, le

neveu d'Afonso (qui avait déjà érigé la fontaine *baroque* du Geraldo, à Evora, en 1570), est le premier grand maître. Renouvelant la forme traditionaliste de son oncle, il érige successivement les églises et les collèges jésuites de Lisbonne (Santo Antão), Porto (Grilos) et Coimbra (Sé Nova). Il sera bientôt suivi par deux familles de maîtres architectes, les Tinocos et les Turianos.

Dans la capitale, l'église Santa Engracia, conçue par João Nunes Tinoco, est bâtie par João Antunes. Celui-ci y travaille pendant plus de quarante ans, mais l'œuvre reste inachevée. Les travaux, souvent repris, semblent interminables et les gens de Lisbonne prennent l'habitude de dire à propos des projets qui s'éternisent : *obras de Santa Engracia* (« œuvres de Santa Engracia »). Finalement terminé en 1966, l'édifice ne manque pas d'originalité. Ses proportions monumentales et sa haute coupole sont inséparables du panorama de Lisbonne.

Page de gauche : *sculptures polychromes et azulejos de la chapelle N.-S.-do-Desterro, à Alcobaça.* **Ci-dessous** : *les azulejos de la Casa de la Fronteira, près de Lisbonne.* **A droite** : *personnages de crèche en terre cuite (XVIIIe s.). Musée des Arts anciens, Lisbonne.*

« AZULEJOS » ET « TALHA »

L'origine mauresque de ces carreaux de faïence, on la retrouve dans le nom lui-même : *azulejo*, qui désignait une technique largement employée en Perse durant la dynastie des Abbassides. Au XVe siècle, les artisans maures fabriquaient ces carreaux de faïence à Séville et à Talavera, et c'est avec les *azulejos* provenant du sud de l'Espagne qu'on décora le palais royal de Sintra et qu'on revêtit les murs de la vieille cathédrale de Coimbra.

Mais c'est au XVIIe et au XVIIIe siècle que le Portugal adopte surtout — et fabrique — les *azulejos* qui vont ornementer non seulement les murs des églises, mais aussi des maisons. Ils évoluent avec le temps, recouvrant les surfaces comme de véritables tapisseries polychromes, à thèmes religieux ou profanes. Vers 1670, l'influence hollandaise se fait sentir, des tonalités nouvelles apparaissent, le bleu sur fond blanc domine. Puis des céramistes de grand talent, Antonio de Oliveira Bernardes en particulier, vont produire de vastes compositions destinées à revêtir églises, cloîtres, palais et jardins, où la décoration baroque reste souveraine jusqu'au milieu du XVIIIe siècle, c'est-à-dire au moment où « les modèles français interviennent dans les compositions revêtant les pierres d'angle ou de taille directe, ainsi que dans les guirlandes et les médaillons d'un coloris suave, où les fonds blancs jouent un grand rôle décoratif dans l'équilibre d'ensemble » (R. dos Santos).

L'azulejo est ainsi devenu un élément décoratif typique de l'art portugais, et de nos jours certains artistes cherchent à le moderniser, avec parfois d'excellents résultats, dans le cas de Jorge Barradas par exemple.

DU « SETECENTO » JUSQU'À COLUMBANO

Autre élément décoratif, la *talha*, bois sculpté, polychrome et doré, qu'on utilise pour les retables. Or, les retables pullulent à l'intérieur des églises portugaises, apportant une chaleur, une délicatesse, presque une intimité que l'on recherche avidement à une époque où ces monuments sont devenus par trop austères sous l'influence des jésuites. Leur richesse d'ornementation ne fait qu'augmenter du XVIe au XVIIIe siècle, à tel point que les styles se chevauchent bientôt, et sous le règne de João V, nouvel âge d'or dû aux apports du Brésil, la profusion décorative semble atteindre son paroxysme. Elle annonce, en fait, la décadence d'un genre dont l'un des plus beaux exemples demeure la bibliothèque de l'université de Coimbra, avec ses laques roses et vertes et le merveilleux sens de l'équilibre dans ses proportions.

La décadence politique, l'union avec l'Espagne marqueront profondément l'art portugais. Dès le XVIIe siècle, les peintres commencent à fréquenter Madrid, l'originalité se perd, mais un portraitiste de premier plan, Domingo Viera, « o Escuro », domine ses contemporains, « austère dans la couleur, noble dans la position, humain dans le sentiment ». C'est à lui que l'on doit en particulier le portrait de Dona Isabel de Moura — au musée des Arts anciens de Lisbonne — et celui du *Magistrat* — au musée d'Evora. Au XVIIIe siècle, à l'époque fastueuse de João V, les influences étrangères sont françaises, allemandes et surtout italiennes dans la peinture. Un maître célèbre, Francisco Vieira de Matos, mieux connu sous le nom de « o Vieira Lusitano », peint à Lisbonne de nombreux retables. A la fin du siècle, à côté du Vieira Portuense, qui laissera d'agréables paysages de Porto et de Lisbonne, Domingos de Sequeira fait preuve de son talent dans une impressionnante série de portraits et aussi d'allégories où il met en relief la lumière et la clarté du ciel portugais.

Le temps passe, et le romantisme apporte « la révélation du paysage... Au Portugal, il serait motif de pittoresque et de sentimentalisme discret », écrit J. A. França. Mais, arrivé tardivement, il ne dure pas et cède la place au naturalisme. Silva Porto, João Marques de Oliveira, José Malhoa et surtout Columbano Bordalo Pinheiro laissent la marque d'une génération brillante. Columbano (1857-1929), longtemps directeur du musée d'Art contemporain de Lisbonne, exécute les portraits de personnalités du temps comme Antero de Quental, Eça de Queirós et Teixera-Gomes, et il réunit une partie des artistes de sa génération dans un tableau célèbre : le *Grupo do Leão*. Son sens de la couleur, son style auront une influence indéniable autour de lui, mais très précisément à la même époque se dessine un large mouvement autour de José Malhoa, peintre d'expression populaire.

Comment ne pas citer, enfin, après tant de peintres, le nom d'un grand sculpteur, António Soares dos Reis (1847-1889), qui va dominer, dans son domaine, le XIXe siècle portugais? Son *Desterrado (l'Exilé)*, au musée de Porto, révèle une perfection classique, une harmonie auxquelles ne manquent ni le rythme ni la force. Le sentiment national s'est emparé du *Desterrado*, parce que cet exilé exprime si bien un aspect indéfinissable de l'âme portugaise, la *saudade*, où une certaine mélancolie se mêle peut-être au souvenir d'un prestigieux passé.

Domingos de Sequeira :
« les Enfants du peintre ».
Musée des Arts anciens, Lisbonne.

La littérature

Tous les peuples sont métis, ainsi que toutes les langues et toutes les littératures. Si l'on tient qu'en ce domaine une prétendue pureté ne saurait être que principe d'appauvrissement, le Portugal n'a cessé de s'enrichir au cours de son histoire.

Tant que les Maures occupèrent le pays qui devait porter ce nom, la langue s'imprégna de termes mozarabes d'usage courant ; puis les pèlerins de Saint-Jacques-de-Compostelle et les Croisés en route vers la Terre sainte y ajoutèrent une marqueterie d'apports divers. Dans la suite d'Henri de Bourgogne, père de Afonso Henriques, arrivèrent seigneurs et hommes d'armes. Bientôt les rejoignirent, venus de Cîteaux et de Cluny, des moines qui étaient à la fois lettrés et bâtisseurs. Ils agirent sur le parler vernaculaire, un peu comme l'avaient fait pour l'anglo-saxon les troupes du duc Guillaume de Normandie.

Ce parler, le galicien, fut la « côte d'Adam » d'où naquit la langue portugaise — hermaphrodisme qui éclaire l'évolution d'un idiome riche en demi-teintes, chargé de nasales et de chuintantes, avec un éventail très éployé de sons vocaliques et de diphtongues à peu près impénétrable à des oreilles castillanes : l'émanation d'une race rêveuse mais dure à la peine, partagée entre les travaux des champs, l'appel de la mer et les combats de la Reconquête. La dernière croisade contre les albigeois marquera le dépérissement de la langue d'oc au royaume de France ; elle trouvera au Portugal, grâce aux troubadours venus de Provence, un refuge et une aire d'expansion privilégiée.

PREMIERS RECUEILS

C'est un ton mineur que celui des premiers textes poétiques, celui de la « gaie science » plus que du « trobar clus » : les plaintes de la femme amoureuse, les hymnes de l'amant qui égrène une litanie à la louange de sa belle. Tels sont les thèmes des *cantigas de amor* et des *cantigas de amigo*, que le celtisme ambiant et la verdeur populaire vont dépouiller de leur caractère conventionnel. Ils sont complétés par l'élément indigène des satiriques *cantigas de maldizer*.

Le premier des recueils, ou *cancionei-*

Page extraite de l'Ordonnance de D. Manuel Ier réclamant le recensement des livres au Portugal et ailleurs (XVIe s.).

ros, où ces compositions sont groupées, est l'œuvre du roi Sanche Ier. Celui-ci aura plus d'un émule couronné : c'est en portugais qu'Alphonse X de Castille rédige ses *Cantigas de Santa Maria*, et son petit-fils, le roi Dinis, fut à son tour un grand inspiré. A ce monarque, qui eut un Français pour précepteur, on doit, en plus de la fondation de l'université de Lisbonne, cent trente-huit chansons à l'accent toujours pur :

Ah ! vertes fleurs de pin sauvage,
Avez-vous des nouvelles de mon ami ?
Avez-vous des nouvelles de mon amant,
Qui, volage, a menti à son serment ?

La prose est l'apanage des moines, qui composent maint « livre de lignage », chroniques nobiliaires truffées de contes à la Chaucer. Au XIVe siècle, l'influence provençale est vaincue par la magie des légendes bretonnes : l'atlantisme recouvre son empire naturel. De l'*Amadis de Gaule*, composé vers 1350, nous ne connaissons que la version espagnole, mais on a pu se demander s'il n'était pas transcrit du portugais. Quoi qu'il en soit, toute la geste de Bretagne conquit à sa suite l'occident de la Péninsule.

La dynastie des Avis se distingue brillamment dans les lettres : le roi Dom Duarte, scrupuleux, méditatif, disserte, dans le Loyal Serviteur, aussi bien de problèmes d'équitation que des subtilités de la vie intérieure. Tous les membres de sa famille, sans en excepter les femmes, composent des traités de mathématiques ou de vénerie, des vers et des études sur les constellations; l'exemple est contagieux. L'histoire, qui se fait à vive allure, va s'écrire. Un archiviste, Fernão Lopes (1380-1460), sera son créateur. Il ne fait pas œuvre de courtisan, mais d'observateur lucide et objectif : il met en évidence les ressorts de la révolution interne qui oppose à la noblesse une bourgeoisie qui exige sa place au soleil; c'est un sociologue. Economiste né, il sait le pouvoir et les périls de l'argent qui corrompt les plus hauts desseins; doté d'un tempérament d'artiste, il peint les mouvements de masse, mais aussi les individus. A chacun, il prête le langage qui lui est propre; à cet analyste riche du sens des grandes synthèses, historiens, poètes et romanciers de l'avenir devront une réserve de traits et de figures dans laquelle ils puiseront le meilleur de leur inspiration.

LES VOIES DE L'INDIVIDUALISME

Sur les marches de deux ères, alors que les campagnes commencent à se vider et que les esprits forts s'élèvent contre les clercs et la scolastique, paraît en 1516, compilé par Garcia de Resende, historien mineur mais homme polyvalent, le très important *Chansonnier général*, florilège qui fait charnière entre le Moyen Age et la Renaissance. Plus de deux cents poètes, dont certains s'expriment en espagnol, y figurent : presque tous d'origine noble, artificieux, rompus à toutes les finesses de la rhétorique, ils ne se défendent pas de cette émotivité et de cette propension à la mélancolie qui, d'âge en âge, accompagnent les manifestations du génie portugais. Quintessenciés mais sincères, ils préparent les voies de l'individualisme qui va faire éclater les vieux gaufriers.
Le roi Manuel Ier fut le Louis XIV de son pays; tout semblait donner à penser qu'il ouvrait à son peuple une longue perspective de gloire. Un de ses sujets, Bernardim Ribeiro (1482-1552), qui devait perdre la raison sous l'effet d'un chagrin amoureux, nous a laissé une sorte de roman sentimental, *Fillette et jouvencelle*, dont le titre primitif, *Livro das saudades*, n'aurait pu être tracé en aucune autre langue. Le merveilleux et le pastoral s'y marient, le peuple n'est pas dépaysé par ses expressions fami-

lières, plus d'une image s'impose à la mémoire : ainsi l'oiseau mort qui entraîne dans sa chute quelques feuilles d'arbre, et le frêle cortège funèbre vogue au fil de l'eau. C'est alors qu'apparaît une jeune fille vêtue de noir qui incarne la douleur des choses périssables : l'amour courtois toujours vif annonce discrètement le romantisme encore lointain.
Avec Gil Vicente (1465-1536), le théâtre rompt le cercle de l'anonymat médiéval. On croit qu'il fut orfèvre; entre ses mains la langue fut une matière malléable qu'il sut façonner comme un joyau. Ses pièces, nommées « autos », procèdent des « mystères », dont elles prolongent l'accent religieux et moralisateur. La première, *le Monologue du vacher*, est née de la vie de palais; aux suivantes, l'auteur incorpore des éléments d'origine liturgique qui célèbrent les Prophètes, l'avènement du Christ, la Rédemption. Elles ignorent toute unité d'action, elles ne s'encombrent guère de subtilités psychologiques; leur propos d'édification admet fort bien l'allégorie et le fantastique, comme cette *Forêt des erreurs* où font bon ménage dieux de la mythologie, anges, démons et personnages de la vie quotidienne. Gothique par ses origines, cet art à l'eau-forte est d'un homme qui châtie les mœurs en riant, mais avec une ferme conviction. S'il ne ménage personne dans sa

critique des mœurs — corruption de la cour, désagrégation des familles, vente des indulgences —, Gil Vicente sait toutefois rendre justice à la part positive de ceux, nobles ou juifs, ecclésiastiques ou paysans, dont il fustige les travers. Sans illusion sur les hommes, ce dramaturge pré-moliéresque nous a légué des satires d'une liberté et d'une saveur qui ne sont pas éventées. On pourrait croire qu'il s'est laissé pénétrer par osmose de l'esprit d'Erasme, ce qui assure à son œuvre efficacité et survie. Rien d'étonnant à cela : le philosophe d'*Eloge de la folie* avait, à Louvain, entretenu d'étroites relations amicales avec divers humanistes portugais, en un temps où les membres de l'insigne famille des Gouveia, tous titulaires de chaires d'enseignement, essaimaient à travers la France, à Poitiers, à Bordeaux, en Sorbonne, au collège Sainte-Barbe.
D'un séjour de cinq ans en Italie, le poète Sá de Miranda (1485-1558) rapporte, avec le *dolce stil nuovo*, l'estampille de la Renaissance. Même au temps de sa retraite, qu'il consacre à la chasse à l'ours sur ses terres du Minho, il reste fidèle à ses jeunes amours. Il sait l'art d'exprimer par le truchement des formes importées une âme fidèlement nationale : un non-conformisme discret, la nostalgie du Portugal d'avant les Grandes Découvertes et la fierté du gentilhomme conscient de sa valeur.

Ménestrels jouant de la guitare et du tambourin. Chansonnier d'Aruda (XIIIe s.).

130

Luis de Camões.

LA « CASTRO »

Auteur de sonnets, d'élégies et d'églogues réunis sous le titre de *Poèmes lusitans* qui portent l'empreinte du platonisme et de l'épicurisme stoïcien, António Ferreira vit surtout par sa *Castro*, tragédie dont la facture doit beaucoup à Sénèque : la fatalité souveraine, le conflit entre l'amour et le devoir, tels sont les ressorts du drame, depuis lors cent fois imité, qu'anime la figure de la Reine morte. Le chœur des jeunes filles de Coimbra introduit un charme dont notre Corneille est privé ; il est un des éléments qui donnent à cette œuvre, inscrite au répertoire depuis quatre siècles, mouvement et fraîcheur. Son auteur eut comme disciple Diogo Bernardes, qui se trouvait, en qualité de poète officiel, sur le champ de bataille d'Alcácer Quibir. Rapatrié après trois ans de captivité au Maroc, il épanche dans ses églogues une fervente action de grâces aux enchantements du pays retrouvé : la truite des ruisseaux, la noisette et l'arbouse, qu'il avait crus perdus à jamais. Allant plus loin encore dans le sentiment religieux, son frère, qui écrivait sous le nom d'Agostinho da Cruz, renia les vers profanes de sa jeunesse et s'en fut mener la vie contemplative dans un des ermitages blanchis à la chaux qui s'élèvent parmi les lentisques

de la Serra da Arrábida. Les chants de louange qu'il y composa introduisent pour la première fois une note mystique dans la poésie portugaise, laquelle épouse plus volontiers le sensible, voire le sensuel, dans l'orchestre de la création.

L'ÉPOPÉE NATIONALE

La biographie de Luíz de Camões (1524 ? - 1580), qui devrait être rapportée au conditionnel, ne le cède qu'à celles d'Homère et de Shakespeare dans le conjectural. Tout jeune, il est banni de Lisbonne pour délit d'opinion ; engagé dans l'armée, envoyé à Ceuta, il perd un œil dans un combat naval. De retour dans la capitale, il se complaît, tel Villon, dans la société des ribaudes et des mauvais garçons ; à la suite d'une rixe sanglante, il fait de la prison, puis prend du service dans l'armée des Indes. D'une tempête qu'il essuie au large du cap de Bonne-Espérance, il tirera la figure du géant Adamastor, redoutable personnification des tempêtes. Ses bourlinguages font une litanie : Goa, Malabar, Mascate, les Moluques. Fonctionnaire à Macao (fut-il vraiment l'administrateur des biens des morts et des absents ?), il connaît plusieurs fois la disgrâce et la prison. Dans le golfe du Mékong, il fait naufrage, mais parvient à sauver le

manuscrit de son épopée. Cherchant à regagner son pays, si pauvre qu'il devra vivre deux ans au Mozambique de maigres dons, il publie enfin à Lisbonne *les Lusiades* : en 1572, six ans avant le désastre d'Alcácer Quibir. Lorsqu'il mourut, indigent et délaissé, en 1580, au moment de l'absorption par l'Espagne de sa patrie, il put se dire heureux de disparaître en même temps qu'elle.

Cette patrie, il l'a dotée de l'épopée nationale qui lui manquait, et dont elle a compris la valeur au cours de la longue éclipse de son indépendance. Dans ses dix chants se pressent les héros mythologiques, les rois qui surent prêcher d'exemple et les navigateurs qu'ils enflammèrent de leur foi. Si le Virgile de *l'Enéide* a inspiré l'architecture et la terminologie, si Bacchus et Vénus s'opposent en un conflit permanent, si l'Inquisition trouva suspect le mélange de prosélytisme chrétien et de merveilleux païen, il n'est pas moins évident qu'éclate dans ce grand livre l'ambition de défricher, non seulement des terres, mais des âmes.

Vue dans l'optique du temps, l'œuvre n'est pas de tout repos. Le drapé, le didactique, le luxuriant sont des traits d'époque, mais derrière eux se manifeste un homme qui a vécu fortement et à qui l'expérience directe permet de vivifier l'académisme de rigueur : on est ébloui par les connaissances géographiques, par la science des choses de la mer, par l'exaltation des épices, marchandise pour laquelle les hommes versaient leur sang. Le poëte n'est certes pas exempt de tout préjugé — pour lui, les Maures ne sauraient être que des chiens, il jette un voile pudique sur les exactions et cruautés de ses compatriotes —, mais il dénonce par ailleurs leur gloriole et les travers nés de l'esprit de conquête : les admonestations qu'exhale le Vieillard du Restelo, sur la grève d'où appareille Vasco de Gama, l'Ulysse de son poème, sont grosses de menaces et de mauvais présages.

Par une lacune déplorable, le public de langue française ignore une partie de son œuvre qui l'apparie aux plus grands noms de la poésie universelle : les pièces lyriques où son art de « Renaissant » met en œuvre tous les pouvoirs et toutes les finesses d'une langue qu'il a contribué plus que quiconque à fixer. Ses sonnets sont d'une maîtrise consommée :

Changent les temps et changent les désirs
Change l'être et change la confiance
De changement est pétri l'univers
Qui sans fin se revêt de qualités nouvelles...;

ou celui-ci, d'inspiration biblique :

Sept ans comme pasteur Jacob servit Laban...
Puis il reprend un nouveau bail de sept
[*années*
Disant : Bien plus je servirais, si n'était
Pour un si grand amour la vie si brève

De la même encre sont tracées ses chansons et ses *redondilhas*, qu'elles paraphrasent un psaume de David ou qu'elles exaltent les attraits capiteux de la Vénus noire :

Ni les fleurs aux champs
ni au ciel les étoiles
n'ont beauté qui s'égale
à celle de ma mie...
Amoureuse négritude !

Ici par le platonisme, là par une ardeur qui cache mal la désespérance, Camões, à la conjonction de la Renaissance et des temps nouveaux, préfigure la délicatesse secrètement cruelle d'un Racine et la douloureuse humanité d'un Leopardi.

CHRONIQUEURS ET ANNALISTES

On constituerait une riche bibliothèque en rassemblant les écrits des chroniqueurs et des annalistes qui content en prose les événements dont Camões sut exprimer l'essence en une douzaine de chants. Ils enrichissent eux aussi la langue, dont le celtisme va s'orner des volutes d'un manuélin qui n'est pas de pierre, mais des mots empruntés aux dialectes indiens et américains. Nous ne pouvons citer que les principaux : João de Barros, historiographe de l'Asie portugaise, styliste si accompli que le pape Paul VI, en signe d'admiration, place son buste auprès de la statue de Ptolémée ; à Damião de Goís, esprit libre au point de fréquenter Luther, ce qui n'allait pas sans péril, on doit des pages hautes en couleur sur le Maroc et sur l'Abyssinie — dans ce dernier pays, de surréalistes évocations du « Prêtre Jean » qui était censé y régner : nul ne voit son visage, car il reçoit dans une alcôve entourée de rideaux, d'où émerge tantôt un bras et tantôt une jambe — ou encore la relation de la fastueuse ambassade que le roi Manuel Ier envoya en 1514 au pape Léon X. L'*Histoire tragico-maritime*, recueil anonyme de récits de naufrages et de navigations hasardeuses, ne cesse depuis des siècles de renflammer les énergies d'un peuple dont les destins se sont noués sur les mers. Un Fernão Mendes Pinto, aventurier digne des boucaniers de l'île de la Tortue, est fait treize fois captif, vendu à des

trafiquants, puis, au Japon, touché par le rayonnement de saint François Xavier, il est admis dans la Compagnie de Jésus, d'où il sera par la suite exclu. Sa tumultueuse *Pérégrination*, traduite en plus de quarante langues, est le roman d'un homme, d'un peuple, d'une époque — et quelle époque ! Exubérance et composition symphonique marquent le *Palmerin d'Angleterre*, qui est le glorieux chant du cygne du roman de chevalerie. Il est signé de Francisco de Morais, et Cervantes le déclarait digne d'être conservé dans une cassette d'or.

Il faut déchanter dès que les jésuites, qui fondent l'université d'Evora, exercent leur mainmise sur la pensée : la Péninsule reste à l'écart des grands mouvements d'idées que jalonnent les noms de Galilée, de Copernic, de Newton, de Descartes ; c'est le retour à l'orthodoxie dans tous les domaines. Tant que dure, de 1580 à 1640, l'union forcée du Portugal avec la Castille, toute originalité — la Cour n'ayant plus son siège à Lisbonne — déserte le pays vassal. Où est le temps où Camões fondait son œuvre sur la supériorité du beau, sans jamais se référer à une éthique ? Ces termes inversés, c'est l'ennui qui triomphe. Il suffit pour s'en convaincre de parcourir le recueil collectif (et bilingue) de *Fénix renascida*, contaminé par le goût espagnol d'un gongorisme purement formel ; ce Phénix, loin d'être ressuscité, est mort-né : il ne suscite aucun poète de la Résistance.

Voici qu'un souffle plus vif vient du Nouveau Monde, avec le R. P. Vieira (1608-1697) qui, élevé au Brésil, y fera de fréquents séjours. Ce jésuite d'outre-mer est un homme-orchestre : économiste, homme d'affaires, diplomate, rebelle au pouvoir, condamné par l'Inquisition, polyglotte, internationaliste et, devant la postérité, génial prédicateur. Il a le souffle de Bossuet, avec plus de ruptures dans le style et une tout autre prise sur le concret ; fidèle aux Ecritures, il les actualise par des images empruntées à la forêt vierge, à l'Océan (un de ses sermons roule sur les poissons), aux problèmes de l'indigénat, à ses démêlés avec les Hollandais. Prenant fait et cause pour tous les opprimés, Indiens, Noirs, Juifs, il ne craint pas de s'élever contre les prélats trop nantis. Avec cela, ce contestant est d'une crédulité de charbonnier : il ajoute foi aux versiculets de Bandarra, le Nostradamus du pauvre, qui annoncent l'avènement du Quint Empire, théocratie universelle sous la houlette du Portugal. Tout ce qu'il a proféré émane d'une âme

ardente, combative à l'excès, rêveuse jusqu'à l'utopie — l'âme d'un grand vivant et d'un chrétien de la primitive Eglise.

LES ORAGES DU ROMANTISME

Le progrès des « lumières » ne pouvait être que circonspect dans un pays encore soumis à diverses censures, religieuses et politiques, mais on n'arrête pas les idées avec un cordon douanier. Celles des Encyclopédistes se glissèrent par le canal des exilés qui rentraient de Londres, de Leyde ou de Paris, portant dans leur bagage les écrits de Bacon, de Locke, de Newton. La science démantèle une convention sclérosée. Pombal, homme dur, mais qui a le sens du siècle, chasse les jésuites, crée la faculté de mathématiques et appelle des professeurs étrangers. De son commerce à travers l'Europe avec les esprits forts, le chevalier d'Oliveira rapporte des vues audacieuses ; après le tremblement de terre de 1755, il plaide en faveur des protestants et des « nouveaux chrétiens » humiliés, il demande au roi l'abolition du Saint-Office : les structures archaïques sont au point de craquer.

Des académies se constituent, qui drainent toute l'*intelligentsia* du temps : les Occultes, les Flegmatiques, etc. La plus célèbre est l'*Arcadia lusitana*, avec Correia Garção (1724-1772), qui en fut l'âme. Sans rompre avec ses contemporains, qui ne mettaient aucun poète au-dessus de Boileau, du Voltaire de *la Henriade* et de J.-B. Rousseau, il a remis en honneur Horace et les épicuriens ; il cultive l'art formel et la dignité du travail « cent fois remis sur le métier ». Incarcéré en 1771, il mourut le jour qui devait être celui de son élargissement. Un de ses rivaux, le satiriste Nicolau Tolentino, fut exilé à Paris, où Lamartine lui tressa des couronnes. Bocage (1765-1805), d'ascendance française, a couru les mers du Brésil à la Chine, avant d'être emprisonné à Lisbonne pour ses prétendues idées subversives. Mort tuberculeux au terme d'une vie besogneuse, il s'est acquis par ses sonnets, fruit d'une dangereuse facilité, une popularité voisine de la gloire. A vrai dire, les Arcadiens n'ont créé que des œuvres de second plan, mais ils ont tenté de faire vivre un théâtre national, et leur agitation a contribué à purger le style des séquelles du baroque espagnol. Dans l'autre hémisphère, une nouvelle génération se lève, celle des poètes de métissage culturel, un Gonzaga, un Santa Rita Durão qui dicte à un Noir son

Caramuru, un José Basílio da Gama dont *l'Uruguay* est une torrentielle épopée anticoloniale.

Les temps étaient mûrs pour les orages du romantisme — des orages modérés. Ce qu'il y a de vital dans la tradition sera respecté par le chef de la première génération, Almeida Garrett (1799-1854). Emigré par deux fois en Angleterre, il participe au siège de Porto, se voit confier un poste diplomatique à Bruxelles, puis la mission de fonder un théâtre national. Prêchant d'exemple, il compose des tragédies axées sur l'indépendance de la patrie : *le Forgeron de Santarém, Frère Luíz de Sousa*, etc., où la nuance et la vigueur s'allient. A l'exemple de Walter Scott, il rassemble les cantilènes du passé ; dans les *Voyages à travers mon pays*, il manie avec nonchalance humour, romanesque, satire et fantaisie. Poète, il signe *Fleurs sans fruit* et *Feuilles tombées*, où passe un écho de Musset. Il reste légendaire par son dandysme, ses bonnes fortunes, la fougue de son tempérament et son goût de la liberté.

Très différent de lui, son ami Alexandre Herculano (1810-1877) rentra de son exil breton fortifié dans son moralisme et dans son anglophobie. Traducteur de Hugo, mais épris des méthodes de la science allemande, il prit du champ avec la religiosité de sa jeunesse, influencée par Lamennais, et l'amour tient peu de place dans ses romans historiques *Eurico, le Moine de Cîteaux, le Fou*, de bonne facture, et toujours lus! Critique exigeant, il démythifie dans son *Histoire du Portugal* les images d'Épinal auxquelles se complaisent ses compatriotes, comme l'apparition du Christ sur le champ de bataille d'Ourique. Cet « homme de bronze » — l'expression est sienne —, anticlérical qui a fait légaliser le mariage laïque, devait mourir dans la foi de son enfance. Romantique par sa destinée plus que par la faible audace de son inspiration, Castilho, auteur souvent livresque d'une centaine de volumes, était aveugle depuis l'âge de six ans. Frappé de cécité lui aussi, mais sur le tard, infirmité qui l'amena au suicide, Camilo Castelo Branco maniait la plume comme un bûcheron sa cognée : le plus célèbre de ses 262 ouvrages, *Amour de perdition*, où la passion la plus exaltée ronge les demi-teintes, fut écrit en quinze jours. Il y a, dans la bousculade de ses chapitres, de l'Eugène Sue (*les Mystères de Lisbonne*), du bovarysme (*la Brésilienne de Prazins*), des traits où ses concitoyens se mirent : le culte d'Eros, un sens du ridicule qui confine à la caricature, mais aussi des peintures alertes d'une province en voie de mutation : villages perdus, couvents, taverne, montagnes hantées de loups. Rocambolesque et sentimental, inégal et fermé à ce qui n'est pas sa planète (à New York il se claquemure dans sa cabine plutôt que de visiter la ville), il n'en reste pas moins maître de sa langue, alerte et sans bavures.

L'ÉCOLE DE COIMBRA

Avec la multiplication des routes, des ponts, des voies ferrées, une nouvelle génération a vu le jour, celle de l'école de Coimbra, qui prône l'étude directe et objective du réel, le respect de la science et une confuse aspiration à l'universel. Devenus adultes, ses membres iront grossir le groupe des « Vaincus de la vie ». Le Portugal, pays de poètes plus que de philosophes, trouve ses maîtres à penser en la personne de Darwin, de Renan, de Hegel, d'Auguste Comte. Teófilo Braga, qui devait devenir le premier président de la République, se convertit au positivisme (c'est au Brésil une vraie religion, avec ses temples et son rituel), il rédige une œuvre d'essayiste et d'historien aussi confuse qu'elle est profuse. Mystique dans sa jeunesse, rationaliste et radical en son âge mûr, Antero de Quental (1843-1892) fait de ses *Odes modernes* une poésie de combat, un ferment d'agitation sociale. Par goût de l'absolu, il penche vers le négativisme, flirte avec cette forme d'ataraxie qu'est le bouddhisme et, conséquent avec lui-même, il finit par se tuer d'un coup de revolver. Ses sonnets, d'une perfection de forme un peu désincarnée, sont les jalons de la quête métaphysique où s'est consumée son âme probe et irrassable, comme en fait foi la fin de l'*Hymne du matin*, typique anathème d'un « vaincu de la vie » :

Symbole du mensonge universel,
De l'apparence des choses fugitives
Qui couche, dans les mouvantes perspec-
    [tives,
Sous l'éternel sourire le Mal éternel ;

Symbole de l'Illusion, qui de l'Infini
Suscite l'Univers, déjà marqué
Pour la douleur, pour le mal, pour le péché,
Symbole de l'existence, sois maudit !

Très lié avec Antero de Quental, Oliveira Martins (1845-1894) n'est pas moins poète que lui, encore qu'il n'ait pas écrit en vers. De Michelet, car il est historien, il tient son romantisme humanitaire. Pessimiste né, ce proudhonien cherche, entre la masse prolétaire et l'oligarchie possédante, un facteur d'équilibre dans la dictature d'un seul (le national-socialisme est dans l'œuf). Il baigne dans les brumes du sébastianisme, selon lequel son pays serait en décadence depuis Alcácer Quibir ; d'où le *hero-worship* flamboyant qui anime les biographies dans lesquelles il exalte les surhommes chers à son cœur : les fils de Dom João, le Saint Connétable, le Prince parfait. Il y a là désordre et puissance, couleurs contrastées dans la peinture des batailles et des mouvements populaires — tous les élans d'un « pur » que meurtrissent les petitesses de la vie courante ; que reste-t-il, dans ces vues de l'esprit, du « réalisme » de l'école de Coimbra ?

Tout proche de nous, parce qu'il fut un grand Européen, devrait être Eça de Queirós (1845-1900). Consul à Cuba, puis en Angleterre et à Paris, où il est mort, il sut concilier cosmopolitisme et enracinement au pays natal. Parti des *Banderilles* socialisantes et des *Proses barbares* pénétrées d'un fantastique à la Poe, il a composé un cycle de romans véristes, une « Comédie portugaise » qui est aussi une « Comédie humaine ». Si subtile est sa prose qu'elle est peu traduite : le lecteur français ne connaît de lui que *la Relique*, ironiquement construite autour d'un pèlerinage en Terre sainte, et *Une famille portugaise (Os Maias)*, où un cas d'inceste habilement caché a pour toile de fond le monde ignorant et futile d'une aristocratie déclinante. Les quelque trois cents types que créa Eça de Queirós sont façonnés par l'environnement, comme ce conseiller Acacio qui est le type parfait de l'opportuniste : ils vivent et progressent magistralement, grâce à un style qui, malgré de nombreux gallicismes, a porté la prose portugaise à son point de perfection.

ART VIVANT ET VÉCU

La poésie, au pays du roi Dinis, ne perd jamais ses droits. Un isolé, Cesário Verde, nous lègue au terme d'une vie brève (1855-1886) un *Livre* posthume qui reste le compagnon des âmes secrètes et meurtries. Avec une fraîcheur de regard que laisse intacte un désespoir chronique, il y chante les humbles, les petits métiers, l'animation des rues de Lisbonne, l'éclat des vitres, le sifflement du gaz. De cette âme pudique on rapprochera l'auteur de *Seul*, António Nobre (1867-1903), lequel, miné par la tuberculose, vit en sympathie avec tous ceux qui souffrent et ne cesse d'exprimer une lancinante nostalgie de l'enfance. Pour en venir à cette sérénité, Abílio Guerra Jun-

Une rue de Nazaré.

intériorisé par une âme contemplative. Après cent autres, Teixeira de Pascoais reprend, dans le registre d'un humanisme érudit qui lui vaut maint disciple, le thème inépuisable de la mission de la race lusitanienne : le retour de Dom Sebastião attendu pour un lendemain toujours futur... L'an prochain à Jérusalem...

Si l'esthétisme vieillit mal, l'art vivant — et vécu — ne prend pas une ride. Artiste de sa vie, Manuel Teixeira Gomes (1860-1941), tour à tour marchand de figues, ambassadeur à Londres, président de la République et exilé volontaire, est l'auteur d'une douzaine de volumes. C'était un sage, un peu en marge, avec le détachement et le mordant que ce terme implique : à mille lieues de l' « engagement ». Les têtes couronnées et les musées de l'Europe lui étaient également familiers, mais sans oblitérer en lui l'amour des petites gens de son Algarve natale. Esprit athénien, doté de cette élégance intérieure qui fait le citoyen du monde, il s'en fut, apprenant l'arabe et portant le burnous, couler en Afrique du Nord une rêveuse vieillesse; il devait mourir à Bône. De ses écrits — contes, essais, roman, théâtre —, il suffit de retenir ce titre, qui les résume tous : *Lettres sans aucune morale,* avec cette conviction qu'il fut le plus méditerranéen des Portugais.

Aquilino Ribeiro (1885-1963), homme de caractère, est resté, malgré ses études et ses exils forcés, fidèle à sa province natale, cette Beira propice aux âmes rudes et bien trempées. Pourquoi son œuvre considérable, faite de romans, d'essais et de livres pour enfants, n'a-t-elle pas franchi l'obstacle des frontières? Sans doute parce que son régionalisme passe difficilement la rampe, d'autant qu'il s'était forgé un vocabulaire très personnel, mariant l'invention savante et le parfum du terroir. On ne peut que le regretter : il communique, avec une intensité digne des classiques slaves, le secret de la complexité de gens qui, sans être sortis de leur village, sont à eux seuls un microcosme. Son indépendance lui avait valu d'entrer plusieurs fois en conflit avec les pouvoirs établis : dès l'âge de dix-sept ans, il était arrêté pour avoir recelé chez lui une véritable poudrière et, peu avant sa mort, il avait encore maille à partir avec la justice, circonstances dont sa mémoire tire une auréole. On lira longtemps son *Maldadinhas,* autoportrait plein de relief, *Des faunes dans les bois,* dont l'érotisme sinue sur les franges du christianisme, *la Route de Santiago,* modèle de grand style...

queiro (1850-1923) aura un long chemin à parcourir : hugolâtre échevelé et verbeusement anticlérical dans *la Vieillesse du Père Eternel,* ouvrier de la révolution qui jette à bas le trône des Bragances, il retrouve à la fin de sa vie, dans *les Simples,* une veine tolstoïenne et franciscaine. Parnasse et symbolisme ne pouvaient manquer de s'implanter en un pays, de tous le moins xénophobe, qui accueille tous les courants du monde extérieur. D'entre les noms de ceux qui les ont illustrés, celui d'Eugénio de Castro, le ciseleur de vers d'*Oaristos* et de vingt autres recueils, risque de voir sa gloire, assise sur une technique irréprochablement savante, éclipsée par celle de Camilo Pessanha, auteur d'un seul livre, *Clepsydre,* écrit à Macao, où l'exotisme est

Eça de Queirós et Ramalho Ortigão.

XXᵉ SIÈCLE

L'agnosticisme de Ferreira de Castro (né en 1898), le plus illustre des écrivains portugais du XXᵉ siècle, rayonne de cette foi en l'homme et en son devenir qu'en langage chrétien on appellerait charité, et où les sceptiques risquent de ne voir qu'utopie. Autodidacte pur, celui qui devait être reçu à Brasília avec les honneurs qu'on rend aux seuls chefs d'Etat, partait à douze ans de son hameau comme émigrant de pont à destination de Belém do Pará. Quatre ans plus tard, il avait composé son premier roman, qu'il a renié depuis : cet homme de souche paysanne n'engrange que la fine fleur du froment. Tout le monde a lu *la Forêt vierge*, ouvrage traduit en deux douzaines de langues, et chez nous par Blaise Cendrars : un témoignage bouleversant sur l'enfer amazonien, cet univers glauque, à peine détaché de la Genèse, où sévit l'exploitation de l'homme par l'homme. Le même « lait de l'humaine tendresse » nourrit les autres livres : *Emigrants, les Brebis du Seigneur, la Mission,* etc., d'un auteur attentif aux oscillations d'une société figée depuis des siècles qui est en train de basculer dans le sens de l'Histoire, peintre frémissant d'un monde avide de promotion et de dignité. Conflits ouvriers, palinodies des hommes politiques, cas de conscience dont dépend le sort de la collectivité, tels sont

les thèmes dominants d'une œuvre concrète, vivante, communicative, et toujours sauve (excepté dans les Préfaces) de cette « littérature » qui vicie les intentions les plus probes.

Témoin lui aussi, mais avec un certain humour froid (explicable par le milieu de haute bourgeoisie dont il est issu) dans le survol d'une époque tout ensemble dramatique et absurde, Joaquim Paço de Arcos (né en 1908) est poète, essayiste, homme de théâtre et romancier. Dans son cycle « Amours et voyages de Pedro Manuel », Lisbonne est un véritable personnage qui prend vie, avec ses intrigues, ses fêtes, son aristocratie décadente, sa bourgeoisie ambitieuse ; l'héroïne de *la Biche captive,* mêlée à une affaire d'espionnage industriel et de minerai nucléaire, est bien d'aujourd'hui ; grinçants et désabusés sont les *Mémoires d'un billet de banque* ; autobiographique *l'Antiquaire de São Paulo,* tandis que *la Forêt de ciment,* voyage à la Montaigne à travers les Etats-Unis, est un reportage indulgent mais critique, critique mais indulgent. Dernier en date à exploiter la veine classique, Joaquim Paço de Arcos, abondamment traduit en français, peut être considéré, tant par son cosmopolitisme que par l'observation des mœurs nationales, comme l'héritier et le continuateur d'Eça de Queirós.

Avec la Première Guerre mondiale, à laquelle il participe, le Portugal commence à perdre son caractère de pays marginal ; jusque-là ne l'avaient quitté que des humanistes, des exilés politiques et des analphabètes qui ne rentraient d'Amérique du Sud que pour se réensevelir dans leur bourgade. Si la guerre civile d'Espagne l'isole pour un temps, la Seconde Guerre mondiale fait de lui le caravansérail où campent réfugiés, espions et errants de toute la terre. Les lignes de force des deux Amériques s'imposent à lui : les Etats-Unis avec Hemingway, dos Passos, Faulkner ; mais aussi le Brésil, son ancienne colonie, aujourd'hui en pleine sève. Le courant néo-réaliste, avec plus d'intellectualisme que l'école dont il procède, suscite des œuvres marquées de l'esprit manichéen, souvent cryptiques par souci d'échapper aux tracasseries de la censure. Apre comme le paysage de son Trás-os-Montes, l'individualiste Miguel Torga, qui fait alterner dans son *Journal* aux multiples volumes les vers et la prose, manie une langue elliptique et musclée ; ses *Bêtes* sont d'un Jules Renard animalier. Alves Redol décrit avec force les manadiers du Ribatejo et les barcassiers d'Aveiro ; Castro Soromenho, avant de choisir la

liberté, peint au bitume (*Calenga, Camaxiló*) le système colonial des territoires africains. Quant à Fernando Namora, qui s'impose comme chef de file, il donne un lustre nouveau à la « tranche de vie » et au roman rustique. Son état de médecin lui a facilité la connaissance des individus, dans leur âme comme dans leur corps ; ses romans et ses nouvelles (*Carnets de la vie d'un médecin, le Bon Grain et l'ivraie, Dimanche après-midi,* tous traduits en français) jettent de sombres feux sur une humanité intellectuellement et économiquement sous-développée, dont la soumission atavique explose en accès de fureur qui lui entrouvrent la porte de l'espérance. Le titre d'un de ses vingt livres, *Vie dan-*

Ferreira de Castro.

gereuse, pourrait s'appliquer à Urbano Tavares Rodrigues ; lecteur de portugais en Sorbonne, journaliste de profession, il a cueilli à travers le monde entier, comme en font foi ses excellents reportages (*De Florence à New York,* etc.), la fleur des paysages, des êtres et des idées, avec une foi en l'homme que n'ont pas démantelée les persécutions dont il a été l'objet. De ses nombreux romans, nés pour la plupart des terres presque africaines de l'Alentejo, on retiendra surtout celui qui a vu le jour en français, *Bâtards du soleil,* un parfait épitomé de ses dons d'observation, de sensibilité et de technique.

CONFRONTATIONS ET DIALOGUE

Parti du néo-réalisme, puis gagné à l'existentialisme et en route vers ce catholicisme progressiste qui s'impose dans l'Occident chrétien, Virgílio Ferreira (*Matin submergé, le Visage ensanglanté, Appel de la nuit,* et surtout *Apparition*) est un indépendant qui croit à la personne et à sa résonance sur le collectif. Inventeur d'un style propre, il est hanté par la mort, d'où son œuvre reçoit dimension, profondeur et estampille de maîtrise. D'Agustina Bessa Luís d'aucuns ont voulu faire le Marcel Proust féminin de son pays ; elle a, certes, le génie du *jeu* (*les Tendres Guerriers, les Quatre Fleuves*), mais ses personnages, situés dans le Minho, sont exsangues et somnambuliques — des entités plotiniennes noyées dans les méandres d'une prose torturée qui voudrait rejoindre les expériences du « nouveau roman », lequel

Fernando Pessoa, par Almada Negreiros.

a de moins contestables représentants en la personne d'Abeleira, d'Artur Portela fils et d'Afonso Margarido.

Le théâtre, illustré de nos jours par Stau Monteiro et Bernardo Santareno, n'a jamais été un genre dominant au pays de Gil Vicente ; pas davantage la philosophie, qui emprunte traditionnellement ses grands thèmes au-dehors, jusqu'au mouvement actuel qui, sous l'influence du sociologue brésilien Gilberto Freyre et de ses vues sur le « lusotropicalisme », revendique pour le Portugal une vocation multiraciale et spécifique entre les nations ; c'est donc à la poésie, source mère de toute expression, que l'on revient toujours. Au début de la Première Guerre mondiale, la revue *Orphée* a groupé de

grands esprits, dont deux traverseront le temps. Mario de Sá-Carneiro, qui, vêtu de son frac, se donna la mort à Paris à l'âge de vingt-cinq ans (1916), n'a pas eu le temps de lui donner sa mesure, lui qui a produit, précurseur de Michaux, une œuvre onirique et tourmentée (*Dispersion, Ciel en feu, Confession de Lucio*) : « J'ai dompté les rêves. Je rêve ce que je veux. Je vis ce que je veux. » Son ami Fernando Pessoa (1888-1935) ne découvre plus, à l'instar de Camões, des terres inconnues, mais, non moins créateur que lui, ce contemporain de Proust, de Pirandello et de Kafka explore avec la même fièvre qu'eux les infiniment petits de la conscience. Il n'est état d'âme qu'il n'ait connu, expérience qu'il n'ait provoquée : le néo-platonisme est une forme très personnelle d'érotisme dans ses vers anglais (il avait été élevé en Afrique du Sud), mais surtout dans son œuvre de langue portugaise, à commencer par le sébastianisme ésotérique de *Message*, qui ne fut qu'un portique ouvert sur son abyssale complexité. Hermétiste obsédé par l'énigme de l'identité, il a imaginé de se fragmenter en divers « hétéronymes », prête-noms qu'il a dotés d'un état civil, d'une sensibilité et d'un style différenciés : Ricardo Reis, humaniste strict épris de rigueur formelle ; Alvaro de Campos, chantre incontinent des forces mécaniques, de la vitesse, précurseur des thèmes de l'« étranger » et de l'absurde ; l'Alberto Caeiro du *Gardeur de troupeaux*, anti-romantique enclin à l'émerveillement — un faux naïf, le premier existentialiste du siècle. Reste la partie de l'œuvre, dont plusieurs recueils d'essais, que Pessoa, démiurge d'un système de gravitation, a signée de son nom personnel, et qui, à elle seule, appelle des gloses sans fin. L'interroge-t-on ? il se dérobe ; cherche-t-on à l'aimer ? il n'est que refus — et cependant il est en lui une telle évidence intérieure que chacun reconnaît un frère en ce flagellant de l'introspection.

Si nombreux sont les poètes qui se sont ralliés, dans le groupe de « Presença » et en ordre dispersé, autour de cette grande voix de ventriloque de l'âme, qu'il n'est pas possible d'en retenir, avec une injustice patente dans le choix, plus de quelques-uns. Adolfo Casais Monteiro, récemment décédé au Brésil, sensible au « profond aujourd'hui », avocat de l'esprit européen et de la fraternité universelle, a le cœur serré devant les conflits qui divisent les hommes.

Dans sa retraite vouée à l'étude, José

Regio chante l'infortune des cœurs perdus et des destins maudits. Son *Fado* teinte d'ironie et de pitié le *romance* importé d'Andalousie, par quoi il rejoint les troubadours des premiers âges. Quant à ses *Poésies de Dieu et du Diable* et ses *Carrefours de Dieu*, ils trahissent une faim de divin que la terre ne suffit pas à combler. Mallarméen par la rigueur de son verbe, Jorge de Sena s'exprime dans un éclat cristallin, qui tantôt glace et tantôt éblouit. Entre Rilke et Ungaretti serait à classer, s'il n'avait sa personnalité indivise, un Alberto Lacerda ; une fraîcheur prenante et pleine de secret distingue Eugénio de Andrade, malgré un sensualisme éperdu qui s'élève jusqu'au ton panique.

Le surréalisme a trouvé au Portugal des adeptes ; ramifiés en groupes et sous-groupes concurrents, avec un coryphée incontesté, Mario Cesariny de Vasconcelos, riche d'un verbe aux éclats insolites et angoissés. Dégagée des influences — Shelley et Pessoa — de ses premiers recueils, la poétesse Sophia de Mello Breyner Andresen s'agrège, par le sentiment tragique de la vie dont sont imprégnés ses vers récents, au mouvement catholique « Cercle de poésie », qui tend, dans un esprit de communion œcuménique, à une prise de conscience des problèmes de ce temps. Grâce au progrès des techniques d'information actuelles, qui rend dérisoires frontières et interdits, la propagation de la pensée ne connaît désormais plus d'obstacles — avec ce résultat : l'engagement, qui fut jadis politiquement orienté, n'est plus l'apanage exclusif d'un parti. Un jour peut-être proche sera accomplie la libéralisation d'un régime qui avait cru pouvoir tenir en lisières l'art d'écrire et ceux qui l'honoraient sans grand espoir de faire porter loin leur voix. Les Africains lusophones ne seront pas absents du grand rassemblement à venir, eux qui ont déjà signé des œuvres dont le retentissement restait confidentiel. Résignation et conscience malheureuse, séquelles alourdissantes de ce sébastianisme qui ne fut jamais qu'un élément négatif, n'auront plus alors aucune raison d'être. Une ère de confrontation et de dialogue peut s'ouvrir si les représentants des langues dominantes veulent bien placer à son vrai rang, qui est loin d'être un rang mineur, celle qui a trop longtemps fait figure de Cendrillon, la langue portugaise. Il sera dès lors évident que n'a pas failli à sa vocation universaliste le pays auquel fut dévolu l'honneur, au temps le plus glorieux de son histoire, de « donner des mondes au monde ».

La musique

Dans l'esprit du grand public, la musique portugaise se limite généralement au *fado*, comme la musique américaine au jazz. Il est, du reste, très légitime de réserver une telle importance à cette expression, « le plus portugais des chants de l'âme nationale », selon Ventura Abrantes. Mais c'est oublier que le Portugal n'a pas attendu les temps modernes pour prendre sa place dans l'histoire musicale du monde et donner naissance à une école très attachante, qui sut garder, vis-à-vis de ses voisins, et notamment de l'Espagne, une totale indépendance.

Miniatures du Cancioneiro d'Ajuda (XIIIᵉ s.).

UN ART AUTONOME

Il est tentant de rapprocher la nostalgie rêveuse du *fado* des mélopées orientales dont la civilisation mauresque aurait apporté l'écho chez les Lusitaniens comme chez les Andalous, et de lui assigner la même origine que le *cante jondo* (en dehors de « la première larme et le premier baiser », suggérait Lorca...). Mais, plusieurs siècles avant que le *fado* naisse, ou ressuscite, en tant qu'expression de la musique populaire, nous rencontrons, dans un domaine plus raffiné, l'influence française, et comme un sillage au choix qu'Alphonse VI, roi de León, avait fait d'un prince appartenant à la maison de Bourgogne pour être le premier roi du Portugal. Cette influence ne devait cependant se manifester que bien longtemps après le couronnement d'Henri le Jeune, quand la guerre des albigeois chassait de France les troubadours provençaux et qu'ils pouvaient introduire à la cour et chez les princes du Portugal le goût des chants et des divertissements musicaux de leur pays natal. On trouve ainsi la trace de plusieurs artistes pratiquant l' « art de rimer en musique » dans le style même de Marcabru ou de Raimon de Miraval, et en s'accompagnant des instruments qui figurent dans les enluminures du *Chansonnier d'Ajuda* : harpe, rebec, psaltérion, castagnettes et tambour de basque. Mais aucun témoignage authentique ne nous est parvenu de l'écho, en terre portugaise, de ce printemps poétique et chantant de l'Europe,

non plus, du reste, que des somptueuses harmonies qui s'élevaient, dit-on, sous les voûtes monastiques de Santa Cruz ou de Coimbra, l'université de cette dernière ville ayant, par ailleurs, une chaire de musique dès 1290. Elle était due au roi Dinis, lui-même auteur de plus de cent chansons et formé par un certain Aimeric d'Ebrard, que son père, le roi Afonso III, avait fait venir de Cahors.

Grand amateur de musique, Afonso III en a considérablement encouragé le développement pendant les quatorze années de son règne, qu'il a passées au lit pour éviter d'être importuné par les nobles et le clergé ! C'est grâce à lui que les meilleurs troubadours de France viennent au Portugal et qu'un vent d'engouement s'élève bientôt pour le chant, tandis que les guitaristes entretiennent une tradition déjà solidement établie et qui s'épanouira pendant la Renaissance. Non sans une éclipse sous le règne de Pedro Iᵉʳ, qui n'admettait que les *longas*, sortes de trompettes droites au son desquelles on dansait. Et l'histoire rapporte que le célèbre amant d'Inés de Castro s'ennuyait quand on lui faisait entendre d'autres instruments, jusqu'au moment où, plein de colère, il réclamait ses *trombeiras*.

La musique de cour et la musique populaire se développent donc parallèlement, en attendant la réalisation d'un style polyphonique religieux qui soit propre au Portugal, et sans rapport

avec celui que les autres écoles nationales pratiquaient déjà depuis longtemps. Chants d'amour et chants funèbres, épithalames et barcarolles, et jusqu'à la *xaraca*, dans laquelle on voit l'une des origines possibles du *fado*, font écho aux trois rythmes favoris des luthistes et joueurs de rebec, la *folia*, le *vilão* et la *chacota*, dont nous aurons l'occasion de reparler.

L'immense effort qu'on perçoit alors à tous les échelons du goût musical, et qui va se poursuivre dans la prospérité économique du royaume, portera ses fruits à l'aube de la Renaissance, quand s'ouvrira ce qu'on peut appeler l'âge d'or de la musique portugaise. Non seulement cette fastueuse période voit naître les plus grands créateurs que le pays ait jamais connus, mais l'amour de la musique est tel qu'après la déroute des troupes portugaises, défaites par les Marocains, les vainqueurs pouvaient, si l'on en croit un chroniqueur, mettre la main sur 10 000 guitares abandonnées sur le champ de bataille !...

DE LA « FOLIA » AU « FADO »

Deux des danses préférées des guitaristes portugais appartiennent en propre à leur pays, la *chacota* et la *folia*. Seul le *vilão* était également connu et pratiqué en Espagne, sans souci de ces poteaux frontières que le nationalisme élèvera bientôt, et souvent au mépris des caprices géographiques.

Danses médiévales et lentes à l'origine, elles se révèlent déjà conformes au caractère de la *saudade* portugaise faite de solitude et de mélancolie. La *chacota*, qui donnera naissance à la *chacone*, n'a jamais, semble-t-il, dévié de cette nuance, alors que la *folia*, avant d'être figée dans la majestueuse interprétation de Corelli, a pu donner lieu à des variations infiniment plus mouvementées que les siennes !

Chantés ou dansés, ces rythmes sont toujours proposés par la guitare, instrument national du Portugal et de format plus réduit que sa sœur espagnole. A Lisbonne comme à Grenade, les controverses se poursuivent, du reste, au sujet de son origine : fille de la *vihuela* que Catherine de Bragance, mariée à Charles II, aurait introduite en Angleterre, puis renvoyée, modifiée, dans son pays natal ? Descendante du cistre anglais, amené à Porto vers le milieu du XVIIIe siècle et propagé par les soins d'António da Silva Leita ? Ou rencontre de la cithare gréco-romaine et du luth chaldéo-assyrien, comme on le pense généralement pour la guitare espagnole ? En tout état de cause, et qu'elle soit jouée par des professionnels ou par des amateurs incapables de lire une note de musique, la guitare apporte en toute occasion le charme de son ferraillement nostalgique et d'une présence indissolublement liée à ses décors d'élection. C'est elle, bien entendu, qui accompagne le *fado*, lequel est à Lisbonne ce que la valse est à Vienne et le flamenco à Séville, mais, beaucoup plus qu'un genre musical, un style et un climat typiquement portugais.

D'où vient le *fado* ? Erudits, historiens et *fadistas* en discutent encore, en marge du mot lui-même et de son étymologie latine (*fatum*, destin). Il s'agit pour certains d'un chant primitif venant de la province du Minho et non sans rapport avec les chants de la Saint-Jean. D'autres y voient, au contraire, un souvenir des mélopées mauresques, transmises et transformées d'âge en âge depuis l'occupation musulmane. Mais comme le mot *fado* semble inconnu avant 1830 et qu'il existait, en revanche, au Brésil dès 1813, son origine est plus vraisemblablement afro-brésilienne. Les esclaves noirs venus de la côte ouest de l'Afrique dansaient la *fofa*, le *batuque* et surtout le *lundum*, danse lascive et quelque peu obscène qu'ils devaient introduire en Europe en 1821, quand João VI et sa cour regagnèrent Lisbonne. Au contact de la *modinha*, mélodie nostalgique d'origine italienne, et qui était alors très populaire, le *lundum* se

modifiait et donnait naissance au mouvement langoureux du *fado*, dans lequel le peuple portugais allait bientôt exprimer sa *saudade*.

Il a certainement pleuré
Celui qui a inventé ce mot de saudade
Et qui l'a prononcé pour la première fois...

Gardons-nous, cependant, de limiter au seul *fado* la musique populaire portugaise. Chaque région possède ses chants et ses danses qui font partie intégrante de la vie rustique, et notre surprise est grande de rencontrer, dans une province comme l'Alentejo, l'extrême facilité qu'ont les paysans pour chanter à deux ou trois voix ou à improviser sur un même sujet des mélodies très différentes : chants de labour qui rappellent les répons primitifs celtiques, *pregoes* des marchands ambulants, ou mystères dans lesquels la liturgie chrétienne va de pair avec une verve toute païenne, leur origine se perd dans la nuit des temps. Mais rien n'est plus caractéristique de l'âme du pays que ces chants simples et d'un rythme régulier, si différents des chants d'Espagne. La romance *Dona Mariana*, qu'on chante en Algarve dans le mode phrygien, le *valdevinos* (chant de moisson) ou le *conde ninho*, pentacorde du Trás-os-Montes, sont des témoignages entre mille de cette tendance qu'ont les Portugais à s'exprimer par la musique et à en faire le reflet de la vie.

ÂGE D'OR DE LA MUSIQUE PORTUGAISE

Avec le siècle de Camões commence ce qu'on a pu appeler la période hiératique de la musique portugaise, bien qu'elle ait été, depuis longtemps déjà, annoncée. Dès 1415, pour la prise de Ceuta, et dans la mosquée transformée en église, 200 *trombetas* avaient participé à l'exécution d'un *Te Deum* d'auteur inconnu, mais qui avait été chanté, selon Azurara, *muy ben contraponteado*. Et, pendant tout le XVe siècle, le progrès avait été constant dans la recherche d'un art original, orienté presque exclusivement vers l'expression religieuse et dont la principale manifestation est le *vilancico*. Drame sacré comparable aux mystères médiévaux et représenté à l'église, il comportait des individualités populaires capables de lui conférer, peu à peu, une couleur plus profane, et, sous l'impulsion de Gil Vicente, son visage liturgique s'effaçait définitivement devant l'autre à l'aube du XVIe siècle.

C'est alors qu'apparaissent le moine

Heliodoro de Paiva, théologien et humaniste, que ses contemporains n'hésitèrent pas à surnommer « Orphée » tant sa voix était belle et grand son talent à jouer de l'orgue, de la harpe et du rebec ; Damião de Góis, philosophe, philologue, diplomate et compositeur, dont on fera l'égal de Josquin des Prés ; enfin, Manuel Mendes, qui fut avant tout chef d'école et qu'on appelait « prince de la musique ». Les beaux esprits de l'époque dissertaient sur l'utilité de la musique « grandement nécessaire aux rois », disait l'évêque Osario, et la musicothérapie devenait à l'ordre du jour. Un concert quotidien de ménétriers était alors présenté au palais royal, et pendant les repas de fête avaient lieu des auditions de saquebutes, cornets à bouquin, harpes, tambourins, chamarelles et rebecs. Les audiences elles-mêmes s'accompagnaient de musique vocale avec théorbe et clavecin !

Faut-il s'étonner qu'une soixantaine de compositeurs éminents puissent être cités jusqu'au règne de João IV, point culminant de l'activité musicale, et que certains d'entre eux aient signé, comme Diaz, près de 500 *vilancicos* ou, comme Correia de Arajo, une œuvre si importante qu'elle occupe seize colonnes de dictionnaire dans la notice établie par Pedrell ?

Grâce aux enregistrements publiés sous le patronage de la fondation Gulbenkian, quelques-uns de ces compositeurs sont sortis de l'oubli et font renaître cet âge d'or : c'est Duarte Lobo, mort à cent trois ans et dont les œuvres avaient été éditées chez Plantin avec de magnifiques vignettes à chaque page ; c'est le frère Manuel Cardoso, contemporain de Monteverdi et l'une des personnalités les plus originales de sa génération ; c'est Lourenço Rebello, maître de musique de João IV, à qui il dédia une messe à 39 voix !

Triomphe de la polyphonie religieuse *a cappella*, avec cette tendance expressionniste (souvent théâtrale) que le Portugal, tout comme l'Espagne, connaîtra lors de son épanouissement, et parfois un goût de l'énorme dont les témoignages demeurent stupéfiants : messes à 9 ou 12 chœurs, allant de 35 à 48 voix, extravagantes combinaisons instrumentales et audaces harmoniques capables de provoquer des scandales. Par exemple, un accord de neuvième introduit par Continho dans sa messe *Scala Aretina* et qui dressa les uns contre les autres cinquante maîtres de chapelle !

Ajoutons que João IV, fils de Théodose II de Bragance, grand amateur de musique et lui-même compositeur, avait fondé une admirable bibliothèque musicale dans laquelle près de 200 *vilancicos* voisinaient avec des messes, des motets et de la musique instrumentale, notamment consacrée au luth. Ce qui ne paralysait en rien la brillante carrière de la guitare, dont les virtuoses sont alors innombrables, de Peixota da Perra, le plus illustre d'entre eux, jusqu'à Dom Pedro, duc de Coimbra, qu'Apollinaire devait célébrer, avec ses quatre dromadaires... Cette période exceptionnellement brillante de la musique portugaise en affirme, par ailleurs, la personnalité. Jaillie du sol natal et ne devant qu'à elle-même les caractéristiques de son style, elle échappe aux courants établis par les autres théoriciens de la Péninsule et se différencie nettement de l'art d'un Vittoria. A Evora comme à Coimbra ou à Lisbonne, les foyers de culture musicale orientent la discipline créatrice de leurs artistes vers des préoccupations nationalistes dont toutes les œuvres contemporaines portent l'empreinte et qu'un public, lui-même plus cultivé qu'il le fût jamais, applaudit sans réserves. Et l'on voit même le roi João IV prendre la plume pour défendre l'art de son temps contre les invectives d'un évêque rétrograde ! Jusqu'à la fin du XVIIe siècle, cet âge d'or offrira à l'Europe le spectacle d'un pays passionné de musique et qui regorge de créateurs, d'excellents interprètes, d'amateurs avertis et même d'enfants prodiges puisqu'un certain Francisco da Rocha écrit, à onze ans, une messe à 7 voix sur la gamme *sol fa mi ré do*.

À L'ÉCOUTE DE L'ITALIE

En 1682, et pour la première fois, on écoute de la musique italienne au Portugal. Cinquante ans plus tard, elle a tellement marqué l'art lusitanien que les *vilancicos* disparaissent et que les compositeurs de la jeune génération ne rêvent que de mélodies voluptueuses et d'inflexions vocales calquées sur les modèles napolitains. Les séjours que fait Scarlatti à la cour de Lisbonne entre 1721 et 1729 ne sont peut-être pas étrangers à un tel engouement et les plus notables compositeurs du siècle, un Frei Jacinto et surtout un Carlos de Seixas, pourront s'enorgueillir d'être ses disciples.
Le goût du chant, toujours vif chez les Portugais, évolue en même temps dans la musique sacrée et la musique dramatique sous le règne de João V, qui aime autant l'une que l'autre, surtout quand les interprètes sont des chan-

Anges musiciens d'une crèche du XVIIIe s. Musée des Arts anciens, Lisbonne.

teuses ! On a souvent conté l'histoire de cette maîtrise de Mafra, pour laquelle il avait recruté cent novices, puis ses séjours au couvent d'Odivellos, son « île enchantée », où un clavecin qui se trouvait dans la chambre royale charmait ses amours légendaires avec une religieuse, la madre Paula ! Jamais les services musicaux n'avaient été plus somptueux, les chapelles plus disciplinées ni les voix plus pures.
C'est également sous le règne de João V que le premier opéra portugais est chanté à Lisbonne : il s'agit de *la Souffrance de Socrate* d'António de Almeida (1733), lui aussi élève de Scarlatti, et dont *la Spinalba*, créée en 1739, devait être ressuscitée de nos jours par la fondation Gulbenkian. Le premier opéra-comique voyait, du reste, le jour à la même époque, grâce à un certain José da Silva, dont le *Don Quichotte* s'apparentait à la zarzuela, en s'évadant du conventionnel religieux. Né à Rio de Janeiro au début du

siècle, da Silva avait devant lui une brillante carrière quand l'Inquisition le condamna à mort, à l'âge de trente-quatre ans. Et c'est David Peres, directeur de la chapelle royale, qui prend alors sa place, à un moment où les revenus de l'or brésilien permettent de consacrer aux spectacles de la Cour un budget considérable et un luxe de présentation inouï. Son fastueux *Alexandre aux Indes* inaugure l'Opéra do Tejo en 1755, avec l'entrée en scène de plusieurs centaines de chevaux (détail qui donne une idée de l'importance de cette scène et de la grandeur du théâtre, démoli, un peu plus tard, par le tremblement de terre. João da Sousa Carvalho, António Avendano et Marcos Portugal sont également des compositeurs dramatiques plus ou moins italianisés, mais dont l'élégance de plume et la vitalité mériteraient une réhabilitation comparable à celle dont bénéficie António de Almeida. Le dernier notamment, qui écrivait, à quatorze ans, un *Miserere* à quatre voix et qui a signé près de 60 opéras, connut des triomphes en Italie, en Allemagne et jusqu'en Russie, qui ont fait de lui le premier musicien de sa génération. Son opéra *Il Filosofo seducente*, créé à Venise en 1798, avait été choisi par Napoléon pour inaugurer le Théâtre-Italien de Paris en 1801. Maître de chapelle de la Cour, il devait l'accompagner quand elle gagna le Brésil, et il s'établit à Rio jusqu'à sa mort.

En marge de la musique dramatique au XVIIIe siècle, situons ici l'extraordinaire carrière de Luísa de Todi, première cantatrice portugaise de tous les temps, et qui dut se résigner à voyager puisqu'il était alors interdit aux femmes de chanter au théâtre. A Berlin comme à Londres ou à Saint-Pétersbourg, elle connut d'incroyables triomphes, et Paris lui conféra le titre de « cantatrice de la nation » à l'issue d'une audition au Concert spirituel. Elle laissait, dit-on, à sa mort, une fortune évaluée à 400 000 livres et un nombre incalculable de bijoux.

Egalement teintée d'italianisme et plus marquée encore que l'opéra par les voyages d'études en Italie et l'influence de Scarlatti, la musique instrumentale connaît, au XVIIIe siècle, un regain d'activité grâce à plusieurs maîtres de talent tels que le frère Jacinto, João de Sousa Carvalho, déjà nommé, et surtout Carlos de Seixas.

Né à Coimbra en 1704 et organiste de la cathédrale dès l'âge de quatorze ans, Carlos de Seixas se fixe ensuite à Lisbonne comme organiste et claveciniste de la chapelle royale et de la cathédrale, fonctions qu'il doit conserver jusqu'à sa mort prématurée, à trente-huit ans. A coup sûr le plus grand maître du clavecin et l'une des personnalités les plus marquantes de la musique portugaise, il s'est acquis l'estime de Scarlatti dès leur première rencontre : « C'est vous qui pourriez me donner des leçons », lui dit celui-ci, bien qu'il soit de vingt ans son aîné, et il ajoute, s'adressant à l'infant Antonio, frère de João V : « Votre Altesse m'a demandé mon avis : sachez que cet homme est l'un des plus grands maîtres que j'aie jamais entendus. »

Son œuvre nous apparaît aujourd'hui comme la synthèse des styles étrangers et de l'expression lyrique propre au Portugal dans l'introspection et la mélancolie, mais avec une originalité qui concerne le profil de la ligne mélodique tout autant que la forme, l'enchaînement des mouvements et l'harmonie. Beaucoup d'italianismes, mais également des menuets à la française

et une écriture contrapuntique qui rappelle parfois les grands modèles allemands ou bohémiens contemporains. Par ailleurs, cette couleur nostalgique qui dit incessamment la *saudade* portugaise, loin de l'insouciance et de l'exubérance méditerranéennes, est bien le trait le plus séduisant de sa personnalité.

Ajoutons que, si la présence de Scarlatti dans la péninsule Ibérique a profondément marqué la technique et l'inspiration d'un Seixas comme d'un Padre Soler, les mélodies et les rythmes portugais ont parfois leur écho dans ses propres œuvres, autant que les rythmes d'Espagne. Et ce Napolitain volubile n'a pas dédaigné un climat musical pourtant bien étranger à ce qui chantait en lui, au souvenir du Pausilippe...

LES TEMPS MODERNES

L'Italie règne encore en souveraine pendant la première partie du XIXe siècle, et c'est seulement à partir de 1850 que l'influence française devient prépondérante, sans toutefois paralyser l'expression d'un sentiment national toujours prêt à se manifester. A cet égard, la création du Conservatoire de Lisbonne en 1830 devait donner une vive impulsion à la vie musicale du pays, et João Domingos Bontempo, son premier directeur, contribua considérablement au développement du goût artistique par la Société des concerts, fondée huit ans plus tôt pour faire connaître les grandes pages symphoniques des classiques allemands. Pianiste, compositeur et chef d'orchestre, il a eu, à tous égards, un rôle considérable, et même par son œuvre personnelle (concertos, sonates et musique religieuse) conçue dans un style à la fois strict et rayonnant.

Désormais, tous les genres musicaux étaient connus au Portugal, et la liste serait longue de ces maîtres qui ont tenté de rendre à leur école sa physionomie particulière, si différente de celle de l'Espagne. A la hautaine expression de l'âme castillane ou aux capiteux mélismes de l'Andalousie, ils opposent un climat à la fois plus cordial et plus familier, un accent plus conforme à la vie quotidienne, mais sans atteindre malheureusement à cette universalité qu'un Manuel de Falla, par exemple, a donnée à la voix de sa race. On reste dans la moyenne d'une production facile et élégante à laquelle il ne manque que le grand coup d'aile capable de l'imposer hors des frontières et de l'intégrer au concert mondial. Aucun nom d'anthologie, du reste, qui cristalliserait, comme autour d'un Sibe-

lius ou d'un Villa Lobos, les vertus de son peuple. Un Pereira, un Keil ou un Machado sont aujourd'hui totalement oubliés.

Un interprète de très grand talent comme José Viana da Mota (1868-1948) l'est beaucoup moins, à vrai dire. Son récent centenaire a permis d'exalter ce rôle, au cœur de sa génération : brillant propagandiste des franckistes et des impressionnistes, il devait former, comme directeur du Conservatoire de Lisbonne, toute l'équipe destinée à prendre la relève.

Au XXe siècle, cependant, l'individualisme musical du Portugal s'affirme en marge de l'influence française, celle de Debussy notamment, mais aussi celle des professeurs avec lesquels compositeurs et virtuoses viennent étudier à Paris. Les conservatoires, écoles et sociétés de musique se multiplient et les grandes villes connaissent une activité comparable à celle de n'importe quel centre important de l'Europe ou du monde, tandis que, une fois de plus, les créateurs s'efforcent de retrouver l'accent national en se référant principalement au folklore. Il est, en effet, pour un Portugais, une source inépuisable d'inspiration, mais rien n'est plus suspect qu'un thème folklorique harmonisé et instrumenté sans l'attention spéciale qu'un Bartók, par exemple, apporte à sa spontanéité et à sa naïveté originelles. C'est ce qu'on peut déplorer dans les essais de Rui Coelho, d'un sentimentalisme désuet qui surprend chez un disciple de Schoenberg. En revanche, Claudio Carneiro, qui fut directeur du conservatoire de Porto (après des études sous la direction de Dukas et un fulgurant départ aux Concerts Colonne), a su régénérer ces thèmes populaires avec beaucoup d'originalité et Luís de Freitas Branco s'en est inspiré de même dans sa *Ballade* et ses *Suites alentejanes*. Citons aussi la *Fantaisie* d'A. José Fernandez et les *Variations* de F. Lopes Graça, l'un des plus en vue parmi les compositeurs nés depuis 1900.

Toutefois, ici comme ailleurs, la jeune génération se trouve partagée entre les tendances les plus diverses, et le Portugal a lui aussi ses conservateurs et ses avant-gardistes. On en rencontre chaque année parmi les lauréats du concours Gulbenkian, et son patronage leur sert de tremplin pour la grande carrière. Jusqu'à certains titres « dans le vent » (*Cromomorphose*, de R. Peixinho, en 1968), les témoignages sont innombrables de la vitalité de l'école portugaise et de son attention aux nouvelles techniques capables d'ouvrir de nouvelles perspectives.

Les vacances

Les vacances, c'était, à l'origine, un temps creux, inoccupé. Il conviendrait de corriger le dictionnaire, car, de nos jours, l'époque des vacances est celle qui n'est jamais assez employée, assez plein-temps. On n'en veut pas perdre une minute, on ne tolère aucun temps mort, on ne veut pas faire la part d'un peu de pluie ou de désœuvrement. Le souci d'aller vite et loin gâche même le voyage. Et pourtant, pour s'assurer la mer, un ciel au beau fixe, l'évasion, il faut aller, de plus en plus, LOIN...

Fête de quartier à Vila Viçosa (Alentejo).

Bateaux de charge dans le port de Lisbonne.

LE PORTUGAL
EST ACCESSIBLE

Par avion, le prix du transport ne grève pas trop le budget d'ensemble, et Lisbonne est à deux heures de Paris.

Par chemin de fer, le trajet est plaisant, à travers Touraine, Charentes, Landes et Pays basque. On dort en Espagne, pour découvrir au réveil un Portugal montagnard, sauvage, avec des torrents mousseux, des pinèdes crépues, d'immenses panoramas aux lointains bleu lilas. On lit l'heure du déjeuner à la tour de l'université de Coimbra et, déjà, c'est le Tage et ses plaines grasses, c'est Lisbonne. Vingt-six heures ont passé vite.

Avec le bateau, les vacances commencent au Havre ou à Rouen. Quatre jours de mer, coupés d'une escale anglaise, et passage en revue de la côte portugaise, de haut en bas, avec les plages et les petits ports à l'alignement.

En voiture, la route est jalonnée d'étapes prestigieuses ou charmantes, tant en France qu'en Espagne, et, dès la frontière franchie, c'est l'intimité portugaise qui s'offre, avec sa bonhomie souriante et ce pittoresque si naïf qu'il semble prémédité. On n'a pas fait 10 kilomètres en terre de Portugal qu'on a rencontré un petit berger vêtu de mouton bouclé, comme un saint Jean-Baptiste, ou un bourricot portant un fardeau de bruyères, ou les célèbres lavandières chantant dans un ruisseau d'eau claire. Les villages blancs, battus d'un vent si vif qu'on retient les tuiles du toit avec un alignement de citrouilles, les manoirs portant sur la poitrine des blasons plus grands qu'eux, des églises avec clochers à jour ou des coupoles à écailles composent des décors où tout surprend, mais où rien ne gêne, pas même l'idée d'une panne subite, qui obligerait à loger dans la première auberge venue.

La route est souvent sinueuse, parfois étroite ; elle réserve des surprises : carrioles ou troupeaux qui sont là comme chez eux, et aussi autos qui roulent trop vite. Les Portugais conduisent bien, mais un peu témérairement. Ils ont la mécanique dans le sang : les stations-service sont nombreuses et efficaces. On s'aperçoit vite que le français est partout, sinon parlé, du moins compris. Le premier prétexte sera bon pour que s'engage avec les Portugais un dialogue qui ne variera que dans la forme. L'étudiant s'appliquera sur ses passés définis ; le cantonnier indiquera par gestes le chemin à suivre ; le boutiquier fera goûter son raisin ou son jambon. La bonne volonté fera le reste.

Vieux quartier de Porto.

Le Français a la cote d'amour, parce qu'il est généralement fureteur, toujours disposé à sortir du sentier battu et à faire ses propres expériences; mais un Suédois, une Allemande ne resteront toutefois jamais dans l'embarras. Visité chaque année par un nombre croissant de touristes étrangers, le Portugais — surtout celui qui ne vit pas directement du tourisme — continue à les considérer comme des hôtes.

L'HÔTELLERIE EST AIMABLE

Toute neuve. Il y a trente ans, même des villes telles que Lisbonne ou Porto n'avaient pas d'hôtels modernes. Le Portugal d'aujourd'hui (y compris les îles adjacentes de Madère et des Açores) compte plus de 120 000 lits. Palaces de grand luxe (exercice de style des meilleurs architectes et décorateurs, couronnement des chefs et

maîtres d'hôtel sortis des écoles hôtelières), mais aussi auberges, pensions de famille, petits hôtels ombragés de palmiers et parfumés à l'héliotrope, nobles demeures transformées en « guest-houses » sans rien toucher à leurs jardins secrets, leurs pièces d'eau, leurs collections de porcelaines ou de mousquets. Toute une gamme qui permet, qui incite à varier à chaque étape le plaisir de la découverte. Les prix sont accessibles. La blancheur des draps dans le plus simple relais de route, la saveur rustique du jambon de montagne ou du fromage de brebis encouragent à faire un jour assez d'économies pour aller, ensuite, les dépenser joyeusement en déjeunant au bord d'une piscine fleurie ou en couchant dans un des palaces d'Estoril ou d'Algarve.

Au Portugal, le ciel n'est pas toujours pur, ni le soleil éclatant. Dieu merci! c'est un pays tempéré aux brises fraîches, fouetté de marées vives, ombragé de vastes pinèdes. L'Océan le baigne, sur 850 km de littoral, longues plages de sable fin ou falaises.

TOUTES LES SAISONS ONT LEUR CHARME

L'hiver est limpide et doux; on se baigne toute l'année à Madère. Le printemps est précoce; l'été n'est jamais pesant sur la côte, et l'automne est somptueux, avec un été de la Saint-Martin d'un éclat tout particulier.

En somme, le moins bon mois, pour les

Castelo de Vide (Alentejo).

Sur le port d'Olhão (Algarve).

vacances, est celui qui est le plus surchargé : août, venteux sur la côte atlantique, brûlant en Algarve, août où le flot saisonnier surmène le personnel hôtelier et détruit sur son passage le silence, la solitude et la nonchalance.

On peut y échapper, même à ce moment de pointe, en fuyant les zones réputées, les plages à l'élégance ou au pittoresque trop vantés. L'arrière-pays conserve sa dignité tranquille, offre des trésors mal connus : abbayes, musées, paysages, vignobles. Les distances sont courtes : on ne fait pas vingt kilomètres sans avoir une bonne raison de s'arrêter. On s'aperçoit alors que, trompé par l'échelle, si petite, du pays sur la carte du monde, on a cru le parcourir d'un trait (les plus gloutons l'ajoutent même, en complément, à un tour d'Espagne). Ce serait gâcher le meilleur des vacances portugaises, d'autant plus savoureuses qu'on les déguste plus à loisir.

LES CHEMINS QUI Y MÈNENT

L'avion, le train, le bateau vont droit leur chemin sans qu'on puisse le varier. C'est pourquoi beaucoup préfèrent la voiture. Les routes sont nombreuses qui mènent à Lisbonne, où il faut toujours finir (ou mieux commencer) par aller. Certaines de ces routes sont difficiles — et d'autant plus amusantes — pour qui ne redoute pas le pittoresque authentique. Pour une première visite, il est préférable de s'en tenir à trois itinéraires classiques.

1º *Par la montagne.* Le plus direct, lorsqu'on vient de France, permet de saluer, en Espagne, Burgos, Valladolid et Salamanque. Il aborde le Portugal par sa région la plus âpre : éboulis de rochers cyclopéens parmi le jaillissement doré des genêts, ravins que surplombe la route en lacets, donjons perchés sur leur éperon de granite, troupeaux odorants, villages montagnards. C'est la serra da Estrela, avec ses châtaigneraies blondes, ses torrents, l'haleine de résine fraîche des crêtes, les vignobles tapissant les vallées.

Peu à peu, le paysage s'humanise, on aborde à la douceur verte du Mondego, Coimbra se profile sur sa rive, et commence la voie royale où, jusqu'à Lisbonne, se succèdent les grandes étapes : Leiria et le château à arcades du bon roi Dinis, Batalha, Alcobaça, Nazaré à deux pas, Obidos enfin : Obidos et son bouquet de maisons blanches lié par le ruban des remparts, Obidos que les rois de Portugal offraient en cadeau de noces à leur épousée, décor de conte où le temps

s'est arrêté. Pourtant, Lisbonne n'est plus qu'à 80 km, dont une trentaine par autoroute.

2° *Par la plaine.* D'autres ont voulu faire d'abord un tour en Andalousie avant d'entrer en Algarve par le bac d'Ayamonte. Ils aiment la grosse chaleur qui tombe du ciel bien drue et se pose sur vous comme une main, les ombres courtes qui rasent les alignements de maisons veloutées de chaux. Mais ils ont hâte de s'allonger sur le sable roux des plages : la vague paresseuse mousse à peine en léchant la falaise ; le bateau oscille ainsi qu'un berceau tendrement balancé par la houle. Dans les criques défendues par des rochers dressés en sentinelle et où l'on ne peut arriver que par mer, on rôtit le poisson qu'on vient de harponner.

On peut venir, aussi, par l'Alentejo. On risque alors de filer trop vite sur la route rectiligne à travers la grande plaine et de rater — dommage ! — les cités à la tombée du soir, les crépuscules traversés d'hirondelles, elles aussi en villégiature, la silhouette d'une cigogne en contre-jour sur le ciel lisse comme un émail. Les châteaux forts de la garde du royaume se profilent sévèrement, mais les orangers embaument les places à l'ombre de leurs murailles. Les eucalyptus sentent fort, les lauriers-roses s'émiettent de chaleur dans les ruisseaux taris. A moins que ce soit le prime printemps, qu'on aille en Algarve guetter l'éveil des amandiers, oublier l'hiver dans le premier bain de mer de l'année. On coupe alors à travers un Alentejo où les blés sont vert tendre et palpitants, les agneaux nouveau-nés, les romarins en fleur.

Joies de l'Algarve : les petits ports blottis au ras de l'eau, les villages et leurs cheminées de dentelle, les routes à murets blancs toutes sonnaillantes de mules, les figuiers à genoux, les caroubiers majestueux, les combes humides étoilées de narcisses, les nuages tumultueux au large de Sagres, le rose vermeil des églises aux dernières heures du jour, la pourpre que le soleil en se couchant renverse sur la mer — c'est l'heure du rayon vert, signe de bonheur.

A la fin des vacances, on se console en remontant vers Lisbonne par les plages sableuses et désertes de la côte la plus solitaire du Portugal, entre le cap Saint-Vincent et la péninsule de Setúbal, puis par l'Estremadura transtagana et ses pins parasols, ses rizières clapotantes de grenouilles, le maquis parfumé d'Arrabida.

3° *Par le nord.* Il y a un troisième chemin, la route des pèlerins, venant de Saint-Jacques-de-Compostelle. De Galice, humide, souvent embrumée, rêveuse, on passe au Minho. Toutes les villes, au bord du fleuve frontière, ont des murailles, des tours ; mais les contrebandiers passent à gué. La terre est besognée dans ses moindres recoins ; les champs minuscules échantillonnent le maïs ou la pomme de terre ; la vigne s'accroche partout où elle peut, aux peupliers, aux arceaux de fer des venelles, au rebord des balcons de pierre. Sur chaque colline, une chapelle, romane ou baroque, où, une fois l'an, on va en procession — cantiques autour du dais et, à l'arrière-garde, déjà, des airs de *vira*. Le vin *verde* rend gai. Les routes sont ourlées de roses. Chaque paroisse a son costume : vert ou bleu ou rouge, la jupe à large ourlet de velours, le fichu noué avec les franges qui retombent sur le front et un grand étalage de colliers d'or et de cœurs en filigrane. Dans les arènes, plus que les taureaux on va voir les défilés et les danses, au son des fifres aigres et des chœurs plus haut perchés encore. Cités de granite ; fontaines ; cours d'eau où se reflètent les feux d'artifice des soirs de liesse ; petits bœufs dorés, fiers et harassés de leurs cornes en lyre ; marchés où les coqs peints s'alignent entre les poteries vernissées.

Entrer par le nord-est et la frontière de Trás-os-Montes (Bragance ou Chaves), c'est pénétrer au Portugal par ses confins les plus farouches et, à travers blocs pierreux et villages de rocaille, atteindre enfin, après mille lacets, les lacs montagnards créés par les grands barrages du Gerêz.

Cette entrée par le nord n'est pas la plus directe ni la plus facile ; mais elle est belle et expressive et révèle une région souvent méconnue.

On peut gagner Porto par la vallée du Douro et ses vignobles étagés au flanc des ravins : paysages singuliers et émouvante « leçon de choses ». On mesure là ce que peut, sur la nature la plus avare, le patient travail de l'homme.

Barques sur le Tage.

Barques de pêche
à Nazaré.

Plage d'Estoril.

POURQUOI PAS
DES VACANCES À LISBONNE?

On s'étonnera peut-être de la suggestion de passer des vacances dans une capitale qui compte plus d'un million d'habitants. C'est que Lisbonne est une grande métropole, certes, mais le fait constamment oublier. Cela tient d'abord au vent, qui est là chez lui, caressant ou vif, qui fait la fortune des coiffeurs et donne à la ville une haleine toujours fraîche. On respire! Il y a de l'animation, mais pas de nervosité. Les trottoirs sont amusants avec leurs dessins de céramiques blanches et noires, mais souvent étroits, glissants. On se lasserait vite, s'il n'y avait les jardins : cannas flamboyants sous les palmiers de l'avenida da Liberdade; arbres à fleurs dont les pétales veloutent les avenues; roses de Chine et acacias s'ef-

Proue de « moliceiros » (bateaux goémoniers).

Cireur de chaussures à Lisbonne.

feuillant dans les bassins du Campo Grande, où flânent les étudiants en cape noire; senteurs exotiques des parcs; verte et silencieuse paix des « Serres froides », parmi les lianes et les fougères géantes. On peut, là, les soirs d'été, et gratuitement, écouter un concert de musique ancienne ou une farce de Gil Vicente.

Chaque quartier est une découverte. On se sent à cent lieues d'une grande ville lorsqu'on franchit les poternes du Castelo dans le froufroutement des colombes et la lente parade des paons blancs, lorsqu'on erre parmi les échoppes et les officines du Bairro Alto, parmi bruits et odeurs des petits métiers : copeaux, colle, cire, encre et basane. On débouche sur l'Alto de Santa Catarina, et l'air du large vous baigne de plein fouet. On sent alors qu'on est à deux pas de la mer; en vingt minutes, c'est déjà la plage. Le voyage, même en première classe, ne coûte que quelques écus. A Estoril, on trouve des piscines, à Cascais des petites boutiques loufoques, à Marinha des chevaux pour se promener dans la pinède, au Guincho des dunes sauvages et, de l'autre côté du fleuve, à perte de vue, les sables de Caparica.

Le pique-nique entraîne vers Sintra, ses chemins moussus, ses profondeurs boisées, la serra aux rochers en chaos, aux ermitages feutrés de liège. Peut-être, un autre jour, vers les banlieues maraî-

chères où les ânes tournent des roues à eau parmi les roses et les laitues, où les clochettes des agaves, tels des muguets géants, se balancent au long des anciennes routes muletières, délaissées depuis que l'autoroute coupe droit vers Vila Franca de Xira.

L'aéroport bourdonne de moteurs, la route déploie son double ruban de ciment de chaque côté d'un entre-deux de lauriers-roses, de cotonéasters et de genêts, et l'on voit défiler des meuneries, des fabriques, des ateliers de montage, des usines où l'on met en boîte des tonnes et des tonnes de tomates. Banlieue? Non, car des moissons blondissent sur les talus, l'industrie se camoufle dans des jardins, se faufile entre des *quintas* d'élevage, dont on aperçoit les cours ombragées de platanes centenaires. Roseaux et bateaux de la pêche de l'alose entre les multiples bras du Tage au ralenti, gabarres aux voiles rouges naviguant, semble-t-il, sur la prairie; chevaux agenouillés parmi les oliviers gris, premiers taureaux pensifs. C'est déjà le Ribatejo : chaque bourgade a son arène, chaque domaine sa manade, chaque dimanche sa *festa brava*.

Une capitale qui est, à la fois, au bord de la mer, à la campagne et à 25 km d'une Camargue, cela offre des ressources pour emplir un mois de vacances. En ville, les pensions résidentielles sont nombreuses, les « snacks » amusants, les tavernes accueillantes avec le vin tiré à la barrique, les assiettes d'olives, de graines de lupin et de beignets de morue. Si on aime le café, on le boit en tasse, en verre et presque au litre avec les gâteaux et les merveilleuses *torradas,* ou rôties au beurre salé.

Lisbonne, c'est l'endroit le plus commode, le plus économique pour faire connaissance avec un pays dont on s'aperçoit qu'on sait bien peu de choses, d'ailleurs presque toutes erronées. C'est aussi le meilleur point de départ pour s'élancer à la découverte. Des autocars démarrent à tout moment, desservant les localités des alentours, assurant la liaison avec les principales villes de province, ou suivant des circuits touristiques organisés. Demain, dans quelque temps, on partira, on ira courir les routes ou flâner sur une plage. Mais il ne faut pas négliger ce prélude : Lisbonne fait entrer de plain-pied dans la réalité portugaise.

LA MER EST PARTOUT

Pour 90 p. 100 des vacanciers, au Portugal comme ailleurs, ce qu'on cherche, c'est la mer. Elle est là, tou-

jours, puisqu'elle borde, sur deux côtés, l'étroit rectangle qu'est le Portugal. Le vent du large pénètre profondément les terres; les estuaires des fleuves sont large ouverts; les côtes fixent la majorité de la population, tandis que le socle central et la grande plaine du Sud sont clairsemés. « Sur la carte d'Europe, a dit le poète Carlos Queirós, le profil du Portugal semble sourire à la mer. »

Les yeux du Portugais ont toujours été tournés vers elle, dans le souci quotidien ou l'évasion de l'espérance. Aller à la plage a toujours été le rêve même du plus humble qui, faute de mieux, barbote parmi les rochers limoneux des estuaires. En dépit de cette fascination, les Portugais ont toujours eu peur de l'eau. Les pêcheurs savent rarement nager, et les villageois du littoral connaissent les violences d'un océan dont les caresses sont rudes. Au siècle dernier, les caricatures d'un Bordalo Pinheiro, les écrits narquois d'un Ramalho Ortigão ou d'un Eça ont savoureusement décrit les délices des plages à la mode : Espinho ou Figueira da Foz ou Cascais, les dames encapuchonnées trempant prudemment leurs orteils dans l'écume avant de se faire frictionner, sous leur tente, par leur camériste. C'est que la vague est fraîche, surtout sur la côte occidentale. L'Algarve est protégé des grands vents, mais ce n'est pas encore la Méditerranée. Les marées sont fortes, ce qui vaut à tout le littoral des grèves bien rincées deux fois par jour, des milliards de coquillages et un taux d'ozone qui est parmi les plus élevés du monde. Plages merveilleusement toniques, vivifiantes, ensoleillées; mais la mode des longs bains de soleil fait paraître plus soudaine la fraîcheur de l'eau. Aussi la côte est-elle doublée d'un chapelet de piscines, d'eau douce ou d'eau de mer, que le soleil traverse jusqu'à leur fond de céramique, et tiédit comme un bain.

LE LITTORAL DE PLAGE EN PLAGE

Rectiligne, plié à angle droit à la charnière de Sagres, le littoral portugais est loin d'être uniforme.

De la frontière de Galice à Figueira da Foz, les plages du Nord sentent la pinède, qui vient escalader les dunes, et l'algue, qui ouate les rochers affleurant dans le sable fin. Le ciel est parfois voilé, les embruns sont salés, l'arrière-pays est amical et bucolique.

Du Mondego au Tage, ce sont les plages alluvionnaires, formées au long de falaises parfois lisses (Nazaré) ou étrangement tourmentées (Peniche). Les vagues viennent du fond de l'horizon; la barre est si dure que les pêcheurs les plus entraînés ne la franchissent parfois qu'à grand-peine, le ciel est capricieux. Mais la lumière, d'opale ou d'or pur, le pittoresque des petits ports, la saine virilité du quotidien enchantent le chasseur d'images neuves et d'émotions. La profonde coquille de São Martinho, la vigilance des gardes-côtes et, toujours, les piscines donnent cependant tout apaisement aux mères de famille, qui viennent là fortifier les enfants aux os fragiles ou aux pâles couleurs.

La Côte du Soleil s'étend des derniers faubourgs de Lisbonne au cabo da Roca. C'est la Riviera portugaise. Les jardins descendent jusqu'au bord de l'eau. Villas, hôtels élégants, terrasses, casino où l'on joue gros jeu, pin-up brunes et blousons dorés, potins du Tout-Gotha qui ricochent jusqu'à Cannes ou Acapulco. Mais, aussi, romantiques demeures à glycines qu'un muret de fusain sépare de l'allée sa-blée où s'étouffe le trot des cavaliers; maisons qui furent de pêcheurs, le pied dans la vague, le plafond si bas qu'on se couche sur des nattes pour écouter les derniers disques du drugstore voisin. Ou bien bungalows d'un village de vacances dont toutes les fenêtres permettent d'embrasser, d'un regard, la bouche du Tage.

Sous les tamaris, reliées par le feston des bougainvillées, ce sont les stations vedettes : Carcavelos, Estoril, Cascais et, au-delà de l'impressionnante Boca do Inferno, où Neptune, parfois, se fâche pour de bon, ce sont les pro-fondeurs de Marinha, distillant ses essences : eucalyptus et résine; puis les sables d'argent du Guincho, aux puissantes marées d'équinoxe, mais aux arrière-saisons si douces que l'hiron-delle ne déserte jamais son rivage.

En face, longtemps déserte, encore soli-taire dès qu'on s'éloigne un peu des débarcadères ou de la grand-route, c'est, jusqu'au cabo da Espichel, la longue plage de Caparica, où se dressent encore des proues aussi cam-brées que celles des Vikings.

On a tendance à oublier que l'Alentejo a un littoral. C'est qu'il est vide, à l'exception de Sines, où naquit Vasco de Gama (ainsi la province terrienne par excellence a vu naître le plus grand navigateur). Sable et sable à l'infini, cours d'eau qui s'y perdent par mille bras, solitude encore intacte. On emprunte la route de l'intérieur pour arriver plus vite à l'Algarve, dans l'éblouissante vibration de chaleur des étés ou les nuances de taffetas des cristallines journées d'hiver. Là aussi, les désœuvrés célèbres qui ont fait la for-tune d'Eden Roc et de Miami, de Copa-cabana et de la côte sarde, se retrouvent, enchantés d'un cadre neuf pour les championnats et les rallyes. Les sportifs viennent avec leurs clubs, leurs fusils, leurs moulinets de pêche. D'autres, étendus, livrés au soleil et à la paresse, passent de longues heures immobiles, se raniment, au crépuscule, pour aller prospecter les bars, les bistros, les « boîtes », ou se joindre à un équipage de la pêche de nuit.

Plage de Caparica (Estremadure).

Carvoeiro (Algarve).

GENS DE MER

Car l'aimant qui attire et retient sur la côte portugaise, c'est son peuple, mystérieux, souvent venu jadis, par mer, d'une rive lointaine : les uns de Phénicie, d'autres d'Ecosse ou de Grèce, et qui ont conservé, à travers les siècles et les civilisations, leur profonde originalité. Le profil des filles est plus droit, le regard des hommes plus vert; parfois les cheveux sont blonds, parfois le teint basané, survivances d'une lointaine origine oubliée. Les Nazaréens continuent à vivre à même le sable de leur plage, les femmes accroupies dans leurs sept jupons, les hommes retroussant jusqu'à l'aine, pour pousser leur barque à la mer, leurs pantalons à larges carreaux écossais. Ils se marient entre eux, ignorent, ou plutôt dédaignent ce qui se passe au-delà de la falaise de Pederneira, qui ferme leur horizon vers la terre, les laissant face au large. Nazaré reçoit et voit s'éloi-

gner chaque été un flot de touristes, en tire son profit saisonnier et, dès les premières brumes d'automne, retourne à sa hautaine et rude vérité.
Il en va de même des autres ports, parfois moins célèbres mais aussi attachants : Póvoa de Varzim, où l'aiguille des fiancées accroche aux tricots des pêcheurs des langoustes et des croix du Christ; Ericeira aux chaumières blanches jusqu'au toit, dans le frémissement des longs roseaux; Sesimbra aux ruelles étroites, que les filins, les nasses, les ancres à longs crocs barrent comme des chevaux de frise; Portinho d'Arrábida et sa rade calme, où la mer se moire de bleu de Prusse et de vert jade; Albufeira au profil de kasbah; Olhaõ, sans ombre, aux arêtes nettes soulignées d'ocre et d'outremer; à Madère, Camara de Lobos aux barques multicolores sur les noirs galets de lave.
Ce sont des fleurs écloses spontanément sur le sable amer des grèves et qu'on ne peut toucher sans les flétrir, oursins

bien défendus par des mœurs souvent sévères, un quotidien besogneux, et ce déconcertant, cet inflexible orgueil des races pauvres et dignes. Séduit par le pittoresque, le grand tourisme s'est installé, tout à côté, dans des hôtels bâtis comme des tribunes, d'où l'on peut voir à l'aise, avec tout le confort moderne, le départ des barques et la criée au poisson. Les groupes folkloriques viennent à domicile danser et chanter pendant les dîners de gala.
Il y a aussi ceux qui veulent aller plus loin, toucher de plus près. Ce sont les explorateurs des recoins secrets de la ria d'Aveiro, lagune immobile où glissent les bateaux goémoniers, dans un reflet nacré de japonerie sur soie, ceux qui abandonnent à Madère les piscines à fleur de mer et les jardins exotiques de Funchal pour explorer, en bateau, les flancs plus rugueux de la côte nord, ceux qui, aux Açores, rôdent autour des chasseurs de cachalots, attendant que le cri de la vigie

Plage Dena Ana, à Lagos (Algarve).

Plage de Villamoura (Algarve).

fasse mettre à la mer les baleinières et les harpons.

Le littoral, âpre ou fleuri, du Portugal a des tennis, des tirs au pigeon, des golfs pour grands et petits, des régates; mais la grande attraction reste la pêche. De celle des *conquilhas* d'Algarve, qu'on découvre en fouillant le sable de l'orteil, à celle des espadons géants dont Sesimbra détient le record incontesté, la rêveuse pêche de rocher, la passionnante pêche sous-marine, la cordialité de la pêche de la sardine, les émotions de la sanglante pêche du thon. Chaque année, les mordus

arrivent avec leur attirail et souvent leur bateau, s'installent dans leur fief (chacun connaît le meilleur). C'est une *armação* algarvienne encore inconnue du tourisme officiel, un recoin de la côte demeuré sauvage à deux pas d'une station en vogue ou encore, au large, la forteresse de Berlinga, véritable couvent, sans téléphone ni journaux, où les pêcheurs les plus fervents font de longues retraites, bottés et casqués de toile cirée, en chandail roide d'embruns, sans autre horizon que la mer, les murailles crénelées, les rocs givrés de sel et les grottes céruléennes, et rapportent chaque soir, fièrement, leur butin ruisselant qu'on aligne et qu'on pèse et confronte.

LA DÉCOUVERTE

Il y a — encore — des vacanciers qui ne consacrent pas tout leur temps à la mer. S'ils franchissent des frontières, c'est pour découvrir de nouveaux paysages, un art pour eux inédit, un mode de vie différent.

Certains veulent tout voir, attirés par le vieux village oublié derrière ses remparts, mais aussi par l'installation d'un grand port moderne, curieux de folklore et consciencieux visiteurs d'églises et de musées. « Itinérer » est tentant, car, si l'essence est chère, les distances sont dérisoires. On ne saurait toutefois trop conseiller à ces errants de ne pas

Entrée de la « pousada do Castelo », à Óbidos.

s'en remettre à leur seule fantaisie. Certes, on peut s'aventurer loin des circuits touristiques, on trouvera partout de quoi se nourrir et se loger; on sera parfois, même, récompensé par une découverte grisante : un manoir, un village, un plat, un vin admirables et de tout le reste du monde ignoré. Mais rien n'empêche de tracer à l'avance un programme, de préférence en se fixant un thème, qui peut aussi bien être l'art manuélin que les grands crus de terroir. L'itinéraire établi, on le jalonne, et l'on va d'une *pousada* à l'autre. La *pousada* (vieux mot portugais qui signifie « relais, lieu de repos, bon gîte ») est un établissement hôtelier relevant des services officiels du Tourisme. La formule est très souple, le type même de la *pousada* est très variable. Certaines ne sont que des auberges pittoresques, d'autres sont installées dans un ancien château féodal (Obidos et Estremoz) ou dans un couvent (Evora). Toutes sont conçues, aménagées, meublées dans le style de leur région et se trouvent dans des sites soigneusement choisis, généralement à l'écart des zones très touristiques. Il y a des *pousadas* aux frontières de Galice et d'Andalousie, sur la falaise de Sagres et sur une langue sableuse de la ria d'Aveiro, dans les forêts du Marão ou de la serra da Estrela, parmi les lacs montagnards du Gerêz, au cœur de la plaine d'Alentejo ou des vignobles du Douro. On y est accueilli plus en ami qu'en client; on y trouve des informations sur l'artisanat local, les ressources régionales, tant en lieux dignes d'être visités qu'en plats ou vins méritant d'être goûtés. Les prix, contrôlés, sont exceptionnellement bas. Destinées surtout aux voyageurs, les *pousadas* ne peuvent offrir des séjours prolongés. On n'y peut rester plus de cinq jours, et, le nombre de chambres étant limité, il est prudent de réserver.

Ces *pousadas*, vraiment exemplaires et dont le succès va croissant, ont fait naître les *estalagens*, qui sont des auberges du même genre, mais n'appartenant pas à l'Etat.

ÊTRE « CHEZ SOI » AU PORTUGAL

Ceux qui préfèrent séjourner en un lieu de leur choix, autour duquel ils rayonneront, optent pour le camping, l'appartement ou la villa en location, l'hôtel ou la pension.

Le camping sauvage est, depuis des années, très agréablement pratiqué au Portugal, du fait de la clémence du climat, de l'agrément des sites et de l'hospitalité des Portugais en général.

Un éleveur à la foire de Santarem.

Certains abus, d'une part, et l'aménagement de nombreux parcs et terrains ont justifié une réglementation du camping et du caravaning. Ces parcs de camping sont inégaux quant à l'aménagement et à l'accueil. Certains (Lisbonne ou Porto-Matosinhos) sont de premier ordre.

La location demeure une loterie. Aucun contrôle officiel ne peut s'exercer sur les tarifs ni sur l'état des lieux mis à la disposition des vacanciers, qui choisissent sur la foi de photos et d'inventaires. Mais l'idée qu'on se fait du confort varie selon la latitude, et certaines surprises sont désagréables : matelas de paille, draps trop courts, conduits obstrués, chauffe-bains capricieux, sans parler du problème du ravitaillement, dans des villages où l'on vend les poules vivantes et le poisson encore frétillant...

Si l'hôtel rebute, avec les repas à heure fixe et la « pension complète », il y a l'heureuse formule des « villages touristiques » (en particulier en Algarve). Edifiés selon les règles, épurées, de l'architecture locale, si bien adaptée au climat (toits-terrasses, patios intérieurs, murs très blancs, sols de céramique fraîche), ces villages sont dotés de piscines, manèges, terrains de sports, snacks et boutiques; chaque bungalow a réfrigérateur et cuisine aménagée, linge et vaisselle, souvent équipe de nettoiement.

On peut aussi acheter le droit d'occuper le bungalow un mois par an. Car nombreux sont les vacanciers qui reviennent, et ceux qui estiment que rien ne vaut une vraie maison, de pêcheur ou de maraîcher, qu'on achète et qu'on installe à son goût.

Il y a aussi les vacanciers qui s'arrangent pour faire coïncider leurs séjours avec une manifestation particulière, qui peut être une grande fête folklorique (Notre-Dame de l'Agonie de Viana, ou *Tabuleiros* de Tomar), le Festival de la musique de Sintra, le Salon biennal des Antiquaires, ou encore des parties de chasse dans des domaines privés, des championnats internationaux, de pêche à Sesimbra, de golf d'hiver en Algarve, de bridge ou d'échecs à Estoril.

N'oublions pas, non plus, les cours de vacances pour jeunes étrangers, à Lisbonne, ou mieux encore à Coimbra (c'est si romantique!). Ni les voyages de noces, qui s'encadrent si joliment dans le pays des grandes amoureuses, Inès ou Mariana, des couples exemplaires comme João et Filipa, des aventures et découvertes, dont l'amour est sans doute la plus grande. Des conditions toutes spéciales sont réservées aux jeunes mariés.

LA TABLE
ET LA CAVE

Tout le monde ne vit pas d'amour et d'eau fraîche. Il convient donc de parler cuisine.

En ce domaine aussi, la différence avec l'Espagne est marquée. Les plats régionaux utilisent l'huile d'olive *(azeite)*, mais plus fine, moins fruitée que l'espagnole. On peut l'éviter, toutefois, dans les mayonnaises et les salades, et demander de l'huile d'arachide *(óleo)*, d'ailleurs moins coûteuse. Le souci de ne pas effaroucher la clientèle étrangère incite les « chefs » à adopter une cuisine internationale, ou plutôt apatride, vite banale et monotone. On risque plus de s'ennuyer avec de l'es-

calope fade et du riz incolore, que d'affronter des plats trop folkloriques. La morue est le plat national et toujours préféré... des Portugais. On l'appréciera surtout si l'on a la chance de la manger dans une famille où se perpétuent de bonnes vieilles recettes. Sur les menus des restaurants, on ne la propose que de trois ou quatre manières, pas toujours les meilleures ; il faut la goûter « dorée », au four, en beignets, ou à « Gomes de Sà », du nom d'un gourmet qui sut fort sagement doser l'huile, l'oignon, la pomme de terre et l'olive noire.

Ceux qui aiment le poisson frais en feront une cure aussi saine que savoureuse, puisqu'il est merveilleux et varié : poché, grillé, frit, en « chaudronnée ».

Sur le marché, à Coimbra.

Les crustacés sont bien tentants, mais coûteux. La langouste est un produit d'exportation. On peut se rabattre sur le crabe. En revanche, les huîtres, bien que portugaises, sont loin d'être à la hauteur de leur réputation ; on s'applique à les améliorer dans les bassins du Sado.

La viande est médiocre, sauf au Ribatejo, pays d'élevage. Le cabri et l'agneau sont estimables ; la charcuterie

La ville haute d'Estremoz (Alentejo).

est à recommander, surtout le jambon cru, les filets au paprika en saucisse, le porcelet rôti tendre et poivré. Ne pas reculer devant des audaces comme les tripes au poulet de Porto, ou le mélange viande-coquillages d'Alentejo (*carne de porco à alentejana*) ou d'Algarve (*cataplana*).

Ceux qui recherchent des saveurs inattendues aimeront les soupes : le *caldo verde* au chou, du Minho, et les spécialités d'Alentejo : le *gaspacho* acidulé, qui se mange glacé, et les *açordas* de pain à l'huile, parfumées à la coriandre, enrichies d'œufs, de poisson ou de fruits de mer.

Les pâtisseries sont en général trop sucrées, trop riches en jaune d'œuf et en amandes, mais très décoratives. Peu de fromages : rustiques, corsés, de lait de brebis : serra, serpa, azeitão, meilleurs à Noël qu'au 15 août. Les fromages açoréens sont du type gruyère ou hollande et pasteurisés.

Telle la langue d'Esope, les oranges peuvent être le meilleur ou le pire. Lourdes, sucrées, charnues, exquises, ou bien alors amères comme chicotin. On sait très vite les différencier. On ne risque aucune déception avec les melons poivrés, les figues fraîches si moelleuses, le raisin, l'ananas des Açores et les fruits exotiques de Madère.

155

Le hamac du « Monte », à Madère.

On mange beaucoup — souvent trop copieusement — au Portugal, et l'on boit mieux encore. Car, proportionnellement à sa superficie, le Portugal est le premier pays vinicole du monde, pour la quantité, la qualité et la diversité des crus produits. Il faut toujours tâter du vin du pays, où l'on aura vite découvert sa préférence : vin *verde* du Nord ; rouges, charnus et profonds, de Colares ou du Dão ; blancs fruités de Setúbal, dont les « moscatels » rivalisent avec l' « Afonso III » d'Algarve (sorte de xérès) sans détrôner évidemment les princes du vin : le porto et le madère.

Le porto est si célèbre que, souvent, il éclipse tout ce que le Portugal peut offrir d'autre. Et, pourtant, on en ignore presque tout.

Il faut tout de même savoir qu'il est produit dans une région restreinte, très précisément délimitée, située dans la haute vallée du Douro et de ses affluents et qui s'appelle « Pays du vin ». Terre ingrate, schiste sur lequel se brise l'outil, farouches ravins aux pentes abruptes, où les brouillards d'hiver et les lourdes chaleurs d'été rendent le travail pénible. Mais n'importe quel bon cépage acclimaté dans ce sol rocailleux donnera du vin de Porto, alors qu'une vigne grandie dans cette région et transplantée ailleurs cessera d'en produire. C'est une question de terrain et de climat. Il s'y ajoute une technique, très patiemment amenée à son actuelle perfection, mais non pas à sa limite, puisque la gamme des portos s'enrichit constamment.

Longtemps, les Anglais ont été les grands connaisseurs et amateurs de porto. Ils l'aimaient velouté, chaleureux, mordoré, réconfort de leurs longs hivers humides. Ils le dégustaient en fin de repas. C'était le seul vin qu'ils jugeaient assez noble pour porter le toast à Leurs Gracieuses Majestés.

Depuis une dizaine d'années, les Français ont redécouvert le porto, sont devenus les plus grands consommateurs du monde (plus d'un million et demi de bouteilles par mois). Ils le préfèrent sec, et le boivent à l'apéritif, volontiers rafraîchi.

Le porto est un vin dit « d'assem-

Ile de Santa Maria (Açores).

Le port de Camara de Lobos (Madère).

blage ». Pour composer un grand porto, il faut de sept à neuf cépages différents et soigneusement accordés, l'un donnant la couleur et l'autre le bouquet, ou l'onctuosité, ou l'arôme, ou le corps. Par ailleurs, dans les immenses barriques de chêne balte des chais de Vila Nova de Gaia, les vins en gestation sont constamment vivifiés par des apports de vins nouveaux. On obtient ainsi les *blends,* ou « mélanges », mis en bouteilles au bout d'au moins cinq ans, plus souvent dix ou quinze ou davantage. Un porto de qualité est admirable à trente ans, et peut vieillir avec grâce une dizaine d'années encore.

Les « vintages », surtout recherchés par les Anglais, sont, eux, millésimés. Ce sont les vins d'une vendange exceptionnelle, mis en bouteilles, sans assemblage, au bout de trois ans, et vieillis dans cette bouteille hermétiquement cachetée. Ils ne peuvent être bus sans être soigneusement décantés.

Le porto a une nuance de plus que l'arc-en-ciel : huit couleurs, du « rubis » sombre au « blanc » paille. La gamme des goûts est infinie. Un voyage au Portugal, une visite aux caves les plus fameuses permettent de connaître un large éventail de marques et de crus, de les comparer et, finalement, de composer sa cave personnelle.

Les traditions des vins de Madère sont plus anciennes encore que celles du porto. Produits par des ceps crétois ou rhénans acclimatés dans l'île aussitôt après sa découverte, en 1421, ces vins furent célébrés, dès le XVe siècle, par le navigateur Cadamosto, choisis pour s'y noyer par l'infortuné duc de Clarence, chantés par Shakespeare, et eurent les honneurs des tables royales : celle de François Ier, de la grande Catherine et de Victoria d'Angleterre. Une épidémie qui décima les vignobles, puis l'usage, en cuisine, de madères inférieurs, plus ou moins « de fantaisie », ont provoqué une passagère éclipse de ce vin admirable, le seul qui ne meurt jamais, mais, au contraire, ne cesse de s'enrichir avec les années. On trouve encore dans le commerce, sinon du madère dit « de Napoléon », parce qu'il accompagna l'Empereur à Sainte-Hélène, mais du malvoisie de 1820. A Funchal, dans l'ancien couvent devenu Madeira Wine Association, on a la révélation des mérites de ce vin vénérable, qui va des crus très secs (sercials, issus des cépages rhénans) aux plus moelleux (malvoisies, issus des cépages de Crète ou de Candie).

Dans le cas du vin de Madère comme de celui de Porto, sachez qu'il s'agit d'un produit de qualité, qui exige d'être choisi avec discernement et payé son prix ; et ne dites plus « madère de l'île », ou « porto d'origine », puisqu'il n'y a ni madère ni porto qui ne soient vraiment de l'île ou produit par le Pays du vin.

Que les plus sobres se rassurent : le Portugal a aussi une gamme très riche d'eaux minérales naturelles.

Que ramènera-t-on, hormis ses souvenirs, des vacances portugaises ? Des broderies, des poteries, des objets de cuir (on s'y chausse à ravir et à très bon marché), des tapis faits à la main, des vanneries, des disques de guitare et de *fado*, quelques bonnes bouteilles et de quoi commencer ou enrichir une collection : de timbres ou de coquillages, de maquettes de bateaux, de poupées en costumes, si ce n'est d'ex-voto, de porcelaine de Chine, de bijoux anciens.

Et puis, bien sûr, des photos, des photos : visages, bateaux, cloîtres, moulins. La lumière est irrésistible, et les coloris y chatoient.

INDEX
des principaux noms

Les chiffres en caractères **gras** renvoient aux passages particulièrement explicités, les chiffres en italique aux illustrations.

CREDITS PHOTOGRAPHIQUES

Les chiffres entre parenthèses correspondent à la disposition des photographies numérotées de gauche à droite et de haut en bas.

Atlas-Photo, Biaugeaud, 13; C. de Caters, 112; A. Petit, 8 (2), 59, 157; C. R. Samama, 58; Y. Travert, 50, 102 (1), 154. — **C. de Caters,** 21 (1). — **J. N. De Soye,** 74 (1-2), 98 (2). — **Y. Duval,** 116, 148. — **Explorer,** L. Y. Loirat, 27, 30, 43, 62 (2), 139; Ph. Roy, 79, 110, 111. — **Gamma,** 41; J. C. Francolon, 102 (2), 103; J. Gaumy, 42. — **Giraudon,** 23, 26, 31, 123, 130, 131. — **A. Guibert,** 135 (2). — **M. Hétier,** couverture 1-3-4. — **Holmes-Lebel,** A. B. C. Press, 113; Camera Press, 109; Elfer, 93. — **Larousse,** 24, 29 (2), 33 (1), 37, 121 (1), 137 (1-2). — **L. Y. Loirat,** couverture 2, garde 1, 6-7, 8 (1), 9, 10, 11 (1-2), 12 (1-2), 14 (1-2), 15, 16 (1), 18, 20, 21 (2), 22, 25, 29 (1), 33 (2), 34, 35 (1), 36, 38, 44, 45, 47, 51, 52, 53 (1-2), 54 (1), 55, 57, 60, 61, 62 (1), 63, 65, 66 (1-2), 67, 68, 69, 73, 75, 76, 77 (1-2), 78, 80, 81 (1-2), 82, 83, 84 (1-2), 86 (1), 87, 88 (1-2), 89, 90, 92 (1-2), 94 (1-2), 95, 96, 97, 98 (1), 101, 104 (1-2), 105, 106, 107 (1-2), 108, 114 (1-2), 115, 117, 118, 119, 120, 121 (2-3), 122 (1-2), 124, 125, 127 (1), 128, 129, 134, 135 (1), 141, 144 (1-2), 145, 146 (1), 147, 149, 150, 151 (1-2), 153, 155. — **Magnum,** B. Barbey, 56; H. Cartier-Bresson, 100 (2); T. Höpker, 100 (1); I. Morath, 126, 127 (2). — **Parimage,** 91. — **Phedon Salou,** 70 (1-2), 71, 86 (2), 142. — **Rapho,** U. Bagel, 152; Collombert, 54 (2); T. H. Funk, 19; studio Limot, 64; S. de Sazo, 16 (2), 146 (2), 156 (2); Serraillier, 99; Silvester, 143; G. Viollon, 48; S. Weiss, garde 2; Yan, 17, 49, 72, 85, 156 (1). — **Roger-Viollet,** 32, 39 (1-2).

S.P.A.D.E.M. 1982.

IMPRIMERIE G.E.A., via Assab, Milan. - Dépôt légal 1970-4e. - N^o série Éditeur 11293.
IMPRIMÉ EN ITALIE *(Printed in Italy).* - 513 113-E-Octobre 1982.